SAMMLUNG NIPPON
BAND 4

NŌ – VOM GENIUS JAPANS

EZRA POUND

ERNEST FENOLLOSA

SERGE EISENSTEIN

IM VERLAG DER ARCHE ZÜRICH

Herausgegeben und eingeleitet von Eva Hesse
Übertragung der Texte über das Nō und Nachdichtung der Nō-Spiele
von Wieland Schmied
Übertragung des Essays über das chinesische Schriftzeichen
von W. L. Fischer
Übertragung der Essays von Eisenstein von Elisabeth Kottmeier

Alle Rechte vorbehalten
Aufführungsrechte beim Rowohlt-Theater-Verlag, Reinbek bei Hamburg
© 1963 by Peter Schifferli Verlags AG ‚Die Arche' Zürich
Printed in Switzerland by H. Börsigs Erben AG Zürich
Gebunden von J. Stemmle & Co. Zürich

INHALT

Eva Hesse
7 Vorwort

Ezra Pound und Ernest Fenollosa:
Das klassische Nō-Theater Japans

26 Vorbemerkung von Ezra Pound
26 Vorbemerkung des Übersetzers

Teil I:
27 Einführung von Ezra Pound
45 Fachausdrücke im Nō
46 SOTOBA KOMACHI
49 KAYOI KOMACHI
57 SUMA GENJI
64 Gespräche mit Umewaka Minoru

Teil II:
81 KUMASAKA
88 SHŌJŌ
91 TAMURA
97 TSUNEMASA

Teil III:
102 Essay über das Nō von Ernest Fenollosa
128 NISHIKIGI
142 KINUTA
153 HAGOROMO
161 KAGEKIYO

Teil IV:
172 AOI NO UE
184 KAKITSUBATA
194 CHŌRYŌ
198 GENJŌ

Teil V:
- 207 Inhalt und Aufführung weiterer Nō-Spiele
- 213 Aufbau und Programm eines Nō-Abends
- 221 Pflege und Auswahl der Kostüme

Ernest Fenollosa:
Das chinesische Schriftzeichen als Organ für die Dichtung

- 224 Vorbemerkung von Ezra Pound
- 225 Über das chinesische Schriftzeichen
- 258 Tafel 1: Eigentliche Bilder [Piktogramme]
- 259 Tafel 2: Frühformen der Piktogramme
- 260 Tafel 3: Symbolische Bilder [Ideogramme]
- 261 Tafel 4: Symbolische Zusammensetzungen [Ideogramme]

Serge Eisenstein:

- 264 Hinter der Leinwand
- 283 Die vierte Dimension

Anhang:

- 292 Nō-Spiele in den Cantos
- 294 Anmerkungen zu den Nō-Spielen von Ezra Pound und Wieland Schmied
- 307 Literatur zum Nō
- 308 Literatur zum chinesischen Schriftzeichen
- 309 Verzeichnis der Bilder

VORWORT

*«... und so ist jeder Vorstoß
ein neuer Anfang, ein Raubzug ins Stimmlose ...»*   T. S. Eliot

Nicht die Ursache, aber der Anlaß zu Ezra Pounds lebenslanger Auseinandersetzung mit den genialen und eigenwilligen Ideen Ernest Fenollosas [1853–1908] darf der Literaturkritik zugute gehalten werden – oder zulasten, je nachdem wie man die Resultate beurteilt. Im April-Heft 1913 der avantgardistischen Zeitschrift *Poetry* [Chicago] hatte der achtundzwanzigjährige Pound eine Reihe von Gedichten unter dem Titel *Contemporania* veröffentlicht.[1] Diese Gedichte, die in ihrer beißenden Ironie vom Geist Catulls und Properzens sprechen, fielen völlig aus dem Rahmen dessen, was man dazumal für ‚lyrisch' hielt. Durch die Vehemenz der kritischen Empörung, die sich nunmehr über des Dichters Haupt entlud, wurde die Witwe Fenollosas aufmerksam, die auf der Suche nach einem Menschen gewesen war, dem sie die hinterlassenen Schreibhefte ihres Mannes zur Auswertung und Herausgabe anvertrauen mochte. Die Gedichte in *Contemporania* überzeugten sie bald, daß dieser Autor für die Aufgabe die sie im Sinn hatte, prädestiniert sei. Kurzentschlossen sandte sie ihm den Packen hinterlassener Notizen zur Ansicht. Ebenso spontan wie diese Handlung berührt uns Pounds Reaktion: er schien unmittelbar zu begreifen, daß er mit diesen Konzepten die Urkunde zu zwei reichen, kaum erforschten Territorien des Geistes in der Hand hielt, zugleich mit der Bestätigung und Durchbildung seiner bisherigen formalen Einsichten. Späterhin gestand er in einem Brief: «Ich besaß nicht das philologische Rüstzeug, das für eine hieb- und stichfeste Version erforderlich gewesen wäre, doch Mrs Fenollosa war der festen Überzeugung, daß F. die Manuskripte als *Dichtung* eingerichtet wissen wollte und nicht als Philologie.»

1] Dieselben Gedichte bilden heute einen Teil der Gedichtfolge *Lustra* in *Personae: Die Masken Ezra Pounds*, Verlag der Arche.

Wohl ohne sich dessen recht bewußt zu sein, folgte Pound, indem er die Aufgabe annahm, schon den Worten Fenollosas, der als Kunsthistoriker geschrieben hatte:
«Ich möchte betonen, daß in der Kunst, wie in der Kultur überhaupt, die überragenden Leistungen von Ost und West in dem wurzeln, was beiden gemeinsam, dem was beredt ist von einem universellen Grundgefüge. Bringt man die chinesische Überlieferung in die Sprache der menschlichen Erfahrung, so erweist sie sich als ein Ausbau der *Ilias* ...»
Fenollosa sieht folgerecht für die Kunstgeschichte eine Zeit voraus, in der man die engen geographischen Klassifikationen aufgeben wird, die er als bloßen Behelf für eine chronologische Einordnung sieht. An ihrer Stelle werde sich, meint er, «eine weltweite Gliederung oder Logik der Kunst heranbilden, in die sich dann alle Spielarten der asiatischen Kunst, der Kunst der Primitiven, ja der Malkünste der Kinder – mit den anerkannten abendländischen Kunstübungen – zwanglos einfügen.» [So geschrieben anno 1900!]
In diesen Worten, will uns scheinen, wird bereits eine tiefere Verwandtschaft der beiden Amerikaner, dem Pionier der *Epochs of Chinese and Japanese Art*[2] und dem Autor der *Cantos* spürbar.
Wir werden auf die posthume Wirkung der Schriften Fenollosas auf Ezra Pound und die moderne Literatur noch zu sprechen kommen; hier soll zunächst ein Abriß des Wirkens dieses ungewöhnlichen Mannes zu Lebzeiten folgen.
Ernest Fenollosa traf 1878 in Japan ein. Damals fünfundzwanzig Jahre alt, war er bereits Professor der Philosophie und der Volkswirtschaft. Er war einem Ruf an die Kaiserliche Universität Tōkyō gefolgt und wurde mit der Zeit in Japan zu einem der führenden Köpfe im Amt für Kunsterziehung, Direktor des Kaiserlichen Haushalt-Museums [dem heutigen National-Museum Tōkyō] und Dozent an der heute noch be-

---

[2] Ernest Fenollosa, *Epochs of Chinese and Japanese Art*, New York, 1911; *Ursprung und Entwicklung der chinesischen und japanischen Kunst*, ins Deutsche übertragen von Fr. Milcke, durchgesehen und bearbeitet von Shinkichi Hara, Leipzig, 1913, zweite Auflage Leipzig 1923.

stehenden Kunstakademie Tōkyō. An der Universität las er neun Jahre lang über die Philosophie von Hegel und Herbert Spencer – seine Ansichten über die abstrakte Begriffsbildung im westlichen Denken stehen also keineswegs auf tönernen Füßen. Fenollosas Initiative vor allem ist es zu verdanken, wenn die eigenständige Kunst und die Pflege der alten Kunstschätze Japans neuen Auftrieb bekamen. Seit der Perry-Expedition [1854] wurde ja alles Japanische von den Japanern, in dem Bestreben, sich westliche Formen anzueignen, geringschätzig abgetan. Fenollosa seinerseits hatte zunächst wahllos bei den Antiquitätenhändlern dies oder das *objet d'art* erstanden. Erst als er die hervorragende Kunstsammlung des Fürsten Koroda kennenlernte, entschloß er sich, seine Kenntnisse in dieser Hinsicht systematisch zu erweitern, und es dauerte nicht allzulange, bis er sich soweit zum Experten entwickelt hatte, daß er eine ganze Anzahl von Meisterwerken ans Tageslicht bringen und identifizieren konnte, die bis dahin in den alten Tempeln oder Schreinen von Kyōto, Nara usw. verschollen gewesen waren – darunter auch die weltberühmte Yumedono Kannon im Kloster Hōryūji. Zugleich entdeckte und förderte er in seiner Eigenschaft als Kunstkritiker geniale Maler der frühen Meiji-Ära[3], wie Hogai Kano und Gaho Hashimoto. Im Zuge seiner Studien ließ er sich dann von Keitoku Sakurai, dem hohen Priester des Hōmyōin in Miidera, im Buddhismus unterweisen. Es ist keine Übertreibung, zu sagen, daß er mit seiner Arbeit den Grundstein für die der Erforschung und Wissenschaft von der alten japanischen Kunst gelegt hat.

Während dieser Zeit ließ er es sich angelegen sein, in allen Bereichen seiner Tätigkeit einen Stab kompetenter Männer, die einmal seine Aufgaben würden übernehmen können, heranzubilden. So hielt er 1882 eine denkwürdige Ansprache im Museum für Kunsterziehung, worin er ausführte, wie die japanische Kunst dank ihrer ästhetischen Feinstufigkeit der europäischen im Grunde überlegen sei, und: «da euch mithin eine Kunst zu Gebote steht, die ihresgleichen sucht, seid ihr von

---

[3] Meiji, Regierungszeit von Kaiser Meiji [1868–1912], unter dessen Führung sich die Modernisierung Japans vollzog.

allen guten Geistern verlassen, die abendländischen Kunstformen nachzuahmen. Die Kunst des Westens *entartet* fortschreitend in dem Maße, wie Realismus und Rationalismus in ihr überhand nehmen. Und es gibt heute in Europa bereits einzelne Persönlichkeiten, die so einsichtig sind, die Gefahren zu erkennen und es darauf anlegen, die Werte der japanischen Kunst zu erfassen, um ihre eigene Kunst aus der Dekadenz zu befreien. Es ist an der Zeit, daß ihr anfangt, die eigenständige Kunst Japans wieder zu beleben und zu pflegen. Wenn ihr eure industriellen Erzeugnisse nach den ästhetischen Gesetzen eurer Kunst gestaltet und sie exportiert, wird die Nation binnen kurzem zu Wohlstand und Ansehen gelangen ...»[4]

1890 kehrte Fenollosa nach den Vereinigten Staaten zurück und versuchte, der westlichen Welt einen Begriff von der östlichen Kultur zu vermitteln. Milcke, der deutsche Übersetzer von Fenollosas Hauptwerk, den *Epochs of Chinese and Japanese Art*, schreibt in seinem Vorwort darüber: «In gewisser Weise leistete Fenollosa für die ostasiatische und insbesondere für die japanische Kunst eine Pionierarbeit, vergleichbar derjenigen Winckelmanns für das Griechentum.» Fenollosas Sammlung erlesener Kunstwerke bildet noch heute den Grundstock der japanischen Abteilung des Museums in Boston. Für die Ausstellung von Ukiyo-e [Genre-Malerei] in New York [1885] verfaßte er einen sachkundigen Katalog, der in der Fachwelt von damals einzigartig war.

1896 reiste er noch einmal nach Japan und ließ sich in Kyōto nieder. Die buddhistischen Lehren hatten ihn so tief berührt, daß er beschloß, Japan nie mehr zu verlassen. Sein Aufenthalt wurde ihm jedoch durch die Intrigen eines ehemaligen Schülers, inzwischen zu Ämtern und Ehren gelangt, vergällt. Wie überhaupt manche von seinen früheren Schülern und Anhängern seine Lehren in einen reaktionären und engstirnigen Nationalismus ummünzten.

4] Fenollosa denkt hier vielleicht an James McNeill Whistler 1834–1903 und Henri de Toulouse-Lautrec 1864–1901. Beachtlich seine Auffassung der ‚entarteten Kunst' und die Vorwegnahme des ‚industrial design' (der ‚Industrieform') anno 1882!

Nach drei Jahren begab sich Fenollosa nach Europa und begann dort sein großes Werk, die *Epochs*, zu schreiben. Er starb 1908 in London an einem Herzinfarkt. Die japanische Regierung veranlaßte ein Jahr darauf die Überführung[5] seiner sterblichen Reste nach Japan und seine Bestattung im heiligen Gehege von Miidera[6] mit dem weiten Blick über den Biwa-See, nahe bei Kyōto. [Auf diesen Umstand spielt Ezra Pound mit der Erwähnung von ‚lake Biwa' in Canto LXXXIX an.]

Zur Hinterlassenschaft Fenollosas, die Ezra Pound ‚eingerichtet' hat, gehörten: die chinesischen Gedichte der *Kathai*-Sequenz[7] [erschienen 1915], *Das klassische Nō-Theater Japans* [erschienen 1916] und der bahnbrechende Essay: *Das chinesische Schriftzeichen als Organ für die Dichtung* [erschienen 1919]. Die Reihenfolge des Erscheinens gibt Pounds Arbeitsgang jedoch nicht richtig wieder; als erstes hatte er sich das Manuskript der Nō-Spiele vorgenommen – es war damals im Winter 1913, als er mit dem irischen Dichter William Butler Yeats zusammen hauste; in Stone Cottage, Sussex[8], auf einsamem Heideland, Yeats vertieft in seine spiritistischen Studien, in Boehme, Blake, Swedenborg, um überirdische Kontakte ringend, indes Pound ‚die Schätze des alten Fenollosa' hob. Das Zusammenleben war ursprünglich so gedacht, daß Pound dem zwanzig Jahre älteren Yeats als Sekretär dienen sollte. Beide Dichter hatten ihre Vorbehalte über das enge Beisammensein. So schrieb Ezra Pound an seine Mutter: «Mein Aufenthalt in Stone Cottage wird mir nicht das geringste einbringen. Ich hasse das Landleben. Yeats wird mich zeitweilig erheitern und mich im übrigen mit seinen spiritistischen Forschungen zu Tode langweilen.» Seinerseits äußerte sich Yeats über den Hausgenossen: «Eine schroffe und bockstirnige Natur; ständig verletzt er anderer Leute Ge-

---

5] Die Überführung erfolgte via Sibirischer Eisenbahn. Das japanische Schlachtschiff, dessen Auftauchen vor den Küsten Englands E. P. erwähnt, ist ein pittoreskes Detail, das einen an das Schiff der Jenny in der *Dreigroschenoper* gemahnen möchte.

6] Bild, S. 17.

7] *Kathai* ist in dem Band *Personae: Die Masken Ezra Pounds*, enthalten.

8] Vgl. a. *Pisaner Gesänge* LXXXII, S. 217–218.

fühle, hat aber, glaube ich, einiges Genie und recht viel guten Willen.»

Yeats, der damals berühmtere Dichter, Nobelpreisträger des Jahres 1923, fand sich zu der Zeit in einer Schaffenskrise, aber sein Umgang mit Pound und dessen Manuskripten sollte sich so ergiebig zeigen, daß man von jenem Winter an «seine letzte und größte Periode» [T.S.Eliot] rechnet. Schon nach kurzer Zeit berichtet Yeats seinem Vater: «Er», d. h. Pound, «steckt bis zum Hals im Mittelalter und hilft mir den Weg zurück zum Konkreten finden, weg von den neuzeitlichen Abstraktionen. Wenn man ein Gedicht mit ihm durchspricht, so ist es als brächte man einen Satz in die Mundart: alles wird natürlich und klar.» Während des ersten Weltkrieges war Yeats dann – mit Hilda Doolittle, T. S. Eliot, dem jungen Arthur Waley u. a. – ständiger Gast von Pounds Donnerstags-Tisch im chinesischen Restaurant der Regent Street. Kurzum, die gegenseitige Duldung festigte sich zur Freundschaft – so sehr, daß Yeats später zu den Pounds nach Rapallo zog. [Und dort über Pound die Bekanntschaft von Gerhart Hauptmann, Franz Werfel, Emil Ludwig, George Antheil machte.]

Zudem färbten ihre Arbeiten aufeinander ab; so begegnen einem in Ezra Pounds Nō-Texten immer wieder irische Redewendungen und sogar Yeats Spiritismus wird manchmal vernehmlich. Vor allem aber finden wir in den viel späteren *Pisaner Gesängen* zahlreiche Stellen, die auf jenen Winter in Sussex anspielen; in Yeats Schaffen wiederum setzt eine dramatische Phase ein, die heute zur Theatergeschichte gehört. Er, der selber das erste Erscheinen der hier vorgelegten Nō-Spiele in die Wege leitete[9], bekannte: «In der Tat habe ich mit Hilfe dieser Spiele ‚übersetzt von Ernest Fenollosa und eingerichtet von Ezra Pound' eine neue dramatische Form erfunden, eine feinsinnige, indirekte und symbolische Form, die des Beifalls der Masse oder der Presse nicht bedarf – eine aristokratische Form.» Es ist die Aufführung des ersten Stückes dieser Form, von der Eliot berichtet: «Fest steht, daß ich mich an keinen damals le-

---

9] *Certain Noble Plays of Japan* [Auflage: 350], verlegt von Elizabeth Corbet Yeats ‚im Jahr des Sinn Fein Aufstands, 1916'.

benden englischen Dichter erinnere, der meine eigene Ausbildung beeinflußt hätte. Freilich, W. B. Yeats war bekannt; mir aber schien er erst nach 1917 mehr zu sein als nur ein belangloser Hinterbliebener der neunziger Jahre. Doch von da an sah ich ihn mit anderen Augen. Ich entsinne mich deutlich des Eindrucks, den die erste Aufführung von *At the Hawk's Well* auf mich machte, zu der Pound mich mitnahm. Es war in einem Londoner Salon; ein berühmter japanischer Tänzer spielte die Rolle des Falken ...»[10]

Für Ezra Pound bildet die Arbeit mit den Nō-Texten den Übergang vom *image* zum *Ideogramm*. Die Thesen der ‚Imagistischen Schule', die er 1912 mit seinen Weggefährten aufgestellt hatte, bewährten sich zwar als Korrektiv gegen die zehrende Abstraktheit, die Schwindsucht der Sprache, aber die formalen Möglichkeiten der Richtung waren zu eng gesteckt, um den Dichter lange zu halten. Am Versagen der frühen imagistischen Thesen, meinte er später, war nicht so sehr die falsche wie die ungenügende Begriffsbestimmung schuld: «die Verwässerer griffen die handlichste und bequemste Deutung auf und dachten nur an das statische *image*.» Er dagegen war schon am Anfang bemüht, der hartkonturigen, spröden, konkreten Bildhaftigkeit den Zugang zu einer tieferen Sprachschicht abzugewinnen. Das wird an seinen Formulierungen von damals deutlich. So definiert er das *image* oder die Bild-Vorstellung als «Sprache an sich ... primären Werkstoff ... das Wort jenseits des Formulierten»: für ihn ist es das reine, bildhafte Innewerden eines Zusammenhangs und die Aufzaserung des Erlebnisses in Anschauung und Begriff, also seine Fixierung in Worten, gehört einer späteren Phase des Sprachvorgangs an. Eben diesen Linien des werdenden Wortes sucht der Philosoph Martin Buber nachzuspüren, wenn er meint:

«Wer aber die schwere Arbeit nicht scheut, sich auf eine vergangene Stunde seines Denkens nicht ihren Ergebnissen nach, sondern ihren Begebnissen nach zu besinnen, und mit dem Anfang anfängt, mag auf eine Urschicht stoßen, die er nur durch-

---

10] Michio Itō, den E. P. in der Widmung der ‚Frauen von Trachis' erwähnt.

wandern kann, ohne einem Wort zu begegnen. Man merkt jetzt: man hatte etwas in den Griff bekommen, ohne daß einem das Werdenwollen einer Begrifflichkeit spürbar geworden wäre. Deutlicher gibt sich uns in solcher Rückschau die zweite Schicht zu sehen, von eben diesem Werdenwollen durchwaltet; wir dürfen sie als die Sprachstrebigkeit bezeichnen. Das Innesein strebt immer wieder danach, Sprache, Denksprache, begreifende Sprache zu werden. Und nun erst treten wir im Werk unseres Erinnerns in die eigentliche Sprachschicht ein.»[11]

Der Hang des Dichters geht also offenbar dahin, sich in das Kraftfeld einzuschalten, aus dem die Sprache selbst entstanden ist – darin sowohl Entdecker wie Anachronist, je nach dem, welche Zeit der Betrachter in seinem Bewußtsein bewohnt und ob er sich in einer synthetischen oder analytischen Sprachverfassung befindet – auch in uns sind ja, wie Pound sagt, «alle Zeitalter gegenwärtig». Da wo der neuzeitliche Philosoph und Logiker mit Resignation feststellt, daß sich mit den Worten unserer Sprache nichts sagen lasse, was sich zu sagen verlohne, oder: «wovon man nicht sprechen kann, davon muß man schweigen»,[12] läßt der Dichter nicht ab von Umtrieben, das Noch-Sprachlose in unser Gesichtsfeld zu holen: «Jeder Verstand, der dieses Namens wert ist, muß Bedürfnisse haben, die über die vorhandenen Kategorien der Sprache hinausgehen; wie ein Maler mehr Farbtöne oder -stufen kennen muß, als Farbnamen vorhanden sind.»[13]

Die westlichen Kategorien der Sprache sind [nach der herrschenden Übereinkunft] auf dem Substantiv und seinen Prädikaten begründet – einem schon abstrakten Substantiv, das in seiner Fixierung irgendwie abseits vom Prozeß des Wirklichen steht und dem die Idee eines ‚darüber' gelegenen abstrakteren Gattungsbegriffes eingebaut ist. Aus dieser *linguistischen* Situation entsteht unser Unbehagen mit einem Dasein, das durch-

11] Martin Buber, *Das Wort, das gesprochen wird* [1960]. Oldenbourg Verlag,
12] Ludwig Wittgenstein, *Tractatus logico-philosophicus*, Suhrkamp Verlag.
13] Ezra Pound [1914], *Vortizismus* [*motz el son – Eine Didaktik der Dichtung*, Verlag der Arche].

wegs von abstrakten Hypostasen bestimmt wird. Es soll nicht in Abrede gestellt werden, daß das Denken in Abstraktionen viele der technischen und wissenschaftlichen Errungenschaften der Zivilisation möglich gemacht hat, aber die Bahn scheint nunmehr durchlaufen; überall sind wir plötzlich vor die begrifflichen Kerkermauern unsres Denkens geraten. In politischer und sozialer Hinsicht, im subjektiven Erleben, dem Kontakt oder Gespräch mit Mitmenschen, da gibt es ‚nichts Neues‘, ‚nichts zu sagen‘, ‚nichts zu machen‘; wir verarmen, indem wir das Wirkliche, das uns antritt, automatisch in seine ‚logischen‘ Schubfächer und Kategorien einordnen und vor den Klassifizierungen unseres Systems das Wirkliche selbst in seinem tausendfältigen Spiel kaum mehr sehen. Um bei Pound zu bleiben: wir erleben nicht Farbtöne oder -stufen «für die es keine Namen gibt», wir sehen ihre allgemeinste Klassifizierung: rot, grün, blau. Im Gegensatz zu den abendländischen Sprachen ist das Chinesische im Grunde Zeitwort-artig; das ‚Ding‘ wird hier als etwas erfaßt, das unlösbar in den Zeitablauf verstrickt ist und sich einer abstrahierenden Fixierung zwangsläufig entzieht. In der Tat begegnen wir bei den alten chinesischen Philosophen geradezu einer Scheu vor der direkten verallgemeinernden Fest-Stellung. Sie geben uns statt dessen besondere Fälle, Anschauungs-Modelle, aus denen der Sinn zu folgern ist.

Wenn das Bemühen des westlichen Logikers in dem Verzicht enden muß, mit den zottigen Worten unserer lebendigen Sprache eine ‚Idee‘ so mitzuteilen, daß sie eindeutig und kahl wie eine mathematische Formel im Geist des Gegenübers reproduziert wird, so setzt das Bemühen des Dichters früher an; indem er nicht die ‚Idee‘, sondern ihre Vorstufe mitzuteilen sucht, die ‚Ballung‘ oder, wie Pound sagt, den «ausstrahlenden Schwingungsknoten ... aus dem, durch den und in den immerfort Ideen dringen». Der Vorgang selbst, seine Motorik, samt allen mitlaufenden Gefühlen, ideenmäßigen Verkettungen, sinnlichen Tönungen, soll wiedergegeben werden, nicht aber sein Endprodukt, der abstrahierbare ‚Sinn‘. So gesehen ist die Dichtung tatsächlich, wie Wieland Schmied, der deutsche

Übersetzer der Nō-Spiele, schreibt,[14] «das Vorletzte», denn der letzte Schritt in der Denkreihe bleibt aus.

Es ließe sich dartun, daß alle Kunst letzten Endes auf diesem Offen-Bleiben beruht, der «nicht-zu-Ende-geführten-Kommunikation», um mit Norman Mailer zu reden, denn: «eine Arbeit, die sich ganz rückhaltlos mitteilt, ist keine Kunst. Das Publikum kann nicht mit einem eigenen schöpferischen Akt der Phantasie darauf ansprechen, jenem kleinen Anruck unserer Fähigkeiten, der uns um einiges exzeptioneller zurückläßt, als wir es vordem waren.»

Für Ezra Pound war die wortlose Vorstellung der frühen Sprachschicht, *image* genannt, keine feststehende Größe wie die Zahl in der Arithmetik, sondern eine variable Größe wie die Zeichen a, b oder x in der Algebra, wobei die Gedankenbilder subjektiv eingesetzt werden können und bei alledem die Gleichung, die dem Dichter im Sinn lag, reproduzieren.

Eine Gleichung dieser Art fand Pound im japanischen Haiku vorgebildet, jenem kurzen japanischen Gedicht, wo sich zwei verschiedenartige Vorstellungen überlagern oder, im Sinne von Serge Eisenstein, eine Montage bilden, derart, daß aus der schwebenden Spannung zwischen den beiden sich der eigentliche poetische Gehalt ergibt:

O weiß-seidener Fächer,
   Klar wie Reif auf dem Grashalm,
Auch du wurdest abgelegt.
                [Pound, *Fächerblatt für ihren kaiserlichen Herrn*]

Betrachtet man den Bau eines solchen Gedichtes, so versteht man, warum Eisenstein das «eine imagistische Umsetzung des dialektischen Vorgangs» nennt: die Gliederung in These, Antithese und Synthese ist augenfällig. Pound selber drückt sich nicht ganz so orthodox aus, er meint, in einem Gedicht dieser Art versuche man, «den genauen Zeitpunkt festzuhalten, in dem eine äußere objektive Sache in eine innere subjektive Sache umgebildet wird, beziehungsweise umschlägt». Wiewohl

[14] Wieland Schmied, *Das Poetische in der Kunst*, 1960, Glock und Lutz.

17 Fenollosas Grab in Japan [zu S.11]

18 Szenenfoto aus SUMA GENJI [zu S.57]
Genji tanzt als der ‚Genius loci' von Suma

er auch hier den Ton auf den ‚magischen Moment' legt, bleibt die imagistische Form im allgemeinen dem streng logischen Dreischritt verhaftet; er kann zwar umgestellt, oder auch noch um die Synthese gekürzt werden, bedingt aber seiner Natur nach eine Kleinkunst. Der landläufige Einwand der Kritik von damals lief denn auch auf diese formalen Schranken der imagistischen Richtung hinaus. Pound, für sein Teil, verfocht die These, daß auch ein größeres Format mit imagistischen Mitteln zu bewältigen sei, wenn man von der Idee des scharfrandigen, statischen Denkbildes zum *image*-in-der-Bewegung überginge, wenn also das *image* vorm inneren Auge in Bewegung gesetzt werden könne. So weit war das Argument gediehen, als er auf Fenollosas Essay über *Das chinesische Schriftzeichen als Organ für die Dichtung* stieß, wo nun ganz analog das Augenmerk von der Substantiv-Metapher zur Verbal-Metapher übergeleitet wird. Fenollosa schreibt:

«Beziehungen sind wichtiger und bedeutungsvoller als die Dinge, die sie verknüpfen. Die Kräfte, welche die Astgabelung an der Eiche hervorbringen, waren in der Eichel angelegt. Ähnliche Steuerungen bestimmen den Raumgewinn von Flüssen und Nationen, indem sie die hervordrängende Lebenskraft aufspalten. So sind eine Nervenfaser, ein Kabel, eine Straßenführung oder der Giroverkehr einer Bank nur verschiedenartige Kanäle, über die Informationen ausgetauscht werden. Dies ist mehr als eine Analogie: es ist eine Identität in der Struktur. Die Natur gibt uns die Leitfäden zu ihrem eigenen Werden. Wäre die Welt nicht voller Entsprechungen, Gleichgestimmtheiten und Übereinstimmungen, so wäre das Denken verkümmert und die Sprache an das Augenfällige gekettet.»

Im chinesischen Schriftzeichen sind die ineinandergreifenden Funktionen der Wortwurzeln noch anschaulicher als in anderen Sprachen. Gerade am Reichtum der Beziehungen, seiner Mehrdeutigkeit, entfacht sich die Aura oder ‚Chromosphäre' [Fenollosa] des Wortes, durch die eine Verständigung von Mensch zu Mensch erst zum fruchtbaren Austausch werden kann. Anhand des Ideogramms, wie es Fenollosa dargetan hat, entwickelt Pound nun eine dichterische Technik, bei der die Sprache als ein Spannungsfeld aufgefaßt wird, wo die Mehrdeutigkeit der Worte ihm eine Wortwahl gestattet, in der, wie Fenollosa sagt, «eine einzelne Oberschwingung alle Bedeutungsebenen tönt».

Gleichlaufend mit der Genese dieses Verfahrens entsteht eine besondere Art der Folgerichtigkeit, die von unserer zweigleisigen westlichen Logik abweicht, sich aber, wenn richtig gehandhabt, als genau so zwingend erweist. Denn die Worte werden hier nicht logisch, wohl aber innerhalb *eines* Sinnbereichs gesetzt, derart, daß der Leser ein Zusammenspiel ihrer Sinnschwingungen wahrnehmen kann.

Pound führt diese Methode erstmalig an den hier vorgelegten Nō-Spiel-Versionen durch, die fast durchwegs Ideogramme in diesem Sinne bilden. Etwa sind in NISHIKIGI, der Geschichte der Liebenden, die im Leben infolge von Akzidenzien nicht zueinander fanden, die Lebensfäden ‚verworren', sie bilden kein Muster: so wenig wie die Gräser, die dem Stoff [*Hosonuno*] aufgepreßt werden, so wenig wie die Runen, die den Brokathölzern [*Nishikigi*] aufgemalt sind. Keine Ordnung ist zu erkennen, der Schnee wirbelt durcheinander, das Ahornlaub türmt sich zuhauf, der Pfad verliert sich im hohen Gras, der Webstuhl schackert vor sich hin – aus der Rückschau ergibt das Leben der Beiden keinen Sinn; vergebens suchen die Geister sich wie Kettfäden und Schuß zu verschränken, um wenigstens jetzt einen ‚Stoff der Träume' zu bilden, bis endlich der Wandermönch sie mit andachtsvollem Gedenken erlöst, durch:

«eine Brücke geträumt über das wilde Gras».

Sonderbarerweise sind hier viele Ideogramm-Motive – wie der Leser bald für sich herausfinden wird – bereits in irgendeiner Vorstellung der deutschen Sprache angelegt: so mutet NISHIKIGI wie eine musikalische Durchführung der Begriffe ‚Gespenst/Gespinst' an und gemahnt daran, daß unser deutsches Wort ‚Wirklichkeit' ein Webstuhl-Wort ist; in HAGOROMO, dem unendlich langsamen Tanz der Mondnymphe in ihrem Feenmantel, werden wir an die ‚Federwolken' des Nachthimmels erinnert; *Aoi no ue*, der ausweglose Radumlauf der Leidenschaft, scheint in dem Wort ‚Getriebe' und den dazugehörigen Assoziationen vorgegeben!

Wir haben der Praxis der ideographischen Methode in den Nō-Texten und der Theorie in Fenollosas Aufsatz zwei Essays des großen russischen Regisseurs Serge Eisenstein beigesellt, denn sie bilden innerhalb ihrer eigenen Fachsprache eine so bemerkenswerte Analogie zum Denken Pounds und Fenollosas, daß man daraus – wie Fenollosa es jedenfalls getan hätte – auf einen Leitfaden schließen möchte, den uns ‚die Natur selbst' [die menschliche Natur oder ‚Sprachstrebigkeit' wäre das hier] an die Hand gegeben hat. Serge Eisenstein ist auf seinem Gebiet als Ästhetiker so grundlegend, wie es Lessing als Autor des *Laokoon* und der *Hamburgischen Dramaturgie* war – und fast genauso wenig gelesen.

Der Russe geht seinerseits von der chinesischen Hieroglyphe aus – auch er findet den Zugang über Japans ästhetischen Genius – und gelangt von der Montage-auf-der-Dominante zur Montage-nach-dem-visuellen-Oberton und: «das heißt recht eigentlich, das gefilmte Material selbst verwerten», ein Weg, der gleichsinnig die Phasen der Entwicklung vom *image* zum Ideogramm, d. h. zur Einbeziehung des ganzen Wortkomplexes, durchläuft. Die angeblichen ‚Störfaktoren' der Aussage sind nun in den Prozeß hineingenommen. Auch Eisenstein macht die Entdeckung, daß diese Methode zugleich mit einer eigentümlichen Sensualität eine Folgerichtigkeit entwickelt, die mit den herkömmlichen logischen Kategorien nicht zu fassen ist. Und wo er von der Auffassung, das Bild sei ein Bauteil [,Ziegel'] der Montage, abrückt und zur Überzeugung gelangt, das Bild sei vielmehr eine ‚Zelle' der Montage, da kommt Ezra Pound, ausgehend von der statischen Bildauffassung der Imagisten, zu der Überzeugung, «die Dinge *sind* ihre Funktionen». Ein Moment aber erweist sich vor allen anderen als bedeutungsvoll: daß beide, Pound wie Eisenstein, über die Katalyse des japanischen Geistes zur Rekonstituierung ihrer Kunst als einer *Zeitkunst* kommen. In ihren je eigenen Bereichen setzen sie fortan ein Verfahren ins Werk, dessen volle

Dimension erst *im Prozeß* der Wahrnehmung realisierbar wird. Besonders Ezra Pound hat in seinem Hauptwerk, den *Cantos*, das Ideogramm zu einer Technik weiter entwickelt, die «so geschmeidig wie das Denken selbst» [Fenollosa] alle Gewichte ins Kinetische verlagert. Er nimmt auch hier, wie er uns mitteilt, «konkrete Bilder, um abstrakte Relationen heranzuholen», aber es ist gerade die Vieladrigkeit der Funktionen, die Möglichkeiten der Entwicklung und Abwandlung, die in ihnen angelegt sind, ihr Zusammenspiel, was uns den ‚Sinn', die Aussage, weisen soll. Die oft verwirrende Vielstimmigkeit der *Cantos* dient dazu – so scheint es –, den Nachdruck auf das ganze, das konkrete Erleben zu legen, jenes rätselhafte, nichttransponierbare Element, das wir nur auf die Gefahr hin, es zu verlieren, verallgemeinern und eindeutig fixieren können.

Fenollosas Aufsatz über das chinesische Schriftzeichen hat für die moderne Literatur englischer Sprache sehr weittragende Folgen gehabt. Noch heute lassen sich die darin aufgestellten Kennwerte für die Qualitäten einer dichterischen Sprache – die Verbal-Metapher, das bildnahe Zeitwort, die Meidung der bequemen Kopula ‚ist', die Berücksichtigung der Wortwurzeln, die Ächtung der allgemeingehaltenen Formulierungen – in der kritischen Aufnahme der Dichtung nachweisen, selbst und gerade da, wo der Ursprung dieser Wertbegriffe gar nicht mehr bewußt ist. Der Name Fenollosa ist inzwischen von einer Art mythischen Aura umgeben.

Hält man sich vor Augen, wie die englische Schriftsprache zu Beginn des Jahrhunderts durch diesen buchstäblich epochemachenden Aufsatz aus ihrer Verknöcherung befreit wurde und wieder in Fluß geriet, so mag es uns vergleichsweise belanglos erscheinen, daß einige von Fenollosas Argumenten mittlerweile von der schulgerechten Philologie recht umstritten sind. Auch in dieser Hinsicht wäre die anregende Wirkung Fenollosas auf Pound und seine Zeitgenossen vielleicht vergleichbar mit der Winckelmanns auf Goethe und seine Zeitgenossen, wobei Winckelmann, wohlbemerkt, Goethes Thematik beeinflußte, Fenollosa dagegen Pounds Technik. Für eine ästhetische Theorie, die sich auf solche Weise bewährt hat, dürften die philologischen Aspekte jedoch kaum mehr als ein rationales Alibi darstellen, denn in der Ästhetik sollten sich die Kategorien ‚richtig' und ‚falsch' einer dritten Wertigkeit unterordnen: der ‚Funktion'. Der dichterische Wert der *Iphigenie* leidet nicht unter Winckelmanns Fehleinschätzung der Griechen.

Unter dem Blickpunkt der Funktion erscheint die ideographische Methode, die, wie wir aufzuweisen suchten, in Japan, in Amerika und in Rußland für die Dichtung, für das Theater, für den Film so tiefgreifende Folgen hatte, tatsächlich von etwas zu zeugen, das den Menschen von Ost und West gemeinsam, das «beredt ist von einem universellen Grundgefüge».

Eva Hesse

Für ihren liebenswürdigen Beistand in Rat und Tat danken Herausgeber und Übersetzer:
Professor Ryozo Iwasaki, Tōkyō
Herrn Tsunetaro Hinoki, Tōkyō
Dr. Herbert Melichar, Tōkyō
Dr. Peter Weber-Schäfer, München
Dr. Hans Steininger, Erlangen
Herrn Fritz Vogelgsang, Neuffen

EZRA POUND
ERNEST FENOLLOSA

DAS KLASSISCHE NŌ-THEATER JAPANS

Vorbemerkung

Die Sicht und die Anordnung des Stoffes stammen von Fenollosa. Bei den Erklärungen blieb mir nur das Amt eines literarischen Nachlaßverwalters. Bei den Stücken selbst war meine Arbeit die eines Übersetzers, der alle Schwerarbeit bereits getan findet und dem nur noch das Vergnügen bleibt, das Schöne in Worte zu fassen.

Mr Arthur Waley möchte ich meinen herzlichsten Dank aussprechen. Er hat eine Anzahl Fehler in der Schreibung der Eigennamen korrigiert – soweit die japanischen Texte erreichbar waren – und mir aus verschiedenen Sackgassen geholfen, in denen ich bei der mir fremden Materie steckengeblieben wäre.

Ezra Pound

Vorbemerkung des Übersetzers

Anmerkungen von Ezra Pound sind: E. P., Anmerkungen des Übersetzers: [D. Ü.] gekennzeichnet. Für die Anmerkungen wurden wie für die [*Kursiv gesetzten*] Regieanweisungen innerhalb der Nō-Spiele insbesondere die Arbeiten und Übersetzungen von Arthur Waley, Paul Adler, Oscar Benl, Hermann Bohner und Peter Weber-Schäfer herangezogen, ohne daß im Einzelfall jeweils auf die entsprechenden Quellen Bezug genommen wurde.

Wieland Schmied

TEIL I

EINFÜHRUNG

Das Leben Ernest Fenollosas war der Roman par excellence der modernen Gelehrsamkeit. Er ging nach Japan als Professor für Philosophie und Volkswirtschaft, und er endete als kaiserlicher Generalbevollmächtigter für die bildende Kunst. Er hatte Schätze ans Licht gebracht, von denen damals kein Japaner gehört hatte. Es mag eine Übertreibung sein zu sagen, daß er die japanische Kunst für Japan gerettet hat; doch hat er gewiß soviel wie nur irgendeiner getan, um der einheimischen Kunst wieder ihren rechtmäßigen Rang einzuräumen und dem Nachäffen des Europäischen Einhalt zu tun. Er war der Regierung teuer geworden; um ihn hatte sich so etwas wie ein persönlicher Mythos entwickelt. Als er unverhofft in England starb, entsandte die japanische Regierung ein Kriegsschiff zur Überführung des Leichnams, und er wurde von buddhistischen Priestern[1] im geheiligten Bezirk von Miidera beigesetzt. Diese Tatsachen sprechen für sich.

Sein Ansehen in Europa beruht derzeit auf seinem Werk «*Epochs of Chinese and Japanese Art*». In Amerika hat er auch durch seine Verdienste um verschiedene Museen einen Namen. Seine Arbeit über japanische und chinesische Dichtung war für die Gelehrtenwelt eine Überraschung. Sie bildet, so glaube ich, den Grundstock einer Morgengabe, eines neuen Verständnisses für den Fernen Osten. Wenn ich etwa den Teil seiner Manuskripte durchsehe, der sich mit dem japanischen Nō-Drama[2] beschäftigt, und wenn ich gelesen habe, was andern-

---

1] Wo in den Prosa-Kapiteln von ‚Priestern‘ die Rede ist, handelt es sich im allgemeinen um Priester des Shintōismus, indes die in den einzelnen Nō-Spielen auftretenden Priester – oder Mönche – in der Regel dem Zen-Buddhismus zuzurechnen sind. Mit der Restauration des Kaisertums in Japan 1868 wurde auch der vom Zen-Buddhismus zurückgedrängte und überlagerte Shintōismus wieder in seine alten Rechte eingesetzt. [D. Ü.]
2] Das Wort Nō bedeutet soviel wie ‚Können‘, ‚Begabung‘, ‚Kraft‘, aber

orts im Englischen darüber geschrieben worden ist, so kann ich mit Sicherheit sagen, daß Professor Fenollosa mehr über diesen Gegenstand wußte als sonst einer, der sich bis dato in unserer Sprache damit beschäftigt hat.

Das Nō ist zweifellos eine der ganz großen Kunstformen der Welt und vielleicht auch eine der undurchsichtigsten.

Im 8. Jahrhundert unserer Zeitrechnung begründeten Kunstbeflissene am japanischen Hof den Teekult und das Spiel des ‚Auf Weihrauch lauschen'.

Im 14. Jahrhundert schufen die Priester, der Hof und die Schauspieler eine dramatische Form, die nicht minder subtil ist.[3]

Zum ‚Auf Weihrauch lauschen' wurden die Anwesenden in zwei Parteien geteilt, und ein Schiedsrichter brannte viele Arten und Verschnitte von Duftstoffen ab. Der Witz dabei lag darin, nicht nur die einzelnen Duftstoffe auseinanderzukennen, sondern auch jedem von ihnen einen schönen und sinnträchtigen Namen zu geben, der irgendein denkwürdiges Ereignis aus der Geschichte, eine Stelle aus Roman oder Legende wachrufen sollte. Es war dies eine Reiz-Verfeinerung in barbarischen Zeiten, der Kunst des polyphonen Reims vergleichbar, die vier Jahrhunderte später unterm Feudalsystem der Provence entwickelt wurde und heute beinah völlig vergessen ist.

Die Kunst der Anspielung, oder die Vorliebe für die Anspielung als Kunstmittel, ist die eigentliche Wurzel des Nō. Diese Spiele – oder Eklogen – wurden nur für die Wenigen geschaffen, für die Vornehmen; für jene, die geschult waren, eine Anspielung herauszuhören.

Im Nō haben wir eine Kunstform vor uns, die vom Gott-Tanz her angelegt ist, auf irgendeine lokale Legende oder Geistererscheinung zurückgeht oder auf Heldentaten aus Geschichte und Sage beruht; eine Kunst feierlicher Gebärden, in einer Einheit von Tanz, Gesang und Darstellung, die nicht mime-

auch die Darbietung dieses Könnens, die Entfaltung der Begabung, die Leistung. Es wird nicht nur für die Nō-Kunst als Ganzes, sondern auch für das einzelne Nō-Spiel verwendet; Plural dann: die Nō. [D. Ü.]

3] Siehe Brinkley, Oriental Series, Vol. III. E. P.

tisch ist. Es ist natürlich unmöglich, auf dem Papier eine rechte Vorstellung vom Ineinander all der Faktoren dieser Kunst zu geben. Man kann nur dem Wortlaut der Texte nachspüren und sagen, daß die Worte gesprochen, in singendem Tonfall rezitiert oder gesungen werden zu den traditionellen, durchlaufenden Figuren und Farben, und daß sie für sich allein noch nicht das volle Nō ausmachen. Dennoch, trotz aller Schwierigkeiten der Wiedergabe, finde ich diese Texte wunderbar, und sie werden durchaus einleuchtend, wenn man – wie ein Freund es ausdrückt – «sie die ganze Zeit so liest, wie man einer Melodie folgen würde».

Wenn man gewohnt ist, Dramen zu lesen und sich ihre Realisation vorzustellen, wird es einem nicht schwer fallen, sich die Bühne des Nō vor Augen zu rufen – so verschieden sie auch von der unsrigen und sogar von der Bühne des mittelalterlichen Abendlandes ist –, und zu spüren, wie das, was die Worte aussparen, von der Musik und den durchlaufenden Figuren ergänzt wird. Es ist eine symbolische Bühne, ein Spiel mit Masken – zumindest werden für die Darstellung der Geister, Götter und jungen Frauen vom Hauptdarsteller Masken vorgenommen. Es ist ein Theater, das ganz im Sinne sowohl von Mr Yeats als auch Mr Craig[4] wäre. Anders als unser Theater ist es keine Stätte, von der alles Feinfühlige und Subtile verbannt ist; wo alle Wort- oder Tonabstufungen der Publikumswirksamkeit geopfert werden und wo die Schminke geradezu mit

---

4] Edward Gordon Craig, geb. 1872. Craig wollte damals eine Schule der Theaterkunst gründen; er bildete zu diesem Zweck ein Komitee, zu dessen Mitgliedern Ezra Pound und William Butler Yeats gehörten. Über Craig schreibt O. v. Nostitz: «Der Sohn Ellen Terrys ... der Schüler des großen Mimen Henry Irving, war der erste, der mit dem Pseudorealismus des naturalistischen Theaters brach und ihm eine eigene Konzeption gegenüberstellte. Seine Bühnenbilder in ihrer monumentalen Strenge und Schlichtheit, der ingeniösen Verwendung von Licht und Schatten, ihrer Neuentdeckung von Raum und Abständen; seine Schriften ... und Inszenierungen ... legten das Fundament für einen Bühnenstil, dessen Meister in gewisser Hinsicht Max Reinhardt geworden ist, und von dem wir heute noch zehren.» [D. Ü.]

einem Besen aufgetragen werden muß. Es ist eine Bühne, auf der jede der Künste in ihrem Zusammenspiel mit den anderen dazu beiträgt, noch die leisesten Zwischentöne zum Ausdruck zu bringen und wo der Dichter sogar verstummen darf, indes die Gebärden, durch die Tradition von vier Jahrhunderten geheiligt, für sich den Sinn erhellen.

«Unser Werkstoff ist der reine Geist», sagte Umewaka Minoru[5], dessen Bemühungen es zu danken ist, daß das Nō die Revolution des Jahres 1868 und den Sturz des Hauses Tokugawa überdauerte.[6]

Minoru trat gerade im Garten des Shōgun auf, als die Nachricht von Perrys[7] Nahen das Spiel unterbrach. Ohne Minoru wäre die Kunst des Nō verloren gegangen. Er stellte sie wieder her, um ihretwillen Armut und Mühsal auf sich nehmend, «in einem armseligen Hause, in einer armseligen Straße, in einer Küche wohnend; indem er seine Kleider verkaufte, um Masken und Kostüme aus den Ausverkäufen der bankrotten Nō-Truppen zu erwerben, und sich statt mit Reis nur mit ‚kayu' ernährte».[8]

5] Umewaka Minoru [1828–1909] war ursprünglich ein Darsteller von Tsure-Rollen in der Kanze-Truppe. Nach dem Sturz des Shōgunats gründete er als erster und unter vielen Opfern und Entbehrungen wieder eine eigene Nō-Bühne. Pound bezieht sich in der Widmung seiner ‚Frauen von Trachis' auf ihn und seine Söhne. [D. Ü.]

6] Das Nō war so sehr das Theater der herrschenden Samurai-Kaste [das Shōgunat war die jahrhundertelange Militärdiktatur Japans], daß der Untergang des Shōgunats auch das Ende des Nō zu bedeuten schien. Allein, die Restauration des bisher zu einem Schattendasein verurteilten Kaisertums erwies sich auf die Dauer – nicht zuletzt dank der Bemühungen Umewaka Minorus – als dem Nō keineswegs abträglich. [D. Ü.]

7] Commodore Perry leitete die nordamerikanische Expedition, die die traditionelle Abgeschlossenheit des Inselreiches beenden und Japan dem Welthandel öffnen sollte. Am 8. Juli 1853 landete er mit vier Schiffen in Japan und überreichte einen Brief des Präsidenten der Vereinigten Staaten, in dem dieser – unter dem Nachdruck der Kanonen – um einen Freundschafts- und Handelsvertrag bat. Im März 1854 wurde er unterzeichnet, Verträge mit England, Frankreich, Rußland, Preußen folgten. [D. Ü.]

8] kayu: wohl Obst. [D. Ü.]

Der folgende Spielzettel eines Programms von einer nachmaligen Aufführung [März 1900] taugt vielleicht, die Einstellung des Nō-Schauspielers zu seiner Kunst deutlich zu machen.

Programm-Ankündigung

Unser Ahnherr war Umegu Hiogu no Kami Tomotoki genannt. Er war in der 9. Generation ein Nachkomme von Tachibana no Moroe Sadaijin und lebte in Umetsu Yamashiro, woher sich sein Familienname ableitet. Danach lebte er in Ōshima in der Provinz Tamba und starb im 4. Jahr des Ninwa. Moroes Nachkomme, der 22. nach Tomotoki, war Hiogu no Kami Tomosato genannt. Wie seine Väter vor ihm war er ein Samurai in Tamba. Der 28. Nachkomme war Hiogu no Kami Kagehisa. Seiner Mutter träumte, eine Nō-Maske würde vom Himmel herabgereicht; sie ward schwanger und kam mit Kagehisa nieder. Von seiner Kindheit an war Kagehisa der Musik und dem Tanz zugetan und leistete seiner Berufung entsprechend Hervorragendes in diesen Künsten. Der Kaiser Gotsuche Mikado hörte von ihm und berief ihn in seinen Palast, auf daß er das Schauspiel ASHIKARI vorführe. Kagehisa war damals sechzehn Jahre alt. Der Kaiser verwunderte sich sehr über ihn. Er verlieh ihm ein Gewand mit einem Wappen [Mōntsuki] und einen Vorhang, der oben purpurn war und unten weiß, und das ehrenvolle Attribut ‚Waka‘ [‚jung‘]. Und demgemäß änderte er seinen Namen zu Umewaka. Auf des Kaisers Befehl benachrichtigte Ushoben Fugiwara no Shunmei Kagehisa und sandte ihm diese Gaben. Der Brief des Kaisers befindet sich noch im Besitze unseres Hauses. Unglücklicherweise fiel der Vorhang dem großen Feuer von Edo am 4. März im 3. Jahr des Bunka zum Opfer. Kagehisa starb im 2. Jahr des Kioroku. Nach ihm wurden die Mitglieder der Sippe Umewaka zunftgemäß Nō-Schauspieler. Hironaga, der 30. Nachkomme von Umewaka Dayū Rokurō stand im Dienste von Ota Nobunaga.[9] Er wurde in Tamba mit Land belehnt

9] Nobunaga starb 1582. E. P.

[700 koku[10]]. Er fiel in der Schlacht Akechi für Nobunaga. Sein Sohn, Dayū Rokurō Ujimori wurde im vierten Jahr des Keichō an den Hof Tokugawa Ieyasus berufen; er wurde mit 100 koku Land in der Nähe seines Grundstücks in Tamba belehnt. Er starb im dritten Jahr des Kambun. Danach diente die Sippe Umewaka den Shōgunen des Hauses Tokugawa[11] als Nō-Schauspieler durch die Generationen bis zur Meiji-Revolution [1868]. Dies sind die Grundzüge der Genealogie meines Hauses.

Dies ist der 450. Jahrestag von Tomosatos Geburt, ihm und Kagehisa und Ujimori zu Ehren veranstalten wir an drei Abenden diese Aufführungen. Wir hoffen, daß alle kommen werden, sie zu sehen. Das Haupt der Truppe ist der 45. seines Geschlechts, Umewaka Rokurō. Ihm zur Seite steht Umewaka Manzaburō.

[Datiert]: Im 33. Jahr Meiji, im zweiten Monat.

Man sieht, wie sehr das alles von den Verhältnissen an unseren Theatern abweicht. Ahnenstolz, Stolz, erloschenen Dynastien gedient zu haben, Überbleibsel alten Zeremoniells und religiösen Rituals, all das mag den modernen Menschen zunächst befremden und vom rein dramatischen Rang des Nō ablenken. Einige Gelehrte haben wohl noch zusätzlich Verwirrung gestiftet. Sie haben die Funktion der einzelnen Spiele innerhalb einer Vorstellung nicht verstanden und darum die Stücke für fragmentarisch gehalten und ihren mangelnden Aufbau beklagt. Die Nō-Spiele sind meist in sich geschlossen; bestimmte Spiele bilden herauszulösende Einheiten, dergestalt, daß sie auch in einer selbständigen Vorstellung zu geben wären, ohne alle Anmerkungen und Kommentare. Aber auch sie können sich natürlich als Teile in das Ban-gumi, das volle Nō-Programm eines Abends, fügen. Die Texte oder Libretti wieder anderer Stücke scheinen uns, obwohl sie in sich durchaus vollständig sind, doch lückenhaft, weil ihre Schlußszene mehr

10] koku: ein Mengenmaß für Reis, gleich 180 Liter. Der Wert einer Sache wurde in einer Art Reis-Währung ausgedrückt. [D. Ü.]
11] Das Shōgunat der Tokugawa währte 1602-1868. [D. Ü.]

vom Tanz als vom Wort getragen wird. Der folgende Abschnitt aus Prof. Fenollosas Notizen wirft einiges Licht auf diese Fragen. Es handelt sich um das Notizbuch J, Teil I, in dem sich Fenollosa auf Takechi Owada beruft, und da lautet es wie folgt:

«Unter dem Shōgunat der Tokugawa wurde das Nō zur musikalischen Darbietung am Hofe des Shōguns und man nannte es: O-nō, das Programm: O-nō-gumi, den Schauspieler: O-nō-yakusha und die Bühne: O-nō-butai, mit verschiedenen ehrenden Beinamen. Utai-zome, die erste Zeremonie des Jahres, galt bei Hof als sehr wichtig. Auch in den Palästen der Daimyōs wurden eigene Zeremonien dafür abgehalten. Die Zeremonie Utai-zome nahm ihren Ursprung im Shōgunat der Ashikaga [im 14. Jahrhundert]. Damals, am vierten Tag des ersten Monats, trug Kanze [das Haupt einer der fünf privilegierten Schulen des Nō, deren Führung sich innerhalb bestimmter Familien vererbte[12]] eines der Stücke in Omaya vor, woraufhin ihm der Shōgun Jifuku, die ‚Gewänder der Jahreszeit‘, verlieh, was zu einem festen Brauch wurde. In der Zeit von Toyotomi bestimmte man den 2. Tag des ersten Monats für die Zeremonie, unter dem Shōgunat der Tokugawa aber auf ‚alle Zeit‘ den 3. Tag des ersten Monats für Utai-zome. An diesem Tag, zur Stunde ‚tori-no-jo‘ [etwa um 5 Uhr morgens], nahm der Shōgun seinen Platz in einer großen Halle in Hon-Maru ein [wo heute der kaiserliche Palast steht], ihm zur Seite die San-ke, oder drei verwandte Daimōys, die Minister, sowie die übrigen Daimyōs und Hofbeamten, alle in die Gewänder ‚noshime-kami-shimo‘ gekleidet. Die Dayūs [Häupter] der Kanze- und Komparu-Schauspieltruppen erschienen jedes Jahr vor dem Shōgun, die Dayūs der Hōshō- und Kongō-Schulen nur jedes zweite Jahr. Die Darsteller der Waki-Rollen – das sind die Darsteller der Zweitrollen –, die Darsteller der Kyō-

---

[12] Der Titel Kanze ist gebildet aus den Anfangssilben der Namen Kanami und Zeami [Seami], seines Sohnes, deren Namen wiederum die Anfangssilben bestimmter Götternamen vereinigten. Kanami war der Begründer der Kanze-Schule des Nō, dessen Oberhaupt jeweils Kanze genannt wurde. [D. Ü.]

gen-Partien oder Farcen, die Hayashikata [‚cats' - ‚Katzen', gemeint ist das Orchester] und die Sänger des Chors machten auf der Veranda der dritten Halle ihren Kotau. Sie trugen ‚suo' genannte Roben und Hüte, die ‚eboshi' hießen.
Indes der Humpen des Shōgun dreimal vollgeschenkt wird, singt der Kanze, immer noch kniend, den Shikai-nami-Abschnitt des Nō-Spiels TAKASAGO. Anschließend werden die Spiele OIMATSU, TŌBOKU und TAKASAGO mit Orchesterbegleitung vorgetragen. Danach überreicht der Shōgun den drei Hauptdarstellern der Stücke besondere, karmesinrot gefütterte Roben, aus ‚ayaori' [Damast] und den übrigen Schauspielern Roben aus ‚orikomi' [broschiertem Stoff]. Die drei Hauptdarsteller ziehen die neuen Gewänder über ihre ‚suos' und beginnen sogleich den ‚Tanz vom Wettkampf mit Bogen und Pfeil' zu tanzen.
Folgender Text begleitet den Tanz:
Der Hauptdarsteller singt:
‚Shakuson, Shakuson!' [Buddha, Buddha!]
Und der Chor singt diesen ziemlich dunklen Text:
‚Er nimmt den Bogen der großen Liebe und den Pfeil der Weisheit und weckt Sandoku aus seinem Schlaf.' Aisemmyo-o erläuterte Bogen und Pfeil als Symbole für *In* und *Yo*.[13] Monju [eine andere Gottheit] erscheint in der Gestalt von Yo-yu, fängt die Schlange Kishu-ja und macht sie zu einem Bogen. Aus ihren Augen aber macht er sich seine Pfeile.[14]
‚Jingō, die Kaiserin unseres Landes, besiegte mit diesen Pfeilen die Rebellen und befriedete das Volk mit Kiyo-shun. O Hachiman Daibosatsu, Kaiser Ojin, Kriegsgott Yumi-ya, der du verehrt wirst am Schrein[15] zu Iwashimizu, wo das klare Quellwasser entspringt! O, o, o! Dieses Wasser ist Wasser, das immerdar fließt.'»

13] *In* und *Yo* sind Ausdrücke der Metrik; eine symbolische Ausdeutung, ähnlich der Zahlenphilosophie der Pythagoräer, ist mit ihnen verknüpft. E. P.
14] Die Schlange ist vermutlich der Himmel und die Sterne sind die Augen, die zu Pfeilspitzen gemacht sind. E. P.
15] Schrein: Shintōistischer Tempel. [D. Ü.]

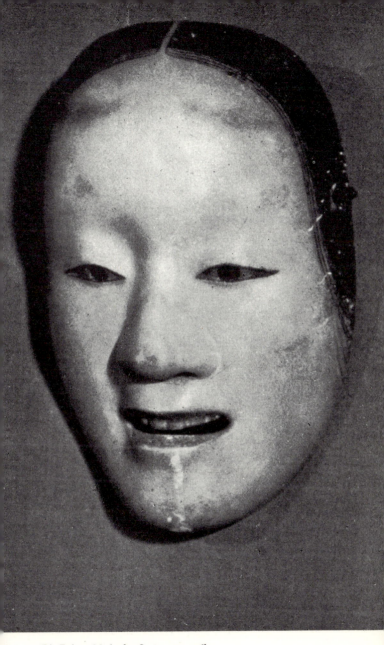

35 Die Deigan-Maske [zu S. 142, 175, 176]
Die Maske der leidgeprüften jungen Frau in KINUTA und AOI NO UE

36 Szenenfoto aus AOI NO UE, die Maske Hannya [zu S. 175, 176]
Der Shite in der Hannya-Maske tanzt als Dämon der Eifersucht

Dieser Yumi-ya-Text darf nur bei dieser Zeremonie am Hof des Shōguns und in dem ‚Takigi-nō' des Kasuga-Tempels zu Nara verwendet werden [wo dann noch einige Zeilen hinzukommen].

Wenn dieser Tanz beendet und die Worte intoniert sind, nimmt der Shōgun die Robe ‚Kataginu' von seinen Schultern und wirft sie dem diensthabenden Samurai zu. Der Samurai reicht sie dem Minister, der sie zur Veranda trägt und sie feierlich dem Dayū der Kanze-Schule darbietet. Dann nehmen alle anwesenden Daimyōs ihre ‚Kataginus' ab und geben sie den Hauptdarstellern. So endet die Zeremonie Utai-zome. Am nächsten Tag bringen die Hauptdarsteller die Gewänder den Daimyōs zurück, was ihnen mit einem Geldgeschenk entgolten wird.

Bei Mannbarkeitsriten, Hochzeiten und ähnlichen Anlässen in der Familie des Shōguns gibt es Nō-Aufführungen von fünf Tagen Dauer; bei den buddhistischen Totenämtern für verstorbene Shōguns viertägige. Für die Nō-Vorstellungen aus Anlaß des Empfangs von kaiserlichen Kurieren aus Kyōto müssen die Schauspieler verschiedene offizielle Gewänder tragen. An einem Abend der fünftägigen Vorstellung wird auch die Stadtbevölkerung der 808 Straßen von Edo zugelassen; formiert wird sie von den Vorstehern der einzelnen Straßenzüge. Die Namushi oder Straßenvorsteher versammeln sich in der Nacht zuvor an den Toren von Ote und Kikyo, wobei jeder der Vorsteher hoch erhoben eine Papierlaterne trägt, von der der Name seines Straßenzuges leuchtet. Sie erhalten Sake [Reiswein] und Erfrischungen und warten auf die Morgendämmerung. Die Szene nimmt sich aus wie eine Feuersbrunst oder ein Feldlager vor der Schlacht.

Die Spielweise der Kanze wurde unter dem Shōgunat der Tokugawa zum offiziellen Stil erhoben und die Dayūs oder Häupter der Kanze-Schule allen anderen Schauspielern vorgezogen. Allein den Kanze-Dayūs war das Privileg gewährt, in ihrer Lebzeit einmal eine allgemein zugängliche Subskriptionsvorstellung [Kanjin-Nō] mit einer Dauer von zehn Abenden zu veranstalten. Für diese Vorstellung stand ihnen das

Recht zu, von den Daimyōs und vom Volk auf den Straßen von Edo gewisse Abgaben zu erheben. Es war den Daimyōs nicht gestattet, das gemeine Theater zu besuchen, doch durften sie das Kanjin-Nō sehen. [Man beachte, daß man in Japan auf das gemeine Theater, die Stätte der Mimesis und naturgetreuen Imitation des Lebens seit jeher herabsah. Das Nō, die symbolische und rituelle Bühne, ist eine Stätte der Auszeichnung – für die Schauspieler in gleichem Maße wie für die Zuschauer.] Die Daimyōs und selbst ihre Frauen und Töchter durften das Kanjin-Nō anschauen, ohne hinter der Setzwand zu bleiben. Programme wurden in den Straßen verkauft und die Trommel wurde gerührt, um auf die Vorstellung hinzuweisen – wie es noch heute Brauch ist, wenn das Publikum zu den Ringkämpfen eingeladen werden soll.

Das Privileg zur Veranstaltung einer solchen Subskriptionsvorstellung wurde später auch der Hōshō-Schule verliehen.

Ban-gumi

Ban-gumi heißt die Zusammenstellung von fünf Spielen zu einem Nō-Abend. Gumi bedeutet ‚anordnen' und Ban wird von der alten Bezeichnung Ban-no-mai abgeleitet, die man früher auf zwei Arten des ‚mai' [Tanzes] anwandte: das koreanische ‚U-ho' und das chinesische ‚Sa-ho', als diese noch nacheinander vorgeführt wurden.

Das Werk Kadensho[16], die geheime Überlieferung des Nō,

16] Kadensho, oder ‚Vom Überliefern der Blüte' ist die Grundlegende der kunsttheoretischen Schriften von Seami Motokiyo [1363-1443]; er schrieb sie 1400-1402 und fügte 1418 noch ein abschließendes Kapitel bei. Wenn hier vom ‚Kadensho' gesprochen wird, ist stets das ‚Spätere Kadensho' [oder ‚Falsche Kadensho'] gemeint, das zur Zeit, als Fenollosa seine Aufzeichnungen machte, das einzig Bekannte war. Es erschien um 1600 und war angeblich eine Schrift Seamis, enthält aber die in vielen Punkten von Seamis Konzeptionen abweichende Übung des Nō im sechzehnten Jahrhundert. Ebensowenig wie die Nō-Spiele waren Seamis Schriften für ein breites Publikum bestimmt, im Gegenteil, sie waren geheime Überliefe-

gibt eine bestimmte Abfolge von Nō-Spielen als verbindlich an:
«Zuerst muß ein Nō-Spiel vom Typus des Nō der Götter kommen – es sind dies Stücke, die mit ortsgebundenen religiösen Riten zusammenhängen; denn dies Land der aufgehenden Sonne ist das Land der Götter. Die Götter haben ihre Hand über das Land gehalten vom Kami-yo [dem Zeitalter der Götter] bis herab zur Zeit des gegenwärtigen Herrschers. Zu ihrem Preise und unserer Andacht führen wir zuerst dies Kami-Nō auf.[17]
Ein Shura-mono oder Krieger-Spiel kommt als zweites, denn die Götter und Kaiser befriedeten dieses Land mit Bogen und Pfeil. Und wir, um die Dämonen zu besiegen und auszutreiben, führen nunmehr ein Shura-mono auf. [Diesem Nō-Typus wird also gleichsam sympathetische Kraft zugeschrieben.]
Kazura-mono [Perücken-Spiele] oder Onna-mono [Frauen-

rungen, die nur innerhalb seiner Familie vererbt wurden und nur dem jeweiligen Nachfolger in der Führung der Kanze- [bzw. auch der Komparu-] Truppe bekannt waren – enthielten sie doch eine Fülle praktischer Anweisungen, wie man in der Inszenierung der einzelnen Spiele und in der Darstellung der verschiedenen Shite-Rollen zu höchster Vollendung gelange, Anweisungen, die weder den Zuschauern noch den konkurrierenden Schulen des Nō bekannt sein durften. Der Titel ‚Kadensho' meint das Überliefern, das Weiterreichen der ‚Blüte'. Blüte, Hana, ist «das alle bezaubernde Helle und Frische auf der Bühne. Dazu tritt noch das Element des ‚überraschend Neuen'. Das, was hier überraschend vorgewiesen wird, darf sich so schnell nicht wiederholen, sonst wird das bezaubernd Helle und Frische getrübt. Die Zuschauer müssen wirklich überrascht, ja von Staunen überwältigt werden.» [Oscar Benl.] Erst im Jahre 1909 wurden die Schriften Seamis, die bis dahin als verschollen gegolten hatten, wieder entdeckt und zunächst in einer unvollständigen Fassung publiziert. Die vollständige Fassung, auf Grund der inzwischen aufgefundenen Handschriften, erschien erst vor wenigen Jahren. [D. Ü.]

17] Kami-Nō bedeutet Götter-Nō. Die Eröffnungsspiele werden aber auch Waki-mono, Waki-Spiele genannt, weil in ihnen der Part des Waki, des Darstellers der Zweitrolle, einen verhältnismäßig großen Raum einnimmt. [D. Ü.]

Spiele][18] werden an dritter Stelle gegeben. Sie sind das Nō des Weiblichen. Manche meinen, daß irgendein Kazura-Stück genügt, aber es muß ein ‚weibliches Kazura' sein, denn nach dem Schlachtenlärm tritt geheimnisvoll Stille ein, es ist Frieden, Yūgen[19] herrscht, die Zeit der Liebe ist gekommen. Dazu kommt, daß in den Shura-monos nur Männer auftreten – da bildet das weibliche Spiel eine gute Gegenstimme.

An vierter Stelle kommt das Nō der Geister. Nach der Schlacht kommen Frieden und Ruhm, sind aber nicht von langer Dauer. Trügerisch sind Ehren und Freuden der Menschen. Das Leben ist ein Traum und vergeht so schnell wie der Blitz aufzuckt. Es gleicht einem Tautropfen am Morgen; eben fällt er und ist schon versickert. Diese Dinge anzudeuten, und das Herz zu Buddha zu führen, haben wir diesen Typus des Nō-Spiels nach den Kazura-mono, das ist genau nach der Mitte der Programmfolge, wenn manche Zuschauer bereits ein wenig müde werden. Gerade um sie aus ihrem Schlaf zu reißen haben wir die Geister-Spiele. Hier werden Beschwer und Sünden der Sterblichen beleuchtet und das Publikum, das nur dasitzt, um sich zu unterhalten, wird anfangen, über Buddha und die kommende Welt nachzudenken. Aus diesem Grunde ist das Nō auch ‚Mu-jin-kyō' genannt worden, die unausdenkliche Schrift.[20] Als fünftes kommt ein Stück, das irgendwie auf

---

18] Kazura-mono, Perücken-Spiele, heißen diese Spiele nach der Perücke, die der Hauptdarsteller trägt. Man vergesse nicht, daß im japanischen Nō-Drama niemals Frauen spielen und also auch die weiblichen Rollen von Männern dargestellt werden. [D. Ü.]

19] Yūgen bedeutet Anmut, Grazie, ein sanftes, angenehmes Gebahren, die lyrische Stimmung, das über Worte hinausreichende Gefühl. Sein Sinnbild ist ein weißer Vogel, der eine Blüte im Schnabel trägt. Yūgen ist – ebenso wie Hana, die Blüte – ein entscheidendes Attribut des Nō; auch die Krieger- und Schlachtenspiele müssen Yūgen haben, um nicht roh zu wirken. Hana, die Blüte, muß überraschend hervorbrechen, um den Zuschauer zu verzaubern; Yūgen, die Grazie, aber muß durchgehend da sein. [D. Ü.]

20] Diese Stücke sind am fesselndsten wegen ihrer tiefen und feinen Seelenkunde und wegen der Situationen, die unserem westlichen Drama so fremd sind, wenn auch nicht unserer Folklore und unseren Legenden. E. P.

die moralischen Pflichten des Menschen eingeht: *Jin, Gi, Rei, Chi, Shin*, d. h.: Mitleid, Rechtschaffenheit, Höflichkeit, Weisheit und Treue. Dieses fünfte Spiel zeigt die Pflichten, die dem Menschen hier in dieser Welt anheimstehen, wie ihm das vierte die Folgen der Vernachlässigung dieser Pflichten vor Augen führt.

Sechstens kann noch ein weiteres Shūgen-[21] oder Fest-Spiel als Abschluß des Abends gebracht werden. Es soll den anwesenden Würdenträgern Freude wünschen und auf sie, wie auf die Schauspieler und die Stätte des Spiels den göttlichen Segen herabrufen. Dieses Stück, das wiederum ans Nō der Götter anknüpft, soll zeigen, daß es, ob auch der Frühling vergeht, eine Zeit der Wiederkunft gibt.»

Soweit das Kadensho. Darauf folgt ein Kommentar, der, so glaube ich, von Herrn Owada stammt:

«Wiewohl diese Anordnung in ihrem Wortlaut recht schulmeisterlich klingt, wird sie noch immer beibehalten. Um es einfacher zu sagen: zuerst kommt das Nō aus dem Zeitalter der Götter; dann das Nō der Heldenzeit; dann das Nō des Romantischen; dann, an vierter Stelle, kommen die Spiele, die besonders tief und nachhaltig ansprechen und die dem Publikum unmittelbar zu Herzen gehen; fünftens die Stücke mit erregenden oder lebhaften Auftritten und sechstens die Stücke, so die Würdenträger und die Gegenwart feiern.

Dies ist die übliche Reihenfolge. Wenn wir nur fünf Stücke geben, singen wir am Ende der Vorstellung den kurzen Text aus dem Spiel TAKASAGO, der mit den Worten anhebt ‚Senshuraku wa tami wo nade'.

‚Im Tanz der Tausend Herbste
Beschützt er das Volk.

21] Shūgen bedeutet Freude, Feier, Fest, Weihe. – Die heute gültig erachtete Tradition des Nō kennt im Gegensatz zum ‚Falschen Kadensho' nur die Programmfolge von fünf Stücken, wobei sich freilich die drei ersten Gruppen weitgehend decken. Die Programmfolge wird in Teil V noch einmal erläutert. [D. Ü.]

> Im Tanz der Zehntausend Jahre
> Schenkt er unendliches Leben'[22]

[aus dem Schlußchor von TAKASAGO]. Dies wird das ‚hinzugefügte Shūgen' genannt. Aber wenn im fünften Stück Wendungen vorkommen wie ‚Medeta kere' oder ‚Hisashi kere' – ‚O wie glücklich!' oder ‚O ewig!', dann besteht keine Notwendigkeit, noch den Abschnitt aus TAKASAGO zu singen. Bei Vorstellungen zum Gedächtnis der Toten, Tsuizen-Nō, werden kurze Texte aus TŌRU und NANIWA intoniert.

Wenn auch fünf oder sechs Stücke die übliche Anzahl sind, so können mitunter doch mehr Stücke, oder weniger, aufgeführt werden, jedoch muß die Anordnung der Spiele immer den Richtlinien der oben wiedergegebenen Programmfolge entsprechen.»

Ich denke, ich habe nun genug zitiert, um zwei oder drei Punkte klarstellen zu können:

Erstens: In Japan wurde von Anfang an streng zwischen dem künstlerischen und dem unterhaltenden Drama unterschieden. Das bloß mimetische Theater wurde geringgeschätzt.

Zweitens: Das Nō spiegelt die Natur in einer Weise, die gänzlich von den westlichen Konventionen der Bühnenhandlung abweicht. Ich meine, eine Nō-Vorstellung mit ihren fünf oder sechs Spielen stellt eine Besinnung auf das Ganze des Lebens dar. Nirgends wird – wie etwa in ‚Hamlet' - eine einzelne Situation oder ein besonderes Problem herausgestellt und abgehandelt. Ein Nō-Abend repräsentiert – oder symbolisiert – einen vollständigen Abriß des Lebens in seiner Wiederkehr.

Die Stücke für sich behandeln vorwiegend wohlvertraute Handlungsphasen, ganz analog dem griechischen Drama, in dem wir z. B. den uns schon bekannten Ödipus in einer uns schon bekannten mißlichen Lebenslage finden.

Drittens: Da die Tradition des Nō nie abriß, finden wir in dem Programm als Ganzem zahlreiche Elemente, die längst von unseren westlichen Bühnen verschwunden sind, wie Morali-

22] Übers. von Peter Weber-Schäfer. [D. Ü.]

täten und Mysterienspiele und sogar Tänze – wie der bei der Messe aufgeführte –, die bei uns das verloren haben, was ihren dramatischen Sinn ausgemacht hat.[23]

Manche Nō-Texte werden deshalb nur für Fachleute der Folklore oder der vergleichenden Religionswissenschaft interessant sein. Den Kriegerspielen wird man wohl nicht viel Interesse abgewinnen – Heldenlieder sind sich in der ganzen Welt recht ähnlich. Die Moralitäten mögen den westlichen Moralitäten ebenbürtig sein, der asketische Buddhismus und das asketische Christentum verfügen wohl ungefähr über den gleichen Aufwand an Salbaderei. Diese Feststellungen sind ganz allgemein gehalten und lassen natürlich viele Ausnahmen zu. Aber wer das Theater liebt und wer die dramatische und lyrische Dichtung liebt, wird den Haupt-Anreiz in den psychologischen Stücken finden, genauer gesagt, in den Spielen, in denen Geister vorkommen. Diese Spiele sind, so glaube ich, eher von der Denkweise des Shintō als vom reinen Buddhismus geprägt. Geistererscheinungen sind in diesen Stücken gang und gäbe, und die zugrundeliegende Psychologie hat etwas Verblüffendes. Die Entsprechungen mit westlichen spiritistischen Ansichten sind überaus seltsam. Dies ist hier jedoch ein unerheblicher und beiläufiger Aspekt und man könnte ihn getrost übergehen, wenn er nicht unauflöslich mit einem dramatischen und poetischen Aspekt höchsten Ranges zusammenhinge.

Ich denke, ich kann nun einige Texte bringen, ohne ihnen mehr vorauszuschicken als den Hinweis, daß die Bühne von drei Seiten sichtbar ist. Man betritt sie über einen Steg, der durch echte Kiefern, kleine Topfsetzlinge, in drei Abschnitte gegliedert ist. Den Hintergrund der Bühne bildet ein einziger Prospekt: eine Kiefer, Symbol des Wandellosen und Immergrünen. Sie ist direkt auf die Rückwand der Bühne gemalt, und da diese nicht zu versetzen ist, bleibt auch der Prospekt für alle Spiele gleich.

Sehr oft zeigt ein Spiel jemanden auf der Reise. Der Schauspieler wandert über den Steg oder über die Bühne und ver-

23] Vgl. hierzu ‚Pisaner Gesänge', S. 87. [D. Ü.]

kündet, wo er sich befindet und wohin er geht. Oft erläutert er die symbolische Bewandtnis seiner Gesten oder sagt, was ein besonderer Tanz darstellt und warum jemand ihn tanzt.
In SOTOBA KOMACHI, einem Stück von Kanami Kiyotsugu[24], reisen zwei Mönche vom Berg Kōyasan nach Kyōto. In der Provinz Settsu begegnen sie der Ono no Komachi[25], einer legendären Dichterin; das heißt, sie begegnen einer Erscheinung: einer Greisin, die auf einem Stupa[26] am Wegrand hockt, und die in Wahrheit das Schemen der schon längst verblichenen Ono no Komachi ist.

Ezra Pound

24] Kanami Kiyotsugu, der Begründer der Kanze-Schule des Nō und Vater von Seami Motokiyo, lebte von 1333–1384. Er diente am Shintō-Schrein in Kasuga bei Nara, ehe ihn Yoshimitsu [1358–1408], der dritte Shōgun aus dem Hause Ashikaga, in die Hauptstadt berief und sein besonderer Förderer wurde. [D. Ü.]

25] Ono no Komachi, berühmte japanische Dichterin des 9. Jahrhunderts n. Chr., der die Überlieferung etwa 100 Gedichte zuschreibt. [D. Ü.]

26] Stupa oder Sotoba heißt ein fein bearbeiteter Holzpfahl, der meistens auf Gräbern steht und in den fünf Kreise eingekerbt sind. Diese versinnbildlichen die fünf Elemente [Erde, Wasser, Feuer, Wind und Leere] und stellen zugleich den irdischen Leib Buddhas dar. [D. Ü.]

FACHAUSDRÜCKE IM NŌ

Shite [ausgesprochen sch-te oder schite[27]]:
  Der Held oder die Hauptperson
Tsure: Begleiter des Helden
Waki: Gast oder Gäste, sehr oft ein wandernder Priester
Waki no tsure, oder Wadzure: Begleiter des Waki
Tomo: eine unbedeutende Begleitperson
Kogata: ein sehr junger Knabe
Kyōgen: Seemann oder Diener
Hannya: ein böser Geist
Daijin: höherer Beamter
Die gesprochenen Partien des Nō heißen Kotoba, die rezitativisch vorgetragenen Katari, die gesungenen Utai.

27] Sonst erfolgt allgemein die Aussprache der Konsonanten wie im Englischen, der Vokale wie im Deutschen. [D. Ü.]

SOTOBA KOMACHI
[*Komachi am Stupa*]
Von Kanami Kiyotsugu

Personen:
Shite: Ono no Komachi
Waki: ein Mönch
Waki no tsure: zweiter Mönch

ONO
Als ich jung war, war ich voll Stolz
Mein Haar war so mit Blüten besteckt
wie die Weidenzweige im Frühling.
Meine Stimme klang wie die Nachtigall,
und nun bin ich alt,
an die hundert Jahre alt, und verbraucht.
Ich will mich niedersetzen und ruhn.
MÖNCH
Bald wird's Abend. Wir wollen weiter.
erschrocken über ihre Pietätlosigkeit
Nun schau dir die Bettlerin an! Sie sitzt auf einem Stupa. Sag ihr, daß sie aufstehen soll und sich hinsetzen, wo sichs gehört.
ONO
He, was soll Euer Gewäsch? Hier ist keine Inschrift zu sehen, nicht eine Spur alter Bemalung. Ich hielt es für einen gewöhnlichen Klotz.
MÖNCH
Dies soll bloß ein Klotz oder ein Baumstumpf sein? Einmal wird er ja Blüten getragen haben – zu seiner Zeit, zu seiner Zeit. Doch jetzt ist es ein Stupa, in den der erhabene Buddha eingekerbt ist.
ONO
Wohlan denn, so bin ich eben auch nur totes Holz und schon gefällt, eine Blume an meinem Herzen ... Sprecht weiter vom Stupa!

ZWEITER MÖNCH
Der Stupa, das ist des Buddhas Leib,
nur kurze Zeit bleibt er in ihm.
Erde, Wasser, Feuer, Wind und Leere:
die fünf Gestalten
in denen ewig er erscheint.
ONO
Fünf Elemente sind's, die auch des Menschen Leib –
MÖNCH
fällt etwas an der Alten auf, schreit heraus
Wer bist du?
ONO
Ich bin was übrig blieb von Ono,
der Tochter von Ono no Yoshizane.
BEIDE MÖNCHE
zusammen
Wie traurig sie aussieht und verfallen:
An ihrem Tag war Ono no Komachi
eine leuchtende Blume;
sie hatte die blauen Augenbrauen von Katsura;
sie brauchte sich nicht zu schminken;
durch Paläste wandelte sie in seidnen Gewändern.
Viele hörten ihre Verse
in der Sprache unseres Landes
und in der Sprache des fremden Hofes.
Das Eisgrau des Winters liegt auf ihrem Haar,
das Weiß des Schnees auf ihren Schultern;
die Farbe der fernen Gebirge
ist nicht mehr in ihren Augen.
Sie ist wie der Mond im Zugriff der Dämmerung,
ausgebleicht und verblaßt.
In dem Säckchen um ihren Hals hat sie getrocknete Bohnen,
ein Bündel ist auf ihren Rücken geschnürt,
und auf den Schultern trägt sie einen Korb,
aus Wurzeln geflochten.
Sie kann's nicht verbergen.

Als Bettlerin zieht sie über die Straßen.
Sie irrt umher, ein armer, verrückter Schatten.
ONO
Verrückt? Hat man so was je gehört? Als ich jung war, bekam ich wohl hundert Briefe von Männern, gegen die ihr beide nicht ankönnt! Sie fanden sich ein wie die Regentropfen im Mai. Ich trug meinen Kopf hoch damals, das mag schon sein! Und ich schickte keinem eine Antwort! Du meinst, weil du mich heut hier allein siehst, daß mir ein stattlicher Mann gefehlt hätte in den alten Tagen, als Shōshō und die andern alle kamen, was? Shi no Shōshō von Fukakusa kam zu mir im Mondlicht und in der finstern Nacht und in den Nächten, da die Regenschleusen aufrissen, dem schwarzen Wind ins Gesicht und dem wilden Schwirren des Schnees. Er kam sovielmal als die schmelzenden Tropfen von der Dachrinne fallen, neunundneunzigmal, und er starb, eh die hundertste Nacht anbrach. Nun ist sein ruhloser Geist über mir und treibt mich weiter im Wahnsinn.[1]

Umewaka Minoru spielte Ono no Komachi in diesem Stück am 8. März 1899. Es ist für einen alten Schauspieler, der eine Maske trägt, durchaus üblich, die Rolle einer Frau zu übernehmen.

Ein anderes Stück über Ono und Shōshō heißt KAYOI KOMACHI, ‚Der Weg zu Komachi‘, und Umewaka spielte es am 19. November 1899; danach wurde SUMA GENJI aufgeführt. Ich gebe nun eine vollständige Fassung dieser Stücke ohne weiteren Kommentar.   *E. P.*

1] S. a. Anhang, S. 294.

KAYOI KOMACHI
[*Der Weg zu Komachi*]
Von Kanami Kiyotsugu, bearbeitet von Seami Motokiyo

Personen:

Shite: Der Geist von Shi no Shōshō, Ono no Komachis Verehrer

Waki: ein Einsiedlermönch

Tsure: Ono no Komachi

Chor

Inhalt
Es geht in diesem Stück darum, daß Shi no Shōshō [‚Kommandant vom vierten Rang'] sich nicht auch zum Buddhismus bekehren lassen wollte, und so bleiben sein Geist und der Onos voneinander getrennt. Wo es sich ums Festhalten an einer fixen Idee handelt, kann sich niemand mit einem Geist messen. In NISHIKIGI *bleiben die Geister der beiden Liebenden getrennt, weil die Frau stets die Brokathölzer zurückgewiesen hatte, die der Held ihr einst darbrachte. Die beiden Geister werden erst durch das liebevolle Gedenken eines wandernden Priesters zusammengebracht. Mr William Butler Yeats erzählt mir, er habe eine ähnliche Legende in Arran gefunden wo die Geister der Liebenden zu einem Priester kommen, um sich trauen zu lassen.*
Das Stück spielt in Yase [Provinz Yamashiro], später in Ichiharano.

MÖNCH

Ich bin ein Einsiedlermönch in dem Dorf Yase. Hier soll es eine sonderbare kleine Frau geben, die jeden Tag herkommt mit Obst und Reisig. Wenn sie heute wieder kommt, werd ich sie fragen, wer sie ist.

ONO NO KOMACHI

kündigt sich dem Publikum an

Ich bin eine Frau und lebe draußen bei Ichiharano. Es gibt viele reiche Häuser in Yase, und ich bring ihnen Früchte und Brennholz, bin grad unterwegs dorthin.

MÖNCH
Dann bist du die Frau. Was für Früchte hast du da?
ONO NO KOMACHI
Ich habe Nüsse und Kaki und Kastanien und Pflaumen und Pfirsiche, und große und kleine Orangen, und einen Zweig mit Tachibana daran, der mich an frühere Tage erinnert.
MÖNCH
Dann stimmt es also – aber wer bist du?
ONO NO KOMACHI
zu sich
Das kann ich ihm jetzt nicht erzählen. *Zu ihm:* Ich bin nur eine Frau, die draußen bei Ichiharano lebt, in dem wilden Gras, das dort wächst.
Mit diesen Worten verschwindet sie.
MÖNCH
Wunderlich. Ich frag sie ihren Namen. Sie will ihn mir nicht sagen. Sie sagt, sie sei nur eine Frau aus Ichiharano, und dann verschwindet sie wie Nebel. Wenn man nach Ichiharano hinunter geht, kann man den Wind in den Susuki-Gräsern hören wie in dem Gedicht der Ono no Komachi, wo sie sagt:

    Ono, nein, ich will dem Wind nicht sagen,
    daß ich Ono heiße,
    solang als es vom tiefen Gras her raunt,
    solang es mir in Ohren liegt.

Es kann schon sein, daß sie Ono ist oder ihr Geist. Ich will dorthin gehen und für sie beten an Ort und Stelle.
CHOR
sagt den Fortgang der Handlung und Wechsel des Schauplatzes an
Damit verläßt er seine kleine Hütte im Tempelbezirk. Er geht nach Ichiharano und betet dort für sie.
ONO NO KOMACHI *zum Mönch*
ihre Stimme kommt aus einem Stechginstergebüsch
Deine Gebete haben viel Kraft. Meinst du, daß du mich endlich zu Buddha bringen kannst?
SHI NO SHŌSHŌS GEIST
Die Zeit ist unselig gewählt. Geh zurück! Zur unseligen Stunde rührst du dich.

ONO NO KOMACHI
Ich sag, es waren gute Gebete. Ich komme nicht ohne Kampf zu dir zurück.
SHI NO SHŌSHŌS GEIST
Mein Herz ist traurig, wenn es vernimmt, wie du nach Buddha verlangst. Du, die mich im Stich ließ, als ich versank in den schwarzen Fluten der Hölle! Können denn sanfte Gebete dir ein Trost sein, in deinem stillen Himmel, wenn du mich allein wissen wirst, hier an diesem wüsten, öden Ort? Der mit seinen Gebeten ist nur gekommen, um dich mir für immer wegzunehmen, aus keinem andern Grund! Als ob Gebete unsereinem helfen könnten!
ONO NO KOMACHI
Lieber, das mag für dich gelten, aber mein Herz ist rein wie das junge Mondlicht.
CHOR
Seht, sie kommt hervor aus dem Gesträuch.
Der Geist Onos hat nun Gestalt angenommen.
SHI NO SHŌSHŌS GEIST
Bringt dich denn nichts dazu, zu mir zurückzukehren?
ONO NO KOMACHI
Der Glaube ist wie ein flüchtendes Reh in den Bergen: es hält nicht inne im Lauf, wenn du es anrufst.
SHI NO SHŌSHŌS GEIST
Dann will ich der Jagdhund sein, der deinem Buddha nachsetzt. Ich werde mich nicht von deiner Spur wegprügeln lassen.
ONO NO KOMACHI
Wie schrecklich, wie schrecklich ist sein Gesicht!
CHOR
Seht, er hat sie am Ärmel gepackt!
MÖNCH
Die scheinbar beiläufigen Worte, die der Mönch nun spricht, lassen sie einhalten. Das klingt wie eine Bestätigung der neuerlichen Ansicht, nach der man Geister beschwören oder bannen kann, indem man sie bei Namen nennt.
Bist du Ono no Komachi? Und du Shi no Shōshō? Hast du

um sie gefreit hundert Nächte lang? Kannst du zeigen, wie es war?
Nun beginnen sie den Tanz dieses Nō-Spiels, die Darstellung, wie Shi no Shōshō neunundneunzig Nächte lang zu ihrem Haus kam.
ONO NO KOMACHI
Ich wußte nicht, daß dein Durst nach mir so unstillbar war.
SHI NO SHŌSHŌS GEIST
Du hast mich zum Narren gehabt als du mir auftrugst, hundert Nächte lang den Weg zu dir zu kommen. Ich dachte, es wäre dir ernst. Ich nahm meinen Wagen und kam.
ONO NO KOMACHI
Ich sagte: «Komme nicht immer in der gleichen Aufmachung, sonst werden dich die Leute erkennen und reden.»
SHI NO SHŌSHŌS GEIST
Ich nahm einen anderen Wagen. Ich hatte frische Pferde in Kohata stehn und kam doch auf bloßen Füßen.
ONO NO KOMACHI
Du kamst in jedem nur denkbaren Zustand.
SHI NO SHŌSHŌS GEIST
Der Weg war nicht allzu dunkel, wenn der Mond schien.
ONO NO KOMACHI
Du kamst aber auch, wenn der Schnee fiel.
SHI NO SHŌSHŌS GEIST
Mir scheint, ich stäube ihn noch von den Ärmeln.
Diese Bewegung wird in den Tanz übergeführt.
ONO NO KOMACHI
Im Regenschauer am Abend.
SHI NO SHŌSHŌS GEIST
Die Bosheit deines Regens hab ich am meisten gefürchtet.
ONO NO KOMACHI
Am Nachthimmel stand keine Wolke –
SHI NO SHŌSHŌS GEIST
Mein Regen waren die Tränen; die machten die Nacht dann dunkel.
ONO NO KOMACHI
Das Zwielicht hab ich immer gefürchtet.

53 Szenenfoto aus TAMURA [zu S. 91]
Der Geist des Generals Tamura tanzt seinen Sieg über die Dämonen

54 Szenenfoto aus NISHIKIGI [zu S. 128]
Der Geist des Liebhabers sitzt in der Höhle der Ahornblätter

SHI NO SHŌSHŌS GEIST
Auf den Mond wartet sie wohl, sagt' ich mir, aber niemals auf mich!
CHOR
Das Morgengrauen! O, das Morgengrauen ist eine Zeit zum Grübeln!
SHI NO SHŌSHŌS GEIST
Ja, für mich.
CHOR
Wenn auch die Hähne krähn, wenn auch die Glocken tönen, wenn auch die Nacht nimmermehr herabkommt, ihr bedeutet es beinahe gar nichts.
SHI NO SHŌSHŌS GEIST
Gegen so viele Widerstände –
CHOR
– kam ich neunundneunzig Nächte lang. Und dies ist die hundertste Nacht. In dieser Nacht wird die Sehnsucht erfüllt. Er eilt. Was trägt er?
SHI NO SHŌSHŌS GEIST
Sein Umhang ist kläglich; wahrhaftig, ein lumpiger Mantel!
CHOR
Sein Hut ist ausgefranst.
SHI NO SHŌSHŌS GEIST
Sein Rock ist schon ganz durchgetragen.
Verwandlung auf offener Szene
CHOR
Er kommt im reichgemusterten Gewand,
er kommt übersät mit Blumen.
Es ist Shi no Shōshō!
SHI NO SHŌSHŌ
Im faltenreichen Kleid.
CHOR
Im veilchenblauen Hakama. Er dachte, sie würd auf ihn warten.
SHI NO SHŌSHŌ
Ich eilte zu ihr wie jetzt.

CHOR
drückt Shi no Shōshōs Gedanken aus
Und bäte sie mich auch nur eine Schale Mondlicht zu trinken, ich nähm sie nicht an. Es ist nur eine List, mich für Buddha zu ködern.
CHOR
in einer abschließenden Feststellung
Ihrer beiden Sünden erloschen. Sie wurden endlich Schüler des Buddha, beide, Komachi und Shōshō.[2]

Der abschließende Tanz zeigt an, daß die Liebenden Geister sind, die durch die Gräser flattern.
Diese Ekloge ist etwas unvollständig. Ono erinnert fast an die Nymphe Echo, und ohne die beiden letzten Zeilen des Chores könnte man sich ohne weiteres vorstellen, daß sie ihre Tenzone mit Shōshō fortsetzt bis ans Ende der Zeit.
In der Vorstellung vom 19. November 1899 folgte auf dieses Spiel, wie schon gesagt, Kanamis Stück SUMA GENJI [Genji in Suma]. Ich muß den Leser bitten, sein Urteil über den dramatischen Rang solcher Stücke auszusetzen, bis er NISHIKIGI und einige der längeren Eklogen gelesen hat, nämlich diejenigen, wo das Libretto für sich den Sinn vollständiger zutage treten läßt.
Einige Nō-Spiele, darunter AOI NO UE, wurden schon vor 1939 auf Tonfilm festgehalten. Dies ist das einzige Medium, das einem eine exakte Vorstellung des Nō-Spiels als eines Gesamtkunstwerks geben kann, solange man es nicht in Japan realisiert gesehen hat.

2] S. a. Anhang, S. 294.

SUMA GENJI
[*Prinz Genji in Suma*]
Von Kanami Kiyotsugu, bearbeitet von Seami Motokiyo

Personen:
Shite: ein alter Holzfäller. Er ist die Erscheinungsform des Prinzen Genji als eine Art ‚Genius loci', hier als der Geist der Küste von Suma.
Zweiter Shite, oder der Shite in seiner zweiten Erscheinungsform: Genjis Geist, der in einer Art Gloriole aus Wellenglanz und Mondlicht erscheint.
Waki: Fujiwara no Okinori, ein Priester, der sich mit Folklore beschäftigt und die geheiligten Schauplätze der Sagen aufsucht.
Chor

Erste Szene

PRIESTER
kündigt sich an
Ich, Fujiwara no Okinori,
bin gekommen übers Meer von Hyūga.
Ich bin ein Priester des Shintō-Tempels von Miyazaki,
und da ich ein gut Stück landein wohne,
hab ich nie den Tempel des großen Gottes in Ise
sehen können;
doch nun möchte ich einmal dorthin gehen,
und ich bin bis nach Suma gekommen,
an die Küste.
Hier hat Genji gelebt,
und hier werd ich den jungen Kirschbaum sehen,
den Baum, der in der Sage gepflanzt ward –
HOLZFÄLLER
Und ich bin ein alter Holzfäller aus Suma.
Ich angle im Zwielicht;

am Tage schicht ich das Holz und siede Salz.
Hier ist der Berg von Suma.
Dort steht der Baum, die junge Kirsche.
Ihr habt ganz recht: Genji hat hier gelebt.
Jeden Augenblick kann diese Knospe aufbrechen.
PRIESTER
Ich muß herausbekommen, was der alte Mann weiß. *Zum Holzfäller:* Werter Mann, Ihr scheint mir sehr arm zu sein, und dennoch habt ihr die Augen nicht auf euren Weg gesenkt! Ihr bleibt auf dem Nachhauseweg stehen, nur um eine Blüte anzuschauen. Ist das der Baum aus der Sage?
HOLZFÄLLER
Wohl, arm genug bin ich. Ihr aber wißt nicht gut Bescheid, wenn ihr nach diesem Baum Fragen stellt wie: «Ist das der edle Baum von Suma?»
PRIESTER
Nun gut – ist es der Baum? Ich bin eigens hergekommen, um ihn zu sehen.
HOLZFÄLLER
Was! Ihr seid wirklich der Kirschblüte zuliebe gekommen – und nicht wegen des Berges Suma?
PRIESTER
Ja. Denn hier hat Genji gelebt, und ihr seid so alt, daß ihr bestimmt so manche Geschichte über ihn wißt.
CHOR
spricht Genjis Gedanken aus
Wenn ich die Tage aufzähl, die vergangen sind,
wird der Stoff meiner Ärmel bald brüchig sein.
Die Vergangenheit – das war in Kiritsubo;
ich zog ins lauschige Landhaus, ins Haus meiner Mutter,
aber der Kaiser rief mich an seinen Hof.
Mit zwölf wurde ich zum Knappen ernannt und erhielt den Manneshut. Die Wahrsager entrollten vor mir meinen Ruhm.
Ich ward Chūjō in der Provinz Hahakigi. Ich ward Chūjō im Land des Ahornfestes.
Mit fünfundzwanzig ging ich nach Suma in die Verbannung, kannte alle Nöte der Seefahrt, hatte niemanden, der meinen

Träumen folgen mochte, niemand, der die alten Geschichten anhören wollte.

Dann rief man mich zurück in die Hauptstadt. Ich stieg höher von Amt zu Amt. Ich ward Naidaijin in Miwotsukushi, ward Dajōdaijin in den Ländereien von Otome und Daijotenno in Uraba. Darum hieß man mich Hikaru Genji – Genji, den Strahlenden.

PRIESTER

Aber so sagt mir doch genau, wo er lebte! Sagt mir haargenau, was ihr über ihn wißt.

HOLZFÄLLER

So genau kann man den Ort nicht bestimmen. Er lebte hier entlang der Brandung. Wenn ihr auf das Mondlicht warten wollt, seht ihr vielleicht alles – in Salzdunst und stäubendem Gischt.

CHOR

In alten Zeiten lebte er in Suma –

HOLZFÄLLER

tritt hinter einen Wandschirm oder deutet sonst seinen Weggang an und vollendet dabei den Satz des Chores

– nun aber in der Luft des Himmels.

CHOR

zum Priester

Wart und der Mond wird ihn zeigen.

Der Mann aus dem Wald trat ein in die Wolken.

PRIESTER

Der Mann aus dem Wald war Genji leibhaftig, er stand vor mir und sprach lebendige Worte. Ich will die Nacht abwarten. Ich will hier bleiben und sehen was kommt. *Erläutert sein Spiel:* Dann legt sich Fujiwara no Okinori nieder und lauscht auf die Weisen der Wellen.

Zweite Szene

Die zweite Szene beginnt mit dem Auftritt des zweiten Shite, das heißt, der leuchtenden Erscheinung GENJIS *in übernatürlicher Gestalt.*

GENJI
Wie wunderbar das Meer hier ist! Als ich noch über die Gräser ging, nannte man mich ‚Genji, den Strahlenden' und nun reiche ich vom Gewölbe des Himmels herab und berücke die Sterblichen mit einem Zauber. In diesem Schatten sing ich vom Mond, hier an der Küste von Suma. Hier will ich Seika-ha tanzen, den blauen Tanz der Wellen des Meeres.
Er beginnt zu tanzen.

CHOR
begleitet und beschreibt den Tanz
Sein weißes Kleid spiegelt wieder
die Wellenkronen wie Blumen;
dies Muster sprenkelt die Ärmel.
Flötentöne durchwirken die Luft,
das Singen vieler Schalmeien
vibriert durch das Land,
und sogar die wilden Seen von Suma
hallen von der tönenden Stille.
Der Traum, der sich regt in Wolken, im Regen,
fließt über ins wirklich Sein.
Es kam ein Licht aus dem Himmel,
es kam ein Jüngling zum Tanz her;
Genji Hikaru war das,
Genji Hikaru im Geist.

GENJI
Meinen Namen kennt alle Welt;
hier bei den weißen Wellen war meine Wohnstatt;
nun steig ich herab aus dem Himmel
und feie mit meinem Lichtschein die Sterblichen.

CHOR
Wohltätig ist die Gegenwart Genjis,
sie stimmt zu dem Grundton von Suma.

GENJI

sagt damit zugleich einen Wechsel im Tanzschritt an
Der Wind hat sich gelegt.

CHOR

Ein Wolkenstreif –

GENJI

– haftet am leergewehten Himmel.
Es ist, als wär's Frühling.

CHOR

Er stieg herab wie Brahma, Indra und die Vier Könige,
wenn sie den Wohnsitz der Devas und Menschen besuchen.
Er, der Geist dieser Stätte.
Er, der nur ein Holzfäller schien,
funkelt in den heiligen Farben,
er, der wahrhaft Strahlende.
Blau-grau ist die Tracht, die sie hier tragen,
blau-grau wehte sein Geist über Suma.
Seine Ärmel waren wie das graue Meereswogen;
seltsam rauschten sie, wenn er sie bewegte,
wie das Lärmen der ruhlosen Wellen,
wie die Glocken einer kleinen ländlichen Stadt
unterm Einbruch der Nacht.[3]

3] S. a. Anhang hierzu, S. 294.

Wohl möglich, daß das Spiel SUMA GENJI vielen, die es zum erstenmal lesen, undramatisch erscheinen wird. Die Spannung liegt in der Erwartung eines übernatürlichen Ereignisses – das dann tatsächlich eintritt. Einige werden vergrämt sein durch eine Art Seelenleben, das im Westen den spiritistischen Séancen vorbehalten ist. Doch, wie immer man darüber denken mag, außer Zweifel steht, daß es ein solches Seelenleben gibt. Den ganzen Winter 1914-15 hindurch sah ich Mr Yeats die Zeugnisse der Folklore [die Lady Gregory in irischen Katen gesammelt hatte] und die Unterlagen der okkulten Schriftsteller mit den Gepflogenheiten der Scharlatane von Bond-Street koordinieren. Wenn die japanischen Autoren diese Seelenkunde des Spuks nicht mit einer für mein Empfinden sehr hochstehenden Poesie verbunden hätten, würde ich mich kaum damit befassen.

Dem Leser wird das Gefühl der Spannung abgehen, solange er sich nicht in die Haut des Priesters versetzen kann, der darauf brennt – «und sei es in einer Vision» – der unter den Jahren verschütteten Schönheit ansichtig zu werden: «den Schatten des Gewesenen in leuchtender Form» zu sehen. Ich sage nicht, daß es leicht ist, sich in die Lage des Priesters zu versetzen. Diese Einstellung ist uns zu fremd, als daß wir uns ohne Anstrengung in sie hineinfühlen könnten. Aber wenn man einmal den Zugang zur Welt des Nō gefunden hat, so steht man fraglos einer neuen Art des Schönen gegenüber. Ich habe gefunden, daß es den Versuch sehr wohl lohnt, und kann nur hoffen, daß es anderen ebenso ergehen wird.

Aus der Aneinanderreihung von fünf oder sechs Nō-Spielen zu einem Programm erhellt zum Teil der Anschein des mangelnden Aufbaus in einzelnen Stücken; doch sind alle Stücke auch in sich durchaus gegliedert, nach einer inneren Notwendigkeit, die etwa den Gesetzen der Tonsetzung entspricht.

Wenn ein Text am Ende des Spiels «sich in Nichts aufzulösen» scheint, sollte der Leser im Sinn behalten, «daß die Unbestimmtheit und Blässe der Worte aufgewogen wird durch die emotionale Spannkraft des abschließenden Tanzes», denn das Nō-Spiel hat seinen Zusammenhalt im Emotionalen. Ebenso besitzt es etwas, das man als ‚Einheit des Image' [der Anschauung] bezeichnen möchte.

Zumindest sind die wesentlichen Nō-Spiele alle auf die Potenzierung eines einzigen bestimmten Bildes hin angelegt: der roten Ahornblätter und der Schneegestöber in NISHIKIGI, der Kiefern in TAKASAGO, der blau-grauen Wasser- und Wellenmuster in SUMA GENJI, des Federnmantels in dem danach benannten Spiel HAGOROMO.

Diese Potenzierung des Image, diese innere Gliederung, ist für mich als ‚Imagist' natürlich von besonderem Interesse, denn wir Imagisten hatten, als wir von uns aus aufbrachen, keine Ahnung von diesen Dramen. Diese Spiele sind mithin zugleich die Antwort auf eine Frage, die man mir oft entgegenhielt: «Kann man nach der Methode des Imagismus ein langes Gedicht schreiben, ja kann man überhaupt im *vers libre* ein langes Gedicht schreiben?»

GESPRÄCHE MIT UMEWAKA MINORU

Wenn ich zur Zusammenstellung von Professor Fenollosas Aufzeichnungen seiner Gespräche mit Umewaka Minoru, dem Erneuerer des Nō, komme, gerate ich in einige Verlegenheit, wo ich ansetzen soll. Ich werde mich gleichwohl kopfüber in das Gespräch vom 15. Mai 1900 stürzen, da dort Gegenstände behandelt sind, die mit den bisher schon besprochenen zusammenhängen und will dem nur noch den gelungenen Bericht über eine frühere Begegnung am 20. Dezember 1898 voranstellen:

«Besuchte den alten Herrn Umewaka mit Herrn Hirata. Überreichte ihm eine große Schachtel mit Eiern. Er dankte mir, daß ich Takeyo letzten Freitag 18 Yen für die mir gegebenen sechs Stunden vom 18. November an bezahlt hätte. Ich entschuldigte mich bei ihm wegen des mir vor Jahren unterlaufenen Fehlers, dankte ihm für seinen Freimut, seine Verschwiegenheit gegenüber dritten und seine große Güte, in der er mir erlaubte, noch einmal bei ihm Unterricht zu nehmen und bat ihn, 15 Yen als Gegengabe für seine neulich gewährte Hilfe anzunehmen.

Er war sehr leutselig und unterhielt sich mit mir ungefähr anderthalb Stunden lang. Er bat mich, etwas zu singen, und ich trug ‚Hansakaba' vor. Er lobte mich, sagte, alles sei genau richtig und sagte, daß sie beide, er und Takeyo, meine Fortschritte beachtlich fänden, besser könne auch ein Japaner nicht vorankommen. Er sagte, ich sei bereits so weit fortgeschritten, daß ich in einer japanischen Truppe auftreten könne.[1] Mosse und ich sind die einzigen Ausländer, die jemals im Nō unterrichtet wurden, und ich der einzige Ausländer, der dies Wissen zurzeit ausübt.

Wir sprachen lang über das Künstlerische am Nō. Ich gab ihm

---

[1] Dies steht in Fenollosas Tagebuch, nicht in einem Vortrag oder irgend etwas, das er publiziert hat; wir sollten ihm also diese Feststellung nicht als Ruhmredigkeit ankreiden. E. P.

einen knappen Bericht über das griechische Drama. Von der abendländischen Oper hatte er schon einen Begriff.

Er sagte, die Erlesenheit des Nō läge im Gefühl, nicht in der Fabel oder der Textur, deswegen gäbe es keinerlei Beiwerk wie auf den Theatern. ‚Geist' [tamashii] war das Wort, das er gebrauchte. Der reine Geist sei es, in dem das Nō wirke und somit stünde es über den anderen Kunstformen. Wenn ein Nō-Darsteller sein Bestes gäbe, könne Umewaka seinen Charakter wie ein Buch lesen: Der Schauspieler könne ihn gar nicht verbergen. Der Geist müsse durchscheinen, ‚der ganze Mensch', wie er sagte. Deshalb unterwiese er seine Söhne, in ihrem täglichen Leben immer aufrecht, rein und wahr zu sein, sonst würden sie niemals die größten Schauspieler werden können.[2]

Er sprach viel über das volkstümliche Theater[3] und dessen Angleichung ans Nō, als er ungefähr dreizehn Jahre alt war. Der Vater des gegenwärtigen Danjurō und seine Truppe verkleideten sich und kamen zu einer Kanjin-Nō-Vorstellung, von

---

2] Vgl. hierzu Canto XIII, wo Pound schreibt:
«Und Kung sprach: ‚Ohne Gesinnung
vermagst du nichts über dein Instrument,
Wird dein Spiel nicht zu den Oden stimmen.'» [D. Ü.]

3] Das Kabuki-Theater entstand vor ungefähr 250 Jahren. Es ist durchsetzt mit Elementen des Nō-Spiels und des Ningyō-jōruri, des Puppenspiels. Das Nō-Spiel, das Kabuki und das Ningyō-jōruri sind die drei heute noch existierenden Dramenformen Japans; alle drei sind für unsere westlichen Begriffe ausnehmend kunstreich. Dem Puppenspiel kommt besondere Bedeutung zu, weil der große Monzaemon Chikamatsu [1653-1724] die Stücke dafür schrieb, die das Kabuki-Theater sich dann vielfach aneignete. Heute sind die meisten Stücke, die im Kabuki gespielt werden, dem Ningyō-jōruri entliehen. Die Dramen, die am erfolgreichsten auf der Bühne von Edo waren, wurden in dem ‚Kabuki Juhachiban' zusammengefaßt, den ‚Achtzehn besten Stücken'. Unter diesen gelten wieder ‚Kanjinchō' und ‚Sukeroko' als die hervorragendsten. ‚Kajinchō' wurde 1840 nach dem Nō-Spiel ATAKA für das Kabuki-Theater umgeschrieben und von Danjurō Ichikawa VII. zum ersten Male aufgeführt, wobei er einen neuen Schauspielstil für das Kabuki fand. Auch das Kabuki-Theater war vom ersten Danjurō an [1688-1703] durch neun Generationen in der Hand einer Familie, der Ichikawas. [D. Ü.]

der sie eigentlich ausgeschlossen waren. Dies war die einzige Möglichkeit für weitere Kreise, das Nō kennenzulernen. Kanjin-Nō ist – wie schon andernorts gesagt – die eine Benefizvorstellung, die dem Haupt einer Nō-Truppe zeit seines Lebens zustand. Andere Schauspieler hatten keinen Zutritt zu der Aufführung.

Dann geschah es, daß Ichikawa, nachdem er diese Nō-Spiele gesehen hatte, sie in dem berühmten Stück ‚Kanjinchō‘ imitierte, das der jetzige Danjurō heute noch als eines der ‚Achtzehn besten Stücke‘ spielt.

Unter der jetzigen Regierung haben die volkstümlichen Schauspieler Zutritt zu den Nō-Spielen, und auf der volkstümlichen Bühne haben sie diese noch weiter nachgeahmt. Heutzutage [1898] haben in der Folge fast alle Formen musikalischer und rezitativischer Darbietungen ihren Stil mehr oder weniger dem Nō entlehnt.

Am Nō habe sich seit 400 Jahren die Seele Japans geläutert. Kobori Enshū führt die fünfzehn Tugenden des Nō an, deren eine die Genesung an Geist und Gliedern sei, und nannte sie das ‚Heilen ohne Arzenei‘.[4]

‚Das Tanzen regt bekanntlich die Blutzirkulation an und hält die Beschwerden des Alters fern.‘

Heute besuchen sogar Minoru und seine Söhne gelegentlich das Theater des Danjurō. Er sprach noch viel über den Hof des Shōguns. Wenn ein Nō-Schauspieler vom Shōgun verpflichtet wurde, habe er viele Klauseln unterschreiben müssen, die besagten, daß er niemals, auch nicht seiner Frau oder seiner Familie gegenüber, irgendwelche Begebenheiten des Palastes ausplaudern oder die Verhältnisse dort beschreiben dürfe; auch daß er keine Freudenhäuser besuchen, noch ins Theater gehen werde.[5] Wäre er beim Übertreten dieser Vorschrift er-

---

4] S. Anhang, S. 301, zu ‚Narihira‘ und dem ‚Blumengedanken.‘

5] Dies geht aufs Kabuki, das auf dem Ästhetizismus und dem Geschmack der Edo-Periode [1600–1867] basierte, für welche die Kurtisane und das Freudenhaus geradezu Sinnbilder wurden – man denke nur an die Holzschnitte Utamaros. Kurtisanen und Freudenhäuser spielen denn auch im Kabuki eine entsprechend große Rolle. [D. Ü.]

tappt worden, so hätte er eine strenge Bestrafung zu gewärtigen gehabt. Gelegentlich pflegte ein Nō-Schauspieler verkleidet das volkstümliche Theater zu besuchen.

Mit Ausnahme des Kanjin-Nō konnte das niedere Volk jener Zeit das Nō nicht kennenlernen, aber einige wenige wurden gelegentlich zu den monatlichen Proben zugelassen.»

Die Aufzeichnungen über das Gespräch am 15. Mai 1900 beginnen so:

«Minoru sagte, daß Mitsuni [ein Schauspieler] sich zwar ein umfangreiches Wissen und große Technik [Nesshin] erarbeitet habe, daß es aber, auch wenn man die Technik gemeistert hat, das Schwerste sei, den Geist eines Stückes zu erfassen.

Er sagt den Zeitungsleuten immer, sie mögen keine Besprechungen des Nō schreiben. Sie könnten das populäre Theater besprechen, denn da lasse sich sogar die einem Stück zugrunde liegende Handlung ändern, und auch Laien könnten es beurteilen. Aber im Nō komme seit der Frühzeit des Hauses Tokugawa alles aus der Tradition und könne von keinem lebenden Menschen beurteilt, es könne nur getreulich ausgeführt werden.[6]

Wenn es auch für die Darsteller und ‚Katzen' [das sind die vier Musiker, deren Platz seit so vielen Jahrhunderten im Hintergrund der Nō-Bühne ist, daß kein Mensch mehr zu sagen wüßte, was sie bedeuten und wie sie dorthin gekommen sind] keine verbindliche Partitur gibt, besitzt der Dayū, das Haupt einer Truppe, ein Regiebuch für jedes Stück, das, wenn auch nicht viele Details, so doch allgemeine Richtlinien festlegt. Auch Minoru besitzt ein solches Regiebuch. Es enthält nur den Wortlaut des gesprochenen Textes ohne eigene Notenschrift für die gesungenen Partien. Doch für die Tänze werden ins Einzelne gehende Diagramme[7] gegeben, die angeben, wo der Darsteller zu stehen habe, wie weit vorwärts zu gehen ist, welche Drehungen im Kreise, welche Wendungen nach rechts

---

6] Das ist keineswegs so töricht, wie es klingen mag; wir dürften froh sein, wenn irgendeine private oder privilegierte Schauspieltruppe die elisabethanische Tradition der Shakespeare-Darstellung bewahrt hätte. E. P.

7] S. Titelumschlag dieses Bandes. [D. Ü.]

oder links zu beschreiben sind, wieweit man den rechten oder linken Fuß vorsetzen muß, die Zahl der Schritte, den Winkel der Augen nach rechts oder nach links, was für Masken und was für Kostüme zu tragen sind, die genaue Armstellung, ja, die genauen Linien, in denen die Kostüme fallen sollen. Es gibt Zeichnungen von Aktfiguren für alte Männer, für Frauen, Mädchen, Knaben, Geister und allerlei Charaktere im Sitzen und Stehen; sie zeigen das richtige Verhältnis der Gliedmaßen zum Rumpf. Dann gibt es ähnliche Zeichnungen der gleichen Figuren im Kostüm.

Aber man darf sich nicht ausschließlich auf eine solche Folge detaillierter Anleitungen verlassen. Sehr vieles muß durch Erfahrung ergänzt werden, durch Einfühlung und Tradition, und ist seit jeher auf diese Weise ergänzt worden. Minoru ist davon so überzeugt, daß er diese Regiebücher seinen Söhnen noch nicht gezeigt hat, aus Furcht, sie könnten durch sie verleitet werden, allzu mechanisch vorzugehen.

‚Kuden' [Tradition]

Ein Buch dieser Art ist aus der frühen Tokugawa-Zeit von seinen Ahnen auf ihn gekommen, doch vermittelt es nur ein allgemeines Konzept. Über die diffizileren Fragen hat er einen ausführlichen Nachtrag angefügt, hat ihn aber noch niemandem gezeigt. Doch sollte man sich auch darauf nicht ausschließlich verlassen. So unwägbare Dinge, wie die Haltung, die einzunehmen ist, wenn man auf den Mond schaut oder auf die Morgendämmerung oder auf den doppelten Widerschein des Mondes in zwei Trageimern voll Wasser[8], können einfach nicht schriftlich fixiert werden. An solchen Stellen schreibt er bloß ‚Kuden' [Tradition] hin, um anzudeuten, daß hier etwas vorhanden ist, was nur ein wahrer Meister einem vermitteln könnte. Als er anfing, hat ihm sein Lehrer manchmal Schläge mit einem Fächer versetzt.

Wenn wir nach diesen Aufzeichnungen und der Tradition

[8] Im Nō-Spiel MATSUKAZE, s. 210, Teil V. [D. Ü.]

gehen, können wir mit ziemlicher Sicherheit sagen, daß es im Nō seit Beginn der Tokugawa-Zeit keine merklichen Veränderungen gegeben hat [das heißt seit Anfang des 17. Jahrhunderts oder ungefähr seit dem Ende von Shakespeares Lebenszeit].
‚Kuden', oder das Erfühlen der überlieferten innern Anspannung, läßt sich weder durch bloßes Lehren noch durch bloße Mimesis noch durch hundertmalige Versuche mitteilen, sondern nur dadurch, daß man sich des Wesens bemächtigt. Etwa eine Stelle wie die, wo ein Vater auf seinen verlorenen Sohn trifft, drei Schritte zu ihm hintut, ihm zweimal über den Kopf streicht und dabei seinen Stock balanciert, läßt sich nur schwer mit Anmut und Ausgeglichenheit darstellen; auf keinen Fall läßt sich das adäquat schriftlich festlegen oder mündlich erklären.
Die Nachahmung darf nicht im Äußerlichen steckenbleiben. Es gibt eine Lehrgeschichte von einem jungen Schauspieler, der SEKIDERA KOMACHI studierte, das geheimste und schwierigste der verschiedenen Stücke über Komachi, die alle so geheim sind, daß sie nur jeweils vom Vater dem ältesten Sohn mitgeteilt und erklärt wurden. Er ging einer würdigen Greisin von achtzig Jahren auf der Straße nach, indem er jeden ihrer Schritte studierte. Nach einer Weile irritierte sie das und sie fragte ihn, was er denn wolle. Er sagte ihr, sie wäre reizvoll. Sie antwortete, daß sie zu alt für derlei wäre. Da gestand er, daß er ein lernbegieriger Nō-Schauspieler sei und Komachi spielen wolle.
Eine gewöhnliche Frau würde ihn darob gelobt haben, aber nicht diese. Sie sagte, es sei schlecht fürs Nō – wenn auch für das volkstümliche Theater angebracht – das Tatsächliche nachzuahmen. Für das Nō wäre es nötig, das Wesen als Ganzes von innenher zu erfassen. Nie würde er dahin gelangen, wenn er fortfahre, das Tatsächliche Punkt für Punkt zu kopieren. Diese Geschichte ist verbürgt.
Eine derartige Auffassung wäre vor allem hervorzuheben, wenn man Aussage und Ästhetik des Nō erläutert.
Es gibt ein besonderes Medium, in dem sich die Gefühlslagen ausdrücken lassen. Das ist die menschliche Stimme.

Jeder angehende Nō-Schauspieler hat seine eigene Stimme; damit kann er nicht die Stimme einer alten Frau oder eines Geistes nachahmen. Die Stimme muß sich immer gleich bleiben, eben als seine eigene Stimme. Doch mit dieser seiner höchsteigenen Stimme muß er sich so ausdrücken können, daß klar wird, wie nunmehr die Mentalität einer alten Frau – oder was sie sonst sei – aus ihr spricht.
Ein Wort im Nō sagt: ‚Das Herz ist die Form.'

Kostüme

Für die Kostüme gibt es einen überlieferten Brauch. Farbige Gewänder können nicht durch weiße ersetzt werden. Die Farbe der Gewandung ist zwar für jede Rolle festgelegt, nicht aber die Musterung im einzelnen, die von Zeit zu Zeit verändert werden kann. Es ist nicht erforderlich, daß ein bestimmtes Gewand einer bestimmten Rolle in einem bestimmten Stück vorbehalten bleibt. Auch zur Tokugawa-Zeit gab es kein eigenes Kostüm für jede einzelne Rolle. Manche werden für verschiedene Rollen verwendet und manche nur für eine einzige. Das gleiche gilt für die Masken.
Farbe und Farbwerte eines Gewandes dürfen nicht verändert werden. Haben wir zum Beispiel kleine kreisförmige Muster auf schwarzem Grund, so muß das beibehalten werden; aber die Art der Blume oder des Ornaments innerhalb der Kreise kann variieren. Die Länge und der Schnitt der Ärmel darf nicht verändert werden, wohl aber die kleinen Details im Muster. Ebenso kann die Größe der Musterung in sich ein wenig abgewandelt werden.

Masken

Die Hannya- oder weiblichen Dämonen-Masken sind ganz verschieden. Die Hannya in AOI NO UE ist der Stimmung nach edel; die in DOJOJI ist gemein. Sie sind sehr ungleich. Die Mas-

71 Die Maske Kagekiyo [zu S. 161]

72 Szenenfoto aus KAKITSUBATA [zu S.184]
Der Geist der Herbstzeitlosen tanzt im Gewand der Kaiserin Nijo

ken der Helden in SHUNKAN, SEMIMARU, KAGEKIYO und YOROBOSHI können nicht in anderen Rollen verwendet werden. Dagegen kann die Maske in KANTAN auch für andere Partien benutzt werden, wie zum Beispiel für den zweiten Shite in TAKASAGO. Wenn nur eine Hannya-Maske vorhanden ist, muß man sie natürlich für alle Hannya-Rollen verwenden, aber gut ist das nicht. Die Hannya-Maske im Spiel ADACHIGAHARA drückt ganz niedrige Gefühle aus.

Vor fünfzig Jahren versuchte man die alten Masken genau zu kopieren. Der Shōgun ließ die Masken der Kanze-Schule bis ins Einzelne nachbilden, selbst bis in die fleckigen Stellen. Jetzt ist es schwer, gute Maskenschnitzer zu finden.

Eine gewöhnliche Maske ist 30 Yen wert, eine außergewöhnliche 200. Anfangs kennt man sie nicht auseinander. Doch je länger man eine gute Maske betrachtet, desto mehr füllt sie sich mit Leben. Ein gewöhnlicher Schauspieler kann mit einer wirklich guten Maske nichts anfangen; er versteht es nicht, mit ihr eins zu werden. Erst ein großer Schauspieler erweckt sie zum Leben.»

Musik

In den Notizen zu dem Gespräch vom 6. Mai finden sich folgende Anmerkungen über das Singen oder Rezitieren [die Nō-Texte sind teils in Versen, teils in Prosa abgefaßt; einige Passagen werden gesungen, andere gesprochen, oder, besser gesagt, intoniert]:

«Die Bedeutung der Musik liegt in ihren Intervallen [er scheint hier Intervalle der Taktschläge, also rhythmische Intervalle, und nicht Tonstufen zu meinen]. Es gleicht dem Tröpfeln des Regens von der Dachrinne.

Der Takt der Musik ist eine Art von Doppeltakt, bestehend aus fünf plus sieben Noten, oder aus sieben plus nochmals sieben Noten, wobei die vierzehn Noten in der gleichen Zeit wie die zwölf ersten gesungen werden. Die Einteilung mit sieben Silben wird *Yo*, die mit fünf wird *In* genannt. Die große Trommel heißt *Yo*, die kleine *In*. Die sieben rhythmischen Werte sind der Part der großen Trommel, die fünf der Part der kleinen. Eine stetige Aufeinanderfolge mag zu eintönig wirken, weswegen die Schlagzeuge zuweilen die Rollen tauschen, so daß die große Trommel nun den *In*-Part und die kleine den *Yo*-Part übernimmt.

Der Chorführer leitet die Musiker. Der Chor wird ‚Kimi' oder ‚Herr', die ‚Katzen' oder Musikanten werden ‚Diener' genannt. Wenn Minoru als Chorführer fungiert, sagt er, könne er die Musiker durch ein Hinausziehen oder Anhalten der Töne führen. [Das ist dunkel, aber was das Tempo angeht, hat wohl jeder Musiker seine eigenen Vorstellungen.]

Die Musikanten müssen sich den Sängern anpassen; diese wiederum müssen sich nach dem Shite oder Hauptdarsteller richten. Einige abweichende Spielarten mögen sich in die Überlieferung eingeschlichen haben. Kunst ist ja keine Angelegenheit mechanischer Wiederholung. Die Musikanten, der Chor und der Shite ‚ertasten ihre Eigenständigkeit' und bringen ihre eigenen Emotionen. Noch während der letzten fünfzehn Jahre mögen sich unmerklich einige Veränderungen ergeben haben. Selbst in der Tokugawa-Zeit gab es keine verbindliche Partitur, die alle Sing- und Instrumentalstimmen unter eine einheitliche Führung hätte stellen können. Eine solche Partitur gibt es bis heute nicht und hat es nie gegeben. In diesen Dingen gibt es nur verschiedene, voneinander unabhängige Überlieferungen.»

Hier wäre eine Anmerkung einzufügen. Das Privileg, bei einer Nō-Schule als Musiker mitzuwirken oder die Waki-Rollen zu übernehmen, war innerhalb bestimmter Familien erblich, genau wie die Shite- oder Hauptrollen erblich waren, nämlich den Häuptern der fünf Nō-Schulen vorbehalten.

«Minoru und andere Schauspieler mögen die Stimmen [er meint hier die Melodie] gefühlsmäßig oder aus der Erinnerung kennen; niemand hat sie jemals festgelegt. Manche Schauspieler kennen nur die Arien der wenigen Stücke, die sie gemeistert haben.

Jeder Instrumentalist innerhalb der einzelnen Nō-Schulen hat

seine eigene Überlieferung. Im Anfang seiner Ausbildung schreibt er sich in sein Notizbuch eine Note für jeden der zwölf rhythmischen Werte auf. Jeder Musiker hat eine eigene Notierung und besitzt mehr oder weniger vollständige Aufzeichnungen, aus denen er lernt. Es sind das Besonderheiten, die niemals weitergegeben werden. Die einfachen Schauspieler und Sänger des Chors kennen sie nicht.
Beim Singen beruht alles auf der genauesten Abstufung von *In* und *Yo*. Minoru war erstaunt, als er hörte, daß es im Westen anders sei. Im *Yo* muß auch *In* enthalten sein, und im *In* auch *Yo*. Dies gibt die Spannweite und die Geschmeidigkeit – ‚haba‘, wie Minoru es nannte.»[9]

Die Bühne

Die Bühne ist, wie ich schon sagte, eine nach drei Seiten hin offene Plattform und über einen Steg vom Umkleideraum der Schauspieler aus zu erreichen. Die Aufzeichnungen Professor Fenollosas über ein Gespräch mit Umewaka Minoru vom 2. Juni lauten:
«Das Hakama-Nō wird im Sommer abgehalten. Das Publikum im allgemeinen liebt es nicht, aber Kenner können die einzelnen Bewegungen besser verfolgen, da die Schauspieler manchmal gar kein Obergewand tragen und nackt sind bis auf das halbdurchsichtige Hakama. Neue Hilfskräfte sind einigermaßen erstaunt darüber.
Umewaka Minoru war immer sehr bestrebt, nicht das Ge-

[9] Das mag eine Art Synkopierung sein. Ich verstehe zu wenig von Musik, um es vom Musikalischen her voll zu würdigen, doch bietet es dem an Metrik Interessierten höchst aufschlußreiche Parallelen, Anregungen zum Vergleich mit der sapphischen Strophe oder mit einigen der Zeitmaße der Troubadoure, insbesondere jener von Arnaut Daniel. Die Hauptschwierigkeit liegt darin, daß Professor Fenollosas Aufzeichnungen in diesem Punkt nicht ganz zu durchschauen sind. E. P.
Man lese in dem Aufsatz ‚Von der Harmonik‘ 1923 [Verlag der Arche, ‚motz el son‘] nach, wie Ezra Pound diese Gedanken in der Folge weiter entwickelte. [D. Ü.]

ringste an den überkommenen Bräuchen zu ändern. In jüngster Zeit ist man vielerorts bei ihm vorstellig geworden, die Beleuchtung zu ändern, aber er zieht die alten Kerzen vor. Man drängt ihn, die Texte zu modernisieren und den Shite davon abzuhalten, sich in der Mitte [der Bühne oder des Stücks?] niederzulassen – aber er will es nicht.

Einer seiner Schüler, ein Holzhändler, sagt, daß eine richtige Nō-Bühne heutigentags gar nicht mehr gebaut werden könne, weil alles aus ‚hinoki[10]‘ sein muß. Der Boden besteht aus zwanzig Bohlen, jede davon würde heute 250 Yen kosten. Die Streben müssen astrein sein und alle Streckpfeiler und Schwertbalken müssen aus einem Stück bestehen. Das würde jetzt enorm viel kosten, wenn es überhaupt zu beschaffen wäre.

Aoyama Shimotsuke no Kami Roju baute die Bühne [die Minoru jetzt verwendet] für seinen Landsitz in Aoyama vor mehr als vierzig Jahren. Zu ihrem gegenwärtigen Standort wurde sie im 4. Jahr des Meiji [1872] transportiert. Der Daimyō hatte sie an einen Raritätenhändler verkauft, von dem Umewaka Minoru sie erstand. Shimotsuke war ein weitläufiger Verwandter des Daimyō von Bishu in Owari, und so erhielt er das Bauholz umsonst. Aus Owari kommt das beste Bauholz. Somit hatte die Bühne nur den Arbeitslohn des Zimmermanns gekostet [2000 Yen?]. Heutzutage würde allein das Holz 20 000 bis 40 000 Yen kosten, wenn man es überhaupt bekommen könnte. Es wäre nicht einmal möglich, es in Auftrag zu geben. Die Ausgestaltung der Bühne war in Zeiten von Hideyoshi und Ieyasu festgelegt worden. Zur Ashikaga-Zeit [im 14. Jahrhundert] wurden die Vorstellungen in Tadasu ga wara gegeben, und die Bühne war nach allen Seiten offen. Der Steg lief in der Mitte der einen Seite aus [offenbar der Rückseite], wo jetzt die Föhre zu sehen ist. Die Bühne war viereckig, wie heute auch, und hatte vier Pfeiler. Die Zuschauer saßen in einem großen Kreis um sie herum ‚wie beim Sumo‘ [Ringkampf]. Damals gab es noch einen zweiten Rang oder eine Galerie, und der Shōgun saß ganz vorne. Das Dach war genauso wie heute.

10] hinoki: japanische Zypresse. [D. Ü.]

Das Dach sollte nicht mit Ziegeln gedeckt sein, sondern wie das Dach der Shintōtempel in Ise. Shimotsuke hatte sich ein Ziegeldach machen lassen, weil er die Feuersbrunst fürchtete, und die Leute hatten gesagt, daß er [Minoru] übergeschnappt sei, eine Nō-Bühne zu errichten [damals, als er das Nō-Theater wieder zum Leben zu erwecken suchte], und so hatte er sein Dach klein und unscheinbar gehalten, um nicht soviel Aufmerksamkeit auf sich zu ziehen.

Unter die Bühne werden in den von den Pfeilern markierten Zwischenräumen fünf irdene Krüge gestellt, die die Aufgabe haben, den Schall nachhallen zu lassen – das Singen sowohl wie das Stampfen.

Zwei weitere Krüge stehen unter dem Platz der Musiker, drei unter dem Steg. Das ist Brauch seit der frühen Tokugawa-Zeit. Der Erdboden unterhalb der Bühne ist ausgehöhlt bis zu einer Tiefe von vier Fuß.[11]

Die Krüge stehen nicht aufrecht, da dies die Resonanz beeinträchtigen würde. Sie werden in einer Neigung von 45 Grad gehalten. Manchmal hängt man sie an Schnüren auf und manchmal stützt man sie auf Stecken. Die von Minoru sind gestützt.

Einige Krüge sind nach rechts, einige nach links geneigt, ein mittlerer steht aufrecht. Minoru sagt, die Bühne sei ganz als Schallkörper konstruiert, und daß die Ausbauchung der Krüge mit Bedacht zu machen ist. Je größer die Krüge sind, desto besser.

Hideyoshi oder Ieyasu gaben der Bühne die Rückwand. Sie ist aus einer Doppelwand von Planken gefertigt, um den Schall zurückzuwerfen. Man wollte auf keinerlei Resonanzwirkung verzichten. Diese Neuerung war also ästhetisch bedingt.

‚Gesellschaftliche und höfische' Rücksichten haben in mancher Hinsicht die Form der Bühne bestimmt.

Die Bühnenfläche ist nicht ganz waagrecht, sondern ein wenig

11] Die Bühne ist im Freien. Minoru sagt anderswo: «Schnee ist das Schlimmste, denn er bläst auf die Bühne und bleibt an den Füßen haften.» E. P.

nach vornezu geneigt. Die Kunst des Bühnenbaus ist ein Geheimnis des ‚Daiku' [Zimmermanns]. Es ist nicht minder schwierig, eine Nō-Bühne zu bauen als einen Shintōtempel. Heutigentags werden keine rechten Nō-Bühnen mehr gebaut. Die auf die Rückwand gemalte Föhre ist von großer Bedeutung. Sie ist ein gefeiertes Symbol des Wandellosen, unveränderlich in ihrem Grünen und ihrer Kraft.

Auf manchen Bühnen sieht man kleine Pflaumenblüten, doch gehört das eigentlich nicht dahin. Keine Farbe außer dem Grün sollte da sein. Der Bambus ist das Gegenstück der Föhre.[12]

Die richtige Malweise für diese Bäume ist das große Geheimnis der Kano-Künstler. Sind die Föhren kunstgerecht gemalt, so steigern sie die Umrisse der Musikanten vor ihnen. Die drei wirklichen kleinen Föhren neben dem Steg sind unverrückbar. Sie stehen für den Himmel, die Erde und den Menschen. Wie die gemalte Föhre auf dem Prospekt sind sie nur sinnbildlich da, doch blicken die Schauspieler zuweilen, wenn im Text eine Föhre vorkommt, zu ihr hinüber.

Die Maße der Bühne haben sich seit den Anfängen der Tokugawa-Zeit nicht verändert. Sie sollten drei ken[13] im Quadrat ausmachen, doch wird dieser Abstand manchmal als lichte Weite zwischen den Pfeilern, manchmal mit den Pfeilern gemessen.

Der Steg symbolisiert nichts, er ist nur der Weg, über den man auf die Bühne gelangt. Zur Ashikaga-Zeit konnte er beliebig lang sein, später wurde seine Länge festgelegt. Am Hof der Tokugawa-Shōgune betrug er 13 ken. Ein Schauspieler mußte schon eine weithin tragende Stimme haben, um vom Steg aus zu agieren. Das übliche Maß für den Steg war 7 ken in Palästen, Minorus Steg ist 5 ken lang. Der Steg muß eine ungerade Anzahl von ken messen, wie 13, oder wie die *In*- und *Yo*-Zahlen [7 und 5]. Seine Breite beträgt 9 shaku und 8 als lichte Weite zwischen den Pfeilern gemessen.»

12] Auch der Bambus ist ein Symbol des Wandellosen, da er den Winter über seine Blätter nicht verliert. Er gehört zu den ‚vier Edlen' [mit Pflaume, Orchis und Chrysantheme.] [D. Ü.]

13] 1 ken = 6 shaku; ein shaku ist etwa ein Fuß. [D. Ü.]

TEIL II

Der Leser, der uns bisher in Geduld oder in Ungeduld gefolgt ist, wird nun wahrscheinlich wissen wollen, was bei all dem herauskommt. Rechtfertigt das heutige Nō-Drama, herübergerettet aus dem Sturz des Shōgunats, eine derart ausführliche Betrachtung seiner Vergangenheit? Ich für mein Teil glaube, daß Nō eine sehr große Kunstform ist, und ich kann die Frage nur herzhaft bejahen. In der Folge gebe ich nun eine Anzahl weiterer Proben von Nō-Texten oder Libretti. Der Leser sollte dabei nicht vergessen, daß das Wort nur einen Aspekt dieser Kunstform ausmacht. Die gesprochenen Worte gehen in die Musik und den zeremoniellen Tanz über und bilden mit ihnen ein Ganzes.

Man sollte diese Texte lesen oder ‚studieren‘, als ‚versuchte man in der Musik die Melodie herauszuhören‘. Man sollte aus ihren Unbestimmtheiten ein bestimmtes Image, eine bestimmte visuelle Vorstellung gewinnen. Die Spiele sind dort, wo sie für mein Gefühl am stärksten sind, ein Image; das heißt, ihr Zusammenhalt besteht im Bildlichen, im Image. Sie sind um dieses herum gebaut, wie die griechischen Tragödien jeweils um ein ethisches Prinzip gebaut sind. Die griechischen Tragödien sind ausführliche Darstellungen irgendeiner Episode in einer allen geläufigen Geschichte. Ebenso setzen die japanischen Schauspiele eine gewisse Kenntnis der alten Geschichten oder Legenden voraus. Sie zeigen einen besonders sinnträchtigen Augenblick oder Krisenpunkt. Im griechischen Drama wird der Knoten geschürzt und gelöst von den Göttern; im japanischen walten zahlreiche Götter und Geister. Oft erscheint der Geist zuerst in einer alltäglichen Verkleidung, wie uns etwa in christlichen Legenden Jesus als Bettler entgegentreten mag.

Oft erscheint er auch als Greis oder als Greisin, in Gedanken verloren. In KUMASAKA finden wir ihn als einfachen Einsiedler. Das Stück hat folgende Fabel:

Ein wallfahrender Priester wird ersucht, für eine Seele zu beten, deren Namen er nicht erfährt. Die Hütte seines Gesprächspartners hat keinen Altar aufzuweisen, nicht einmal ein Bildnis Buddhas, nichts außer einem Speer und einer Kriegskeule. Der Inhaber der Hütte bezeichnet sich als ‚den Priester hier‘. Sein selbstgestellter Auftrag ist ganz einfach: Reisende vor den dortigen Banditen zu schirmen. Plötzlich ist er mitsamt seiner Hütte verschwunden [man vergleiche die Erklärungen des Chores]. Der Pilger, der seine Andachtsübungen für den unbekannten Toten begonnen hat, läßt sich in seinen Zeremonien nicht beirren.

Er wird erhört. Die zweite Szene beginnt mit der Rückkunft des Geistes, nun in prachtvollem Gewand. Es ist der Geist Kumasakas, der sich den Ruhm seiner Lebtage zurückruft und über sie, über seine Bogenschützen und Waffentaten nachsinnt. Der letzte Abschnitt ist die geradezu homerische Schilderung des Zweikampfes zwischen ihm und dem Knaben Ushiwaka. Man achte hier auf die ritterliche Korrektheit seiner Haltung. Kumasakas Geist kehrt wieder zum größeren Ruhme Ushiwakas und bekennt die eigene Niederlage. Dies alles wird symbolisiert in einem Tanz, der den Höhepunkt des Stückes bildet, und dann vom Chor zu Ende erzählt.

KUMASAKA
Von Komparu Zenchiku Ujinobu [1405–1468],
Schwiegersohn des Seami Motokiyo

Personen:
Erster Shite: Die Erscheinung Kumasakas in der Gestalt eines alten Priesters
Zweiter Shite: Die Erscheinung Kumasakas in seiner wahren Gestalt
Waki: ein Priester
Chor: Der Chor spricht manchmal aus, was die Hauptpersonen denken, manchmal beschreibt oder deutet er den Sinn ihrer Bewegungen

Inhalt:
Der Geist Kumasakas versucht sein Brigantenleben zu sühnen und hat die Gegend unter seine Hut genommen. Er kehrt wieder, um den Heldenmut des Knaben Ushiwaka zu preisen, der ihn im Zweikampf getötet hat.

Erste Szene

PRIESTER
Wo find ich Ruhe, der ich weltmüde dahinwandere? Ich bin ein Priester, geboren und aufgewachsen in der Stadt und habe die östlichen Provinzen noch nicht gesehen. Nun will ich mich dorthin wenden. Als ich über die Berge kam, sah ich auf den See von Ōmi hinab und auf die Wälder von Awazu. Als ich über die lange Brücke bei Seta kam, ruhte ich eine Nacht in Noji und eine andere in Shinohara, und im Morgengrauen gelangte ich zur grünen Ebene, Awono in Miwo. Nun gehe ich an Akasaka vorbei, und die Sonne geht unter.

KUMASAKA
in der Gestalt eines alten Priesters
Ich könnte dem Priester da etwas erzählen.

PRIESTER
Meint Ihr mich? Was gibt's denn?

KUMASAKA
Heut ist der Todestag eines bestimmten Mannes. Betet für ihn, ich bitte Euch.

PRIESTER
Gut. Aber für wen soll ich beten?

KUMASAKA
Seinen Namen will ich Euch nicht nennen, aber sein Grab liegt in dem grünen Feld hinter der hohen Kiefer. Die Tore des Paradieses sind ihm verschlossen, und so bitte ich Euch um Euer Gebet.

PRIESTER
Aber ich glaube, es wäre nicht richtig zu beten ohne daß ich seinen Namen weiß.

KUMASAKA
Nein, nein! Ihr könnt ja die Fürbitte ‚Ho kai shujo' sprechen. Das wird genug sein.

PRIESTER
betet
Allem was sterblich ist gib die eine Gnade: aus diesem Leben der Qual einzugehen durch die Tore des Todes in das Gesetz, in das Reich des Friedens.

KUMASAKA
sagt nur ein paar Worte
Wenn Ihr für ihn betet –

CHOR
vollendet den Satz
Wenn Ihr das Gebet ‚Exeat' sprecht, wird er dankbar sein, und Ihr braucht dann nicht seinen Namen zu kennen. Es heißt, jenes Gebet werde sogar erhört für das Gras und die Pflanzen, für den Sand und die Erde hier; und ganz sicher wird es gehört, wenn Ihr es für einen Unbekannten sprecht.

KUMASAKA
Wollt Ihr hereinkommen? Dies ist meine Hütte.

PRIESTER
Dies ist Euer Haus? Gut, ich will eine Zeremonie in Eurer

Hütte halten; aber ich seh gar kein Buddhabild noch sonst ein hölzernes Bildnis in der Hütte – nur einen langen Speer an der einen Wand und einen eisernen Stab anstelle der Altarwand, und viele Pfeile. Wozu dient dies alles?

KUMASAKA
denkt für sich
Dieser Priester ist noch ganz im Anfang des Glaubens. *Laut:* Wie Ihr saht, sind hier viele Dörfer: Tarui, Awohaka und Akasaka. Aber das hohe Steppengras beginnt hart an den Wegen zwischen den Dörfern, und der Wald wird zum Dikkicht bei Koyasu und Awohaka, und viele Räuber hausen dort und brechen bei Regen heraus. Zu Pferde fallen sie über die Transporte her und nehmen den vorbeiziehenden Mägden und Knechten ihre Kleider. Darum brech ich mit diesem Speer hier auf.

PRIESTER
Das klingt fabelhaft.

CHOR
Es mag Euch seltsam erscheinen, daß ein Priester dies tut; aber hat nicht selbst Amida sein scharfes Schwert und Aizen seine Pfeile, und wirft nicht Tamon mit eingelegtem Speer die bösen Geister nieder?

KUMASAKA
Die Liebe zu den Geschöpfen –

CHOR
spricht zuerst Kumasakas Gedanken aus und schildert dann das Geschehen
– ist etwas sehr Schönes. Aber Mit-sich-im-Reinen-sein und die Ordnung aufrechterhalten – das ist noch weit besser als alle Wege zur Erleuchtung. «Ich denk an diese Dinge und weiß nichts andres mehr. Meinem eignen Herzen ging ich verloren und muß ruhlos über die Erde wandern. Aber wenn ich zu reden beginne, werd ich nimmer damit aufhören, bis es dämmert. Geht zu Bett, guter Vater, auch ich werde schlafen gehn.» Er scheint sich schlafen zu legen, aber auf einmal ist seine Gestalt verschwunden und die Hütte zu wildem Grasland geworden. Der Priester verbringt die Nacht unter den Kiefern.

PRIESTER
Ich bin zu bewegt, um ruhig zu schlafen. Vielleicht wenn ich meine Andacht unter den Kiefern halte vor der Nacht –
Er beginnt seine Andachtsübungen für den Verstorbenen.

Zweite Szene

KUMASAKA
in verjüngter Gestalt, mit einem Speer
Winde gehen im Osten und Süden. Die Wolken im Westen stehen nicht still. Im Norden braust der Sturm der Dunkelheit. Und unter dem Schatten des Berges –
CHOR
– rauschen die Blätter und Zweige.
KUMASAKA
Vielleicht wird der Mond heute nacht scheinen; aber Wolkenfetzen überziehn den Himmel; der Mond wird ihre Schleier kaum durchtrennen. «Greift sie an! Ihr da, vorwärts! Stürzt Euch auf sie!» So würd ich schreien, so würd ich meine Leute anrufen und sie zum Gefecht aufstellen in Vorhut und in Rückendeckung. Mein Herz ist gespalten zwischen der Hand an der Bogensehne und der Hand am Zügel des Pferdes. Immer das Hab und Gut der andern zu plündern, fort und fort das zu tun! Seht, seht mein Elend: wie hat mein Herz sich an die Erde geklammert!
PRIESTER
Seid Ihr Kumasaka Chōhan? Erzählt Euer Leben!
KUMASAKA
Es gab große Kaufherren in Sanjo, in Yoshitsugu und Nobutaka; Jahr für Jahr häuften sie mehr Schätze an; sie sandten teure Waren nach Oku. Damals war's, daß ich ihre Transportkolonnen überfiel. Wollt Ihr wissen, wer mit dabei war?
PRIESTER
Nennt mir die Anführer; kamen sie aus vielen Provinzen?
KUMASAKA
Da war Kakujō aus Kawachi, da waren die beiden Brüder

Surihari; keiner kam ihnen gleich im Kampf Mann gegen Mann.

PRIESTER

Welche Unterführer stießen zu Euch aus der Stadt?

KUMASAKA

Emon von Sanjo, Kozaru von Mibu.

PRIESTER

Im Schleudern der Brandfackeln und im Handgemenge –

KUMASAKA

– konnte sich keiner mit ihnen messen.

PRIESTER

Und aus dem Norden?

KUMASAKA

– kamen Matsuwaka von Aso und Kurō von Mikuni als Anführer.

PRIESTER

Aus Kaga?

KUMASAKA

Dort führte Kumasaka. Siebzig Gesellen hatt er bei sich, alle sehr kräftig und waffengewandt.

CHOR

Indes Yoshitsugu durch die Felder und über die Berge zog, hatten wir viele Späher ausgesandt, um ihm abzupassen.

KUMASAKA

Sagen wir, daß er im Dorf Akasaka angekommen ist. Dies ist der günstigste Platz für den Überfall. Da gibt es viele Fluchtwege, wenn es mißlingt. Er hat Gäste geladen und ein großes Gelage in der Schenke gegeben.

PRIESTER

Spät in der Nacht fallen die Brüder Yoshitsugu und Nobutaka in bleischweren Schlaf.

KUMASAKA

Aber da ist ein schmächtiges Bürschlein mit scharfen Augen, etwa sechzehn oder siebzehn Jahre, das hielt Ausschau durch ein Loch im Verschlag und hatte Acht auf das kleinste Geräusch.

PRIESTER
Der tat die ganze Nacht kein Auge zu.
KUMASAKA
Wir wußten es nicht. Es war Ushiwaka.
PRIESTER
Es war das Verhängnis.
KUMASAKA
Die Stunde hatte geschlagen.
PRIESTER
Schnell jetzt!
KUMASAKA
Stürzt euch auf sie!
CHOR
beschreibt den ursprünglichen Kampf, der nun durch den Tanz symbolisch dargestellt wird
Auf dieses Kommando stürzen sie einer nach dem andern hinein. Sie packen die Fackeln; es ist als könnten selbst Götter ihnen nicht standhalten. Ushiwaka aber steht unerschrocken. Er packt eine kleine Hellebarde und schlägt sich wie ein zorniger Löwe, wie ein jagender Tiger, wie ein zustoßender Vogel. Er ficht so geschickt, daß er die dreizehn, die gegen ihn stehen, fällt. Viele andere verwundet er. Sie fliehn und lassen ihre Schwerter und Pfeile im Stich. Da spricht Kumasaka: «Bist du der Teufel? Ist es ein Gott, der diese Männer mit so leichter Hand niederstreckt? Am End bist du gar kein Mensch? Wer du auch bist, die Toten machen keine Beute mehr, und ich will lieber diese Schätze fahren lassen als mein Leben!» So nimmt er seinen Langspeer und ist dabei, sich aus dem Staub zu machen –
KUMASAKA
Doch Kumasaka denkt da bei sich –
CHOR
nimmt den Satz auf
– Was kann es mir schon anhaben, das Bürschchen, wenn ich meine ausgepichten Finten richtig anbring? Gott oder Teufel, ich werd ihn zerhacken und zerpulvern. Ich werd seine Leiche denen, die er erschlagen hat, zum Opfer bringen. So tritt er beiseite, seinen langen Speer angelegt, verbirgt sich hinter der

Tür und behält den jungen Burschen im Auge. Ushiwaka erblickt ihn, und seine Hippe einlegend, setzt er zum Sprung an aus nächster Nähe. In gleicher Stellung lauert Kumasaka. Beide warten sie, aufs äußerste gespannt. Dann macht Kumasaka einen schnellen Ausfall, das linke Bein voran, und stößt mit dem Langspeer zu. Der Stoß wär durch eine erzene Wand gefahren. Aber Ushiwaka pariert ihn leichthin mit einem Streifschlag und führt eine linke Volte durch. Kumasaka prescht nach und stößt ein zweites Mal zu mit dem Speer, und wieder drängt Ushiwaka die Speerspitze spielend ab. Da kehrt Kumasaka die Schneide des Speerblatts gegen Ushiwaka zum Hieb, doch Ushiwaka bricht die Mensur mit einem Sprung nach rechts. Kumasaka stößt nach, und beider Waffen kreuzen und binden sich. Ushiwaka geht mit seiner Klinge ab. Kumasaka schnellt den Speer vor. Ushiwaka weicht aus und taucht in den Schatten. Kumasaka kann ihn nicht finden, und Ushiwaka stößt ihm den Dolch in den Rücken durch eine Scharte im Harnisch. So kommt sein Ende, und es erbost ihn, daß solch ein Bürschlein ihn gefällt ...

KUMASAKA

Nach und nach –

CHOR

– durchdringt ihn die Wunde. Sein Herzschlag setzt aus. Schwäche rinnt über ihn.

KUMASAKA

Am Fuß dieser Kiefer –

CHOR

– «versickert er wie ein Tropfen Tau». Mit diesen Worten entschwindet er in die Schatten der Kiefer von Akasaka, und Nacht bricht herein.

SHŌJŌ
Unbekannter Verfasser

Personen:
Shite: Shōjō, der tanzende Orang-Utang
Waki: Kōfū, ein Dörfler
Chor

Inhalt:
Diese kleine Disposition für ein Tanzspiel, diese Ekloge, ist offenbar eines der ‚Schlußspiele' und wird zum Preis der Götter oder des Herrschers gegeben. Es ist nichts als eine kleine Huldigung für den Genius des Weines. Leicht zu verstehen, daß Reisende, die nur die Aufführung eines Spiels wie SHŌJŌ *gesehen haben, einem sagen:* «*Was, Nō? Nō-Tänze habe ich wohl gesehen. Nō-Dramen gibt es unseres Wissens nicht.*»
Das Stück spielt in China.

KŌFŪ
Ich bin ein Mann namens Kōfū, aus einem Dorf bei Yosu in China, und weil mein Gemüt einfältig und folgsam ist, kam mir ein seltsamer Traum. Und der Traum sagte mir, ich würde ein reicher Mann werden, wenn ich an der Straße in Yosu Reiswein verkaufte. Ich gehorchte. Zeit verstrich. Reich! Ich bin reich! Und das Merkwürdigste an der Sache ist dies: immer, wenn ich auf den Markt gehe, kommt der gleiche Mann vorbei, um an meinem Stand Reiswein zu trinken. Soviel er auch trinkt, er wird nicht betrunken. Das ist doch seltsam. Als ich ihn nach seinem Namen fragte, sagte er ‚Shōjō'. Shōjō heißt Affe. Ich hab auf ihn gewartet, hier wo der Fluß ins Meer mündet bei Jinyo und hab die Blütenblätter der Chrysantheme in die Weinschale gestreut. Ich warte auf ihn schon lang, eh der Mond aufgeht.

CHOR
Das ist Chrysanthemenwasser. Gib mir die Schale. Ich hebe sie und blick einen Freund an.

Er trinkt ihm zu.
SHŌJŌ
O Sake! Reiswein!
CHOR
Sake kommt immer zur rechten Zeit. Aber am besten ist Sake im Herbst.
SHŌJŌ
Sollen die Herbststürme doch wehen –
CHOR
– ich bin nicht alt, ich bin nicht kalt.
SHŌJŌ
Ich will die weißen Chrysanthemen –
CHOR
– einspinnen lassen
um ihren Duft zu bewahren.
Wir wollen den Sake trinken.
SHŌJŌ
Der Mond und die Sterne –
CHOR
– werden ausgehängt sein
für unsere Gäste.
SHŌJŌ
Hier bei Jinyo ist das Fest bereitet.
CHOR
Auf dem Fluß wird gefeiert.
SHŌJŌ
Shōjō wird tanzen.
CHOR
Die spitzen Blätter des Rieds, die Halme des Schilfs im Fluß sirren wie Flötentöne. Die Wellen schlagen kleine Trommelwirbel.
SHŌJŌ
Der Wind vom Meer trägt silberhelle Stimmen –
CHOR
– so tönt der Herbst.

SHŌJŌ

Du bist willkommen. Ich habe diesen Krug vollgeschenkt mit Sake. Nimm ihn. Nie soll er zur Neige gehn.

CHOR

Nein, er wird nie zu Ende gehn – Sake, mit Bambusblättern bestreut. Soviel du auch von der grundlosen Schale des Herbstes trinkst, der Herbstabend nimmt nicht ab.

Der Mond geht unter im Wasser, der Wein geht ein in mein Blut. Ich wanke, ich stürze; ich liege am Boden, voll Sake, und träume. Und wenn ich erwachen werde, fließt der Reiswein noch immer aus Shōjōs Krug, unserm Wunder-Brunnen.[4]

4] S. a. Anhang, S. 295.

TAMURA
Von Seami Motokiyo

Personen:
Erster Shite: der Held Tamura in seiner Erscheinungsform als Knabe [‚Dōji‘, Tempeldiener]
Zweiter Shite: Tamura maro, seine wahre Erscheinungsform als Feldherr
Waki: ein Mönch
Chor

Inhalt:
Tamura maro, eigentlich Saka no Ue Tamura maro [758–811], unterwarf als General die Ainu im Norden und die Barbarenstämme im Osten des Landes. Als erstem wurde ihm für seine Taten der Titel ‚Shōgun‘ verliehen. Sein Grab an der Grenze von Kyōto, der alten Hauptstadt, wird das ‚Generalsgrab‘ genannt; der Überlieferung nach soll der Grabhügel dröhnen, wenn Kyōto Gefahr droht. Das Nō-Spiel TAMURA *gehört zur Gruppe der Shuramonos, die am Nō-Abend an zweiter Stelle gegeben wurden: die Nō der Krieger und Helden.* TAMURA *ist zur Untergruppe der Kachi-shura-mono zu zählen. Während in den allgemeinen Shura-monos die Geister besiegter, in der Schlacht gefallener Krieger auftreten, an Rache denken oder um Frieden für ihre Seele bitten – also noch ans Rad der Wiedergeburt gebunden sind –, handeln die Kachi-shura-monos von Geistern siegreicher Feldherren. [D. Ü.]*
Das Stück spielt vor dem von Tamura gestifteten Kiyomizu-dera-Tempel [Quellwasser-Tempel] in Kyōto.

Erste Szene

MÖNCH
Ich bin ein Mönch aus dem Osten. Da ich die Hauptstadt noch nicht gesehen hab, wandere ich nun dorthin. Es ist Frühling, die Kirschbäume blühen, und ich verweile vor einem Tempel.

Kiyomizu-dera-Tempel nennen ihn die Menschen hierzuland. Ich möchte gern mehr über diese Stätte erfahren. So will ich warten bis jemand kommt, den ich fragen kann.

KNABE

tritt mit einem Besen in der Hand hinter einem Kirschbaum hervor

Die Kirschblüten im Tempelbezirk
sind die Gabe des Frühlings
an Kannon, die Göttin des Erbarmens.
Viele Orte sind für ihre Kirschblüten berühmt,
aber diese sind strahlender als alle,
denn Kannons Licht liegt auf ihnen.

MÖNCH

Seid Ihr der Blüten-Wächter,
der Ihr da im Schatten steht
und die Blütenblätter zusammenfegt?

KNABE

Ich steh im Dienst der Göttin des Erbarmens. Zur Blütezeit fege ich hier immer – so mögt Ihr mich den Blüten-Wächter nennen, oder einen Knecht, der dient der Ehre halber. Doch wie Ihr mich auch nennt, seid eingedenk, daß ich von hohem Rang bin, wenn auch verborgen in armseliger Gestalt.

MÖNCH

Ja, man sieht es Euch an. Könnt Ihr mir etwas über den Tempel sagen?

KNABE

Dieser Tempel heißt ‚Klares Quellwasser'. Er wurde von Tamura maro gestiftet. In Yamato lebte ein Priester namens Genshin. Der hatte sich immer gewünscht, das leibhaftige Licht der Göttin Kannon zu schauen. Eines Tages sah er einen goldnen Lichtschein auf dem Fluß Kotsu dahintreiben. Er ging ihm nach, bis er an die Quelle des Flusses kam. Da begegnete ihm ein Greis, der sprach zu ihm: «Ich bin ein alter Eremit, dir aber ist es bestimmt, das Bild der Göttin Kannon zu finden und einen Schutzherrn, und mit seiner Hilfe hier einen großen Tempel zu ihren Ehren zu bauen.» Und der Greis entschwand in den Osten, und es war Kannon leibhaftig gewesen, die Allmutter. Und Genshin fand einen Patron, der den Bau des Tempels ins Werk setzte: Tamura maro, den Feldherrn.

CHOR

Mit diesem klaren Wasser hat uns Kannon gesegnet, die tausendhändige Göttin. Sie segnet dies Land und dies Volk.

MÖNCH

Da hab ich wirklich einen interessanten Menschen getroffen! Könnt Ihr mir noch etwas von den anderen sehenswerten Orten hier herum erzählen?

KNABE

Der Turm dort im Süden gehört zum Seiganji-Tempel am Nakayama.

MÖNCH

Und was ist das für ein Tempel da im Norden, wo sie grad die Abendglocke läuten?

KNABE

Das ist der Tempel vom Geierfels. Schaut! Der Mond klimmt über den Otowa, den Berg der tönenden Flügel, und schimmert auf den Kirschblüten. Schaut nur!

MÖNCH

Es ist eine Stunde, in der viel Silber glänzt.

MÖNCH und KNABE

zitieren zusammen das chinesische Gedicht

Ein Augenblick dieser Silbernacht
gilt für tausend Barren Gold.
Die Blüten durchduften das Mondlicht.

CHOR

spricht die Gedanken des Mönchs aus

Nun, da ich all dies mit Euren Augen gesehen hab, weiß ich, daß Ihr kein alltäglicher Mensch seid. Gerne wüßte ich Euren Namen.

KNABE

Wollt Ihr meinen Namen erfahren, so merkt, welchen Weg ich einschlag. Seht, wohin ich mich wende.

CHOR

Wie sollen wir wissen, wie weit Ihr auf diesem Wege geht?

KNABE
Ich gehe bis in die Berge.

CHOR
Er sprach: «Merkt auf meinen Weg.» Er geht hinauf zum Tempel der Kannon und tritt unters Dach von Tamura. Er öffnet das Tor und tritt ein.

Zweite Szene

MÖNCH
Die ganze Nacht hab ich unter den Kirschbäumen gewacht. Unterm Vollmond halte ich meine Andacht und sing das heilige Sutra.

TAMURA
in seiner wahren Gestalt, nicht länger als Knabe, sondern als Feldherr Tamura maro
Das ist ein Gebet, auf dem wahrhaftig Segen ruht. Weil Ihr es intoniert habt, ist's mir gestattet zu kommen und mit Euch zu sprechen. Es ist eine Gunst der Göttin Kannon.

MÖNCH
Wie seltsam! Ein Mann erscheint im Licht des Blütenschimmers. Wer seid Ihr?

TAMURA
Jetzt will ich es Euch sagen. Ich bin Tamura maro selbst, der Feldherr des Tennōs Heizei. Ich unterwarf ihm die Barbaren des Ostens und bezwang die Dämonen. Ich war ein getreuer Soldat meines Tennō dank dem Wunderbild dieses Tempels.

CHOR
beschreibt die Kämpfe Tamuras
Der Tennō gebot mir, die Dämonen niederzuwerfen am Suzuka in Ise, und die Hauptstadt jenes heimgesuchten Berglands zu befrieden. Ich zog meine Truppen zusammen, und ehe ich aufbrach, erhob ich meine Stimme zur Kannon dieses Heiligtums.

TAMURA
Da hatte ich ein wunderbares Gesicht.

CHOR

Das Bildnis der Kannon lächelte mir zu. Ich baute auf sie und zog geradenwegs in die Schlacht, über den Osaka-Paß zum Wald von Awazu. An einem Tempel in den Bergen rief ich noch einmal die Herrin von Kiyomizu-dera an. Und weiter gings den Reiterweg. Über die lange Brücke von Seta hallte der Hufschlag.

TAMURA

Wir standen nahe vor Ise.

CHOR

geht vom Bericht der Reise zu unmittelbarer Schilderung über
Die Pflaumenbäume blühen. Alles ringsum beredt von der Gnade der Kannon und der Gottgefälligkeit unseres Tennō. Da gellt plötzlich das Gekreisch hadernder Stimmen in unseren Ohren und die Berge beben. Hört, die bösen Geister schreien!

TAMURA

erregt, als ob er wieder mitten ins damalige Geschehen versetzt wäre
Hört die Dämonen! Und wißt: Einst zu Zeiten des Tenshi vertrieb der Himmel die Dämonen, die dem verräterischen Minister Chikata dienten, und Chikata war verloren. Wagt Ihr es wiederzukommen, Dämonen? Ihr steht mit dem Rücken an den Suzuka-Bergen. Leicht seid Ihr niederzuwerfen!

CHOR

Blickt auf das Meer von Ise hinaus und auf die Kiefern von Ano, wo der böse Feind seine schwarzen Wolken auftürmt und Blitze schleudert. Glühendes Erz läßt er regnen. Er rückt an wie eine Phalanx von zehntausend Mann; wie ein Bergmassiv ballt es sich.

TAMURA

Und dann seht auf das Blutbad!

CHOR

Die Schlacht! Dunkel das Blut auf dem Boden, aber hell das Licht auf dem Banner, Walmutter Kannons Licht! Ihre Blitze durchzucken die Lüfte. Für immer ist ihr Bildnis mit den tausend Händen eingewoben in unsere Schlachtfahne. Und in jeder Hand hält die barmherzige Göttin einen Pfeil zu unserer Wehr. Fliegt nun, ihr tausend Pfeile! Sie stürzen aufs Heer der

Dämonen. Unterm Hagel ihrer Geschoße fällt der Feind. So ward er niedergemäht vom Pfeilregen der Göttin. Kannon, groß ist deine Gnade![5]

[5] S. a. Anhang, S. 296.

TSUNEMASA
Von Seami Motokiyo

Personen:
Shite: der Geist Taira no Tsunemasas
Waki: der Priester Sozu Gyōkei, Hüter des Tempels von Ninnaji
Waki no tsure: Gefolge des Priesters
Chor

Inhalt:
Das Nō-Spiel im allgemeinen, insbesonders aber das Nō-Spiel, in dem der Geist eines Verstorbenen auftritt, ist reich an dramatischen Spannungen; sie mögen für unser weltliches Theater zu subtil und vergeistigt sein, sind aber nichtsdestoweniger von höchster Intensität. So ist KUMASAKA *von einem martialischen Geist beseelt, der im krassen Gegensatz zur buddhistischen Tendenz der Eröffnungsszene steht, wo Kumasaka für seine einstigen Gewalttaten sühnt.*
TSUNEMASA *ist sanft und melancholisch. Und doch ist alles aufs äußerste geladen, aber es ist eine seelische Spannung, eine Spannung, wie sie auf einer Séance herrschen mag. Erregung und Höhepunkt sind die überreizte Erregung und der Fieberpunkt eines gemeisterten Rituals. Der Geist wird angerufen und erscheint.*
Die Parallelen mit abendländischen Ansichten über das Erscheinen von Geistern sind sehr aufschlußreich. Der Geist selbst zweifelt hier am Gelingen seiner Manifestation. Der Priester fragt sich, ob er denn tatsächlich etwas gesehen habe. Der Geist bezeugt: «Wenn du ihn siehst, ist er wirklich.»
Was die Besonderheit des Poetischen in diesem Werk anbelangt, so finden wir hier den frühvollendeten Götterliebling; den ruhelosen, blutbefleckten und unbesonnenen Geist; und schließlich jene Zeilen über den Storch im Käfig, dessen Stimme bei Sonnenuntergang leise klagt, die so reine Dichtung sind wie Dantes: «Era già l'ora che volge il disio.»
Das Stück spielt in Yamashiro.

PRIESTER

Ich bin Gyōkei, Hüter des Tempels von Ninnaji. Tsunemasa aus dem Hause der Taira war als Knabe der Liebling des Tennō, aber er fiel in der Schlacht am Westlichen Meer, einst, in längst vergangenen Tagen. Und dies ist die ‚Laute der Grünen Hügel', die der Tennō ihm vor der Schlacht gab. Ich bringe seinem Geist die verlassene Laute dar, an Stelle des Trankopfers. Vielleicht ruft sie ihn zurück. Zum Spiel von Flöten und Lauten will ich die Litanei für ihn singen. Möge sie vernommen werden und seine Seele erwecken.

Der Priester und sein Gefolge zelebrieren eine Liturgie mit Flötenspiel und Saiteninstrumenten, die dem Geist des sanften Tsunemasa angemessen ist.

CHOR

Die Laute der Grünen Hügel
sei dem Toten dargebracht.
Obwohl niemand ihre Saiten berührt,
Summen sie mit der Litanei.
Wer mag sie spielen?

PRIESTER

Schon geht es auf Mitternacht. Da hebt sich der Umriß eines Menschen vom Dunkel ab, eine verschwimmende Silhouette, dort im flackernden Schein der Fackeln. Mensch oder Geist, sag: Wer bist du?

TSUNEMASAS GEIST

Ich bin der Geist Tsunemasas. Deine Psalmodie rief mich herbei.

PRIESTER

Ist's wirklich Tsunemasas Geist? Da ist ja keine Gestalt, nur eine Stimme dringt an mein Ohr.

TSUNEMASAS GEIST

Ihr leiser Nachhall bleibt, sonst nichts.

PRIESTER

Aber ich sah doch einen Schattenriß.

TSUNEMASAS GEIST

Wenn du ihn siehst ist er wirklich.

PRIESTER
Jetzt seh ich ihn.
TSUNEMASAS GEIST
Bist du ganz sicher, daß du ihn siehst?
PRIESTER
Ich weiß nicht – seh ich ihn oder seh ich nichts?
CHOR
Der flimmernde Schatten Tsunemasas, noch umgetrieben vom Trubel der Erde, schaut aufs Diesseits zurück. Was blieb von ihm? Nur die Sehnsucht, zurückzuspähen durch die Mauer des Todes, auf den, den er so geliebt hat: «Eh soll das Wasser versiegen im Garten, eh ich müde werd, im Palast meines Tennō zu leben.» Eine Stimme ward hier vernommen, eine Stimme ohne Leib oder Leben. Keiner konnte ihn sehen, dennoch war er aus seinem Dämmer getreten, ein Traum, der zurückspäht auf unsere Welt, ein Hauch, der noch einmal über die Saiten der Laute streicht.
PRIESTER
Wie seltsam! Tsunemasa! Seine Gestalt war da und ist entschwunden, nur der dünne Nachhall einer Stimme hängt in der Luft. Das Irrlichtern eines Traumes – ich weiß es nicht. Sicher ist eines nur: durch die Macht meiner Litanei hab ich mit Toten Reden geführt.
TSUNEMASAS GEIST
Als ich jung war, kam ich an den Hof des Tennō. Wie das Leben mich in seinen Bann schlug! Die höchste Gunst ward mir zuteil. Der Tennō schenkte mir seine eigene Laute. Es ist die Laute, die ihr mir dargebracht habt. Es ist die Laute, die mit dem Namen der Grünen Hügel benannt ist. Mein war sie, als ich auf Erden weilte.
CHOR
Es ist die Laute, die er auf Erden schlug, doch nun läßt er Buddhas Weisen darauf erklingen.
PRIESTER
Holt alles her, was Ihr an Saiteninstrumenten habt, und begleitet sein Spiel!

TSUNEMASAS GEIST
Unsichtbar will ich Euch leiten.
Er spielt
PRIESTER
Es ist Mitternacht. Wir wollen den Yabanraku aufspielen, den Tanz des mitternächtlichen Umtrunks.
TSUNEMASAS GEIST
Der klare Himmel
überzieht sich mit Wolken.
Rascher prasseln die Töne,
Regen kündigt sich an.
PRIESTER
Gräser und Bäume zittern davon.
TSUNEMASAS GEIST
Es war nicht das Prasseln
des Regens. Sieh dorthin!
CHOR
Klar hängt der Mond am Kiefernast.
Der Wind rauscht, als wär
er von Regenschauern durchflirrt.
Es ist eine verwunschene Stunde.
Die tiefen Saiten raunen
wie Regen im Winter,
die hellen Saiten wispern
wie das Geflüster des Windes.
Die ersten und zweiten Saiten
rauschen wie die Wipfel des Kiefernwalds,
die dritten und vierten
klingen wie der Klagelaut einer Störchin,
die bei Anbruch der Nacht
eingefangen im Käfig
nach ihren Nestlingen ruft.
    Daß die Hähne heute nicht krähten!
    Daß keiner den Tag verkünde!
TSUNEMASAS GEIST
Vorm Klang der Phönix-Flöte
sind die Wolken am Berghang zerstoben.

Und der Vogel Phönix fliegt mit seinem Weibchen
aus den Wolken herab. Sie kommen hernieder,
sie tanzen und schwingen zur Weise.
Herzbetörend schöne Musik!
Auf die Erde bin ich zurückgekommen,
wieder hab ich die Laute gespielt.
Und bin glücklich gewesen!
Wie rasch ist das alles vorbei!

PRIESTER

Nun kann ich ihn wieder sehen! Ob es wohl Tsunemasa ist?

TSUNEMASAS GEIST

Mein Gesicht ist von Kummer entstellt.
Löscht die Fackeln, wenn Ihr mich sehen könnt!

CHOR

Seht, er ist ja noch immer verwundet!
Das Herzblut bricht in Wogen hervor
und bedeckt ihn wie rotes Feuer.
Schwerter leuchten wie Flammen.
Er tötete mit dem Schwert,
und durchs Schwert fand er selber den Tod.
Die rote Woge des Blutes
schoß auf als ein Feuer,
und nun brennt er in dieser Lohe.
Er bat uns, die Fackeln zu löschen.

Sein Flug glich dem eines Falters im Sommer,
der sich verirrte ins Licht.
Sein Flügelschlag war ein Sturm.
Sein Geist ist verflogen im Dunkel.[6]

6] S. a. Anhang, S. 297.

TEIL III

ESSAY ÜBER DAS NŌ

Das japanische Volk hat die Natur so leidenschaftlich geliebt, daß es ihr Dasein mit dem seinen zu einem einzigen nicht endenden Drama der Kunst des reinen Lebens verwob.
Ich habe an anderer Stelle[1] über die fünf Akte geschrieben, in welche dieses Lebens-Drama gerät, vor allem, wie es sich in den verschiedenen Formen seiner bildenden Künste offenbart. Ich habe von der universellen Gültigkeit dieses Lebens-mit-der-Kunst gesprochen und erklärt, wie der Zustrom des Ostasiatischen zu einer Blutauffrischung der westlichen Kunst wurde, und wie er uns weiterhin die Lösung unserer praktischen erzieherischen Aufgaben erleichtern könnte. Hier möchte ich mich nur auf meine Darstellung der Blütenfeste beziehen, wo ich auf das Aufblühen des japanischen Genius in seiner Poesie eingegangen bin. Diese nationale Poesie hat sich durch vier aufeinanderfolgende Perioden hindurch zu der vitalen dramatischen Kraft des 14. und 15. Jahrhunderts angereichert.
Gewiß schlägt sich das Wesen eines Volkes in seiner Dichtung ebenso seismographisch nieder wie in der bildenden Kunst. Es gibt verschiedene Phasen ostasiatischer Dichtung, sowohl der japanischen wie der chinesischen, die für unsere schwächliche Übergangsperiode praktisch bedeutsam und inspirierend wären.
Selbst wenn wir wollten, könnten wir uns in kommender Zeit nicht der fortschreitenden Umwertung unserer erstarrten Maßstäbe durch die zwingende Subtilität des Denkens und die Prägnanz der Formensprache Ostasiens entziehen. Die Nachhaltigkeit ihrer Wirkung wird nicht zuletzt darin liegen, daß sie uns aus der Einschnürung unserer eigenen Konventionen befreit. Das wäre nichts Neues.
Es ließe sich nachweisen, wie die Freizügigkeit elisabethanischen

1] Epochs of Chinese and Japanese Art, von Ernest Fenollosa. Heinemann. E. P.

Denkens, seine Fähigkeit, alle Bereiche menschlicher Erfahrung zu erfassen – wie etwa in der Dichtung Shakespeares – zu nicht geringen Teilen auf Kontakte mit dem Osten zurückgeht, die durch die Kreuzzüge, durch Marco Polos Zusammenleben mit den Mongolen, durch die Entdeckung des zweiten Seeweges nach Persien und Indien[2], und in den ersten Auswertungen durch die jesuitischen Missionen im fernen Osten entstanden ist.

Deutlicher noch ließe sich zeigen, wie die Romantik im England des ausgehenden 18. und beginnenden 19. Jahrhunderts durch die Anfänge des systematischen Studiums und der Übersetzung fernöstlicher Literaturen beeinflußt und bereichert worden ist, auch wenn diese Einflüsse oft fast unwägbar und verborgen blieben. Bischof Percy, der später unsere Kenntnisse der mittelalterlichen Ballade zu neuem Leben erweckte, veröffentlichte so um 1760 herum den ersten einfühlsamen Bericht über die chinesische Dichtung; und Bischof Hood schrieb einen Versuch über das chinesische Theater, das er ernstlich mit der griechischen Tragödie verglich. Einige Jahre später kam Voltaire [mit der ersten chinesischen Tragödie als Anverwandlung einer jesuitischen Übertragung] heraus. Eine eigene englische Fassung dieses Stückes hielt sich bis 1824 auf der Londoner Bühne. Moore, Byron, Shelley und Coleridge waren vom Geist und oft auch vom Stoff der persischen Dichtung beeinflußt; Wordsworths ‚Intimations of Immortality‘ kommt der hinduistischen Lehre von der Wiederverkörperung ziemlich nahe. In unserer Zeit schlägt vor allem Indien unsere Vorstellungswelt in dem Maße in Bann, in dem wir mit seinem religiös-philosophischen Gedankengut vertrauter werden.

I

Es gibt noch heutzutage auf unserer Erde eine Dramenform, die ebenso urwüchsig und intensiv und beinahe ebenso schön

2] Einmal ums Kap der Guten Hoffnung und einmal ums Kap Horn. [D. Ü.]

ist wie es das griechische Drama in Athen war. Aber nur wenige kümmern sich darum oder haben sie überhaupt wahrgenommen.[3]

Das griechische Drama entstand im 5. Jahrhundert v. Chr. aus den frommen Riten, die man zu Ehren des Weingottes beging. Das japanische Drama entstand im 14. Jahrhundert n. Chr. aus den frommen Riten, die man an den Festtagen der Shintō-Götter beging, hauptsächlich des Shintō-Gottes vom Kasuga-Tempel zu Nara. Beide begannen mit der heiligen Handlung des Tanzes, und zu beiden kam mit der Zeit die heilige Handlung eines von Priestern gesungenen Chores. Der Übergang vom Chor der Tanzenden zum Drama entstand in beiden Fällen aus der Entwicklung einer Solopartie, deren Worte mit denen des Chores im Dialog abwechseln. In beiden besteht die schließlich herausgebildete Dramenform aus wenigen kurzen Szenen, in denen zwei oder drei Schauspieler ein Hauptthema darstellen, dessen tieferer Sinn von den poetischen Ausführungen des Chores interpretiert wird. Hier wie dort war die Rede metrisch und besaß eine klare organische Gliederung aus einzelnen lyrischen Partien. Hier wie dort spielte die Musik eine bedeutende Rolle. Hier wie dort war die Handlung eine Modifikation des Tanzes. Hier wie dort wurden farbenprächtige Kostüme und Masken getragen.

Form und Konvention des athenischen Theaters gingen in die Konvention der römischen Bühne über und verloren sich im frühen Mittelalter vor 1400 Jahren. Sie sind tot, und wir können sie nur noch anhand von spärlichen Aufzeichnungen ausmachen. Aber das japanische Drama ist noch heute lebendig, ist beinahe unverändert in der Form erhalten, die es im 15. Jahrhundert in Kyōto erlangt hat.

Es heißt allgemein, jede spätere Form des Dramas sei vom Griechischen beeinflußt; und die fahrenden Gaukler und Akrobaten, die im Mittelalter in Truppen durch Europa wanderten, seien ein unmittelbares Glied zwischen den entarteten römischen Schauspielen und den Mirakelspielen der Kirche ge-

---

3] Das Nō ist erst nachdem Fenollosa dies geschrieben hatte, dem Volk in Japan allgemein zugänglich gemacht worden. E. P.

wesen, aus denen sich das Shakespearesche Drama entwickelte. Man hat sogar erklärt, der Geist des griechischen Dramas hätte ähnlich wie die griechischen Eroberungen im Westen Indiens eine gräko-buddhistische Form der Skulptur zeitigten, auf das hinduistische und chinesische Drama, und dadurch mittelbar auch auf das japanische Nō eingewirkt. Aber der Einfluß fremdländischer Geistesart auf das Nō ist verschwindend, verglichen mit dem einheimischen shintōistischen Einfluß. Es wäre ebenso absurd zu behaupten, daß das Nō von der griechischen Tragödie abstamme, wie zu behaupten, daß Shakespeare ein Enkel des Sophokles sei.

Dennoch gibt es, abgesehen von der tieferen Analogie des japanischen Nō und des griechischen Dramas, eine recht interessante sekundäre Parallele zu den Anfängen der Shakespeareschen Kunstform. Alle drei Dramenformen gingen selbständig aus Mirakelspielen hervor: die erste aus Spielen zu Ehren des Dionysos, die zweite aus den Spielen zu Ehren Christi, die dritte aus den Spielen zu Ehren der Shintō-Gottheiten und Buddhas. Die Spiele, die dem elisabethanischen Drama vorangingen, fanden auf den Anrainer-Feldern einer Kirche und später auf den Innenhöfen der Adelssitze statt. Die Spiele, die dem Nō-Drama vorangingen – und in seinen Anfängen auch das Nō selbst – fanden in den Tempelgärten oder in den trockenen Flußbetten innerhalb des Tempelbezirks und später auf den Innenhöfen der Stammsitze der Daimyōs statt.

Hier endet die Analogie. Die Art, wie die Dramen Shakespeares im elisabethanischen Zeitalter inszeniert wurden, ist für uns so gut wie tot. Gelegentliche Versuche einer Wiederbelebung nehmen Kulissen und Vorrichtungen zu Hilfe, die der elisabethanischen Bühne fremd waren. Die Kontinuität der Bühnentradition ist abgerissen. Im japanischen Nō aber, obwohl einhundert Jahre vor Shakespeare entstanden, ist diese Kontinuität noch immer ungebrochen. Dieselben Spiele werden heute in derselben Weise wie damals aufgeführt; sogar die Träger der Hauptrollen sind Nachkommen eben der Männer, die diese Dramenform vor einem halben Jahrtausend schufen. Das Nō, das alte lyrische Drama Japans, darf nicht mit dem modernen ‚realistischen' Drama in Tōkyō verwechselt werden, wie es das Kabuki-Theater des Danjurō darstellt. Dies volkstümliche Drama bedient sich ganz wie das unsere eines komplizierten Bühnenapparats und einer reichen Szenerie und verwendet die Elemente der Musik und des Chores und der Maske kaum. Kurz, diese Bühnenform ist der reinste Realismus, ist die mimische Nachahmung des Geschehens. Das moderne Drama, ein Abglanz der fünften Periode, entstand vor ungefähr 300 Jahren in Edo. Das Volk hat es zu seiner Kurzweil ersonnen, es wurde von Leuten aus diesen Schichten geschrieben und aufgeführt. Es entspricht daher in der Malerei den Werken der Ukiyo-e-Schule[4], insbesondere aber den Farbholzschnitten dieser Schule, ja viele dieser Drucke geben Szenen und Charaktere der volkstümlichen Bühne wieder. Wie die Malkunst der fünften Periode aus zwei getrennten Kunstübungen bestand – den Tuschbildern für den Adel, bestimmt ihre Paläste zu schmücken, und den Farbholzdrucken im Genrestil für das Volk –, so hatte das Drama der letzten Jahrhunderte zwei Gesichter: das des lyrisch bestimmten Nō, unverfälscht erhalten in den Palästen der Reichen, und das des Kabuki, das sich in den öffentlichen Theatern zunehmend zum ‚Realismus' und zur barocken Form hin entwickelte.

Trotz des Schocks und der Umwälzung, die von der Revolution des Jahres 1868 ausgelöst wurden, ist heute das strenge poetische Nō-Drama wieder lebendig und wird von den gebildeten Japanern voll Hingabe gepflegt und studiert. Durch die Revolution waren die Paläste der Daimyōs mit ihren Nō-Bühnen zerstört, die Nō-Truppen der Höfe versprengt worden. In den ersten drei Jahren nach 1868 gab es überhaupt keine Nō-Aufführungen mehr. Aber Umewaka Minoru, der bei der Truppe des Shōgun ein Darsteller von Tsure-Rollen gewesen war, ach-

---

[4] Ukiyo-e heißt wörtlich ‚Bilder von der rauschenden Welt'. Diese Schule der Malerei entstand um 1640 und war eine Genrekunst fürs Volk. In den Holzschnitten der Ukiyo-e-Schule wurden fast nur Kabuki-Schauspieler und Frauen der Vergnügungsviertel von Edo abgebildet. Erst nach hundertfünfzigjährigem Bestehen entdeckte diese Schule die Landschaft als weiteres Sujet. [D. Ü.]

tete darauf, daß die Nō-Tradition nicht verloren ging. Viele Bühnenanweisungen und Satzungen hielt er in schriftlichen Aufzeichnungen mit den eigentlichen Texten der Stücke fest. 1871 erwarb er beinahe um nichts die Bühne eines ehemaligen Daimyō, baute sie am Sumidafluß in Tōkyō auf und begann seine Söhne im Nō zu unterweisen. Viele geduldige Schüler und alte Schauspieler fanden sich bei ihm ein, das einfache Publikum fing an, sich für seine Aufführungen zu interessieren. In Ausverkäufen erwarb er die Kostüm- und Maskenfonds der verarmten Adligen, und gegenwärtig hat sein Theater soviel Zulauf, daß sogar Logen eine Woche im voraus bestellt werden müssen, und mittlerweile fünf weitere Nō-Bühnen in Tōkyō errichtet worden sind.

Die letzten zwanzig Jahre habe ich mich intensiv mit dem Nō-Spiel beschäftigt, habe mir durch praktische Übungen die Art und Weise des Singens und einiges von der Darstellung angeeignet. Umewaka Minoru und seine Söhne waren meine Lehrer. Von Umewaka habe ich unschätzbare mündliche Überlieferungen des Nō, wie es vor 1868 gespielt wurde, festgehalten und habe mit seiner Hilfe und der einheimischer Gelehrter etwa fünfzig Nō-Spiele übertragen.

II

Der Tanz hat am chinesischen und japanischen Leben größeren Anteil gehabt als am westlichen. In prähistorischer Zeit tanzten Männer und Frauen, um einer starken Erregung zu genügen. Das war ihnen eine ebenso natürliche Art der Selbstäußerung wie das Sprechen in improvisierten Versen oder das Singen und wurde mit beidem verbunden. Aber so wie die Förmlichkeit einer höfischen Gesellschaftsordnung sich herausbildete, wurde das Tanzen immer mehr auf besonders festliche Anlässe und auf berufene Tänzer beschränkt. Solche Anlässe gab es zweierlei: einmal die zeremoniösen Unterhaltungen bei Hof und zum andern das religiöse Ritual. Die erste Gattung des Tanzes, die noch heute am Hofe des Mikado[5] weiterlebt, stellt die Taten berühmter Helden – meist Krieger – dar, die mit Schwert und Speer agieren. Ein vollbesetztes Orchester begleitet solche Auftritte. Das religiöse Ritual, der andere Anlaß für den Tanz, läßt sich wiederum zweifach unterteilen: in die frühen buddhistischen Mirakelspiele in den Tempelbezirken und den shintōistischen Gott-Tanz.

Die Mirakelspiele stellten Szenen aus dem Leben von Heiligen und die göttliche Intervention von Buddha oder Bodhisattwa in die menschlichen Belange dar. Den frühesten Formen des europäischen Schauspiels entsprechend hatten auch die Mirakelspiele pantomimischen Charakter und besaßen keinen eigenen dramatischen Text, abgesehen vielleicht von der Rezitation passender Stellen aus den heiligen Schriften. Die japanischen Mirakelspiele wurden von maskierten Tänzern aufgeführt. In den Tempeln von Nara[6] sind noch zahlreiche dieser Masken, die etwa auf das 8. Jahrhundert zurückgehen, zu besichtigen. Offenbar wurden dabei auch viele volkstümliche humoristische Typen dargestellt; und es ließe sich vielleicht denken, daß sich diese – etwa über gräko-buddhistische Umwege – von den Masken der profanen griechischen Komödie herleiten lassen. In Stücken dieser Art ist der Gott der Hauptakteur, manchmal steht er in dramatischer Beziehung zu einer menschlichen Begleitperson. Der Gott trägt immer eine Maske. Die Solopartie steht bereits fest. Hierin weicht diese Entwicklung von der griechischen ab, wo der ursprüngliche Ritus von einer Gruppe von Priestern begangen wurde, oder, in der Komödie, von Böcken und Faunen.

Dasjenige Element des Dramas, das ganz unverfälscht japanisch ist, finden wir im heiligen Tanz der Shintō-Schreine. Dieser bestand aus einer Art Pantomime und ahmte die erste Epiphanie eines Lokalgottes nach, der sich den Menschen offenbart hatte. Der ursprüngliche Tanz war folglich ein Gott-Tanz. Der Gott selber vollführte ihn, sein Gesicht unter der Larve verborgen. Hier liegt ein Unterschied zwischen grie-

---

5] Titel des Kaisers von Japan. [D. Ü.]

6] Nara, erste ständige Residenz d. Tennō [710–780], kunstgeschichtlich berühmter Ort. [D. Ü.]

chischen und japanischen Anfängen. In Griechenland tanzte der Chor und der Gott wurde durch einen Altar repräsentiert. In Japan tanzt allein der Gott.

Der frühe Shintō-Tanz war vermutlich anfangs eine Handlung, die der *genius loci* allein darstellte, gewissermaßen die Wiederholung seiner ersten Manifestation. Der Shintōismus ist eine Art All-Beseelung, ist lebensfreundlich, naturnahe, griechischem Geist nicht fern. Ein Orts-Geist erschien den Menschen in irgendeiner charakteristischen Gestalt. An der Stelle der Hierophanie wurde dann ein Shintō-Schrein errichtet und alljährliche oder allmonatliche Riten, in denen die Pantomime enthalten war, verewigten die Erinnerung an das Begebnis. Solche Dinge geschahen landauf, landab, und Hunderte solcher Epiphanien wurden tänzerisch nachgestaltet. Daher die Fülle an folkloristischem Material. Heute noch kann man bei jedem Dorffest Tänze dieser Art erleben. Sogar in großen Städten, wie in Tōkyō, hält jeder Distrikt an einer dörflichen Verehrung seines ortsansässigen Geistes fest. Auf einem eigens errichteten Podium mitten auf der Straße, um das sich die Bevölkerung des Bezirks schart, wird alljährlich die Geschichte des mit diesem Distrikt verknüpften Geistes aufgeführt. Die Stücke sind meist pantomimisch und ohne Text.

Im Shintō-Tanz unterstützt den Darsteller kein Chor. Er gestaltet irgendeine religiös bedeutsame geistige Handlung, wenn diese auch oft in derbe Komödie umschlägt. Der Gott-Tanz hat die Form der würdevollen Pantomime. Er besteht nicht aus willkürlichem Beine-Schleudern und Pirouetten, ist keine bloße Derwischraserei, sondern jede Gebärde ist sinngeladen, markiert bestimmte Stadien und Regungen des Gottes, stilisiert, zurückgenommen und unter Verfeinerung der traditionellen Anmut, wodurch jede Positur des Körpers – Haupt, Rumpf, Hände und Füße – in eine harmonische Linienführung fällt, und alle Übergänge von Positur zu Positur sich ausgewogen und graziös einfügen. Die Blitzlichtaufnahmen von einem solchen Tanz nähmen sich aus wie Blitzlichtaufnahmen von Skulpturen. Die Bewegung selbst aber, wie ein kinetisches Bild in Farben, ist der Tonkunst vergleichbar. Der Tanz wird von einem Orchester mit Flöten, Trommeln, Zymbeln begleitet, langsam, schnell, leise, leidenschaftlich oder akzentuiert – das ergibt eine natürliche Untermalung.

Wesensverwandt mit diesen Tänzen sind die Festumzüge mit den Schauwagen, auf denen lebende Bilder dargestellt werden, vergleichbar den frühen europäischen Festumzügen oder gar den heute noch in katholischen Ländern üblichen Festzügen.

Dies also sind die Ursprünge des Nō, alle zur ersten Periode gehörig, in der Reihenfolge ihrer Wichtigkeit fürs Nō: [1] der Shintō-Gott-Tanz, [2] der höfische Held-und-Krieger-Tanz, [3] die buddhistische Pantomime.

Ebenso wie die alten chinesischen Hoftänze unter der Verfeinerung der Lebensformen in der zweiten Periode modifiziert wurden, begannen die japanischen Liebhaber der Dichtkunst ganz natürlich den Festlichkeiten poetische Erläuterungen beizugeben. So bestand der nächste Schritt in der Hinzunahme eines Textes, den der Chor während des Solotanzes singen sollte. Die Liebhaber der Dichtung pflegten damals bereits ihre Verse mit der Laute zu begleiten.

In der ersten der fünf Perioden erreichte die japanische lyrische Poesie ihren höchsten Stand. Sie war grundverschieden von der chinesischen, da die japanische Sprache vielsilbig ist, die Sätze lang und geschmeidig, der Gefühlston verhalten, nachdenklich. Um das Jahr 900, als die Hauptstadt nach Kyōto verlegt wurde, kam die langzeilige und unbequeme Versstruktur aus der Mode. Man bediente sich von nun an fast ausschließlich einer straffen Strophenform, was auf den chinesischen Einfluß zurückzuführen sein mag. Doch wurde der Reim nicht übernommen. Die Zeilen, meist aus fünf oder sieben Silben gebildet, sind vielgestaltig und klangvoll.

Nicht viel später wurde das Verlangen, diese japanische Poesie zu rezitieren, übermächtig bei der gebildeten Klasse und insbesondere bei der feinsinnigen Aristokratie von Kyōto,[7] wo Herren und Damen gleichberechtigt miteinander Umgang hatten, so daß die alten höfischen Festlichkeiten mit Tanz und Musik abgewandelt wurden, um auch den lyrischen Texten

7] Kyōto, die Residenz des Kaisers von 810 bis zur Revolution von 1868.

einen Platz einzuräumen. Anfänglich sangen die Adligen bei ihren Festen oder Hofzeremonien selber im Verein Lieder, die zu solchen Anlässen komponiert waren. Dann kam man dahin, Lieder zu schreiben, die sich den Tänzen anpaßten. Schließlich bildete sich aus dem Chor der Adligen ein Sänger-Chor, der von den Hofmusikanten begleitet wurde. So gab es am Ende des neunten Jahrhunderts schon eine Truppe von Künstlern, die aufs engste dem Hof verbunden war, sowie einen für sie zuständigen Beamten. Diese Truppe gliederte sich in zwei Abteilungen. Die Abfassung der Texte und der Musik einerseits und die Choreographie der Tänze anderseits blieb verschiedenen Personen vorbehalten. In diesem Stadium der Entwicklung gerieten die alten chinesischen Themen ins Hintertreffen und die Stoffe aus der japanischen Geschichte von stärkerer nationaler Eigenart oder von lyrischer Stimmung traten an ihre Stelle. So entstand das Saibara[8], eine Form höfischer Unterhaltung, die nach dem 12. Jahrhundert außer Gebrauch kam. Die meisten der Besonderheiten des Saibara sind unwiederbringlich verloren, wenn auch einige wenige Texte aus einer Manuskriptsammlung um das Jahr 900 erhalten geblieben sind; Musik und Tanz sind nicht überliefert, abgesehen von dem, was wir aus den späteren Formen des Nō über sie mutmaßen können. Dabei ist es interessant zu wissen, daß die Namen einiger Saibara-Stücke mit einigen der um fünfhundert Jahre späteren Nō-Spiele identisch sind. Die Saibara-Stücke waren sehr kurz, heutigen lyrischen Gedichten ähnlich, und sind oft so lyrisch oder so intim, daß man kaum begreift, wie sie getanzt werden konnten. Es bleibt zudem ungewiß, ob diese kurzen Texte immer aufs neue wiederholt oder während der Tanzeinlagen in Intervallen gesungen wurden, oder ob sie bloß die Einführung zu einem Tanz darstellten, der den anklingenden Gedanken zu Ende führte.[9]

[8] Saibara, beim Festmahl gesungene Lieder primitiver Gattung, mit ‚Brechungen' [Wiederholungen] der einzelnen Verse. Gegenwärtig von archaistischen Vereinigungen gepflegt. [D. Ü.]

[9] Professor Fenollosa scheint – in einem früheren Halbsatz, den ich fortließ – die Auswirkung, den der Tanz auf europäische Kunstformen hatte,

Das folgende Saibara mag als Beispiel dienen:

O weiß glitzernde Kamelie und du, besternte Weide,
die ihr beisammensteht auf dem Kap Takasago!
Die eine, seit ich sie zur Meinen begehre,
die andere auch, seit ich sie für mich will –
besternte Weide!
Ich will aus dir etwas machen, worauf ich meinen Mantel
hängen kann,
mit seinen aufgebundenen Bändern, mit seinen dunkel
gefärbten Bändern.
Ach! Was habe ich getan?
Und da, was tue ich jetzt?
O was werde ich nur tun?
Hab ich meine Seele verloren?
Aber ich bin
der Lilie begegnet,
der taubeperlten Blume des Morgens.

Diese neue Verbindung von Tanz und Lied griff rasch von den Festlichkeiten am Hofe auf die religiösen Riten des Gott-Tanzes an den Shintō-Schreinen über, nicht dagegen auf die buddhistische Pantomime. Diese stand zu stark unter dem Einfluß indischen und chinesischen Denkens, um für japanische Poesie reizempfänglich zu sein. In den Shintōtänzen waren die Themen von vornherein japanisch und folglich den japanischen Texten angemessen, und es mag manch einen Priester angewandelt haben, daß er an irgendeinem Schinto-Fest, wie sie zu Tausenden im Lande stattfanden, unversehens ein Lied zu singen anhob, das den Vorwurf des Tanzes ge-

---

zu unterschätzen. Vermutlich entstand die provençalische Dichtkunst aus dem Mai-Tag-Tanz und seinen Tanzliedern. Nach und nach bildeten sich Strophen und Antistrophen, Terzinen, die spanischen Loa und Entremes [Zwischenspiele]. Siehe auch W. P. Ker, English Mediaeval Literature, pp. 79 ff. über die Verbreitung des Tanzes in Europa und seine Auswirkung auf die Formen der Lyrik. Man vergleiche auch das nun folgende Saibara mit dem provençalischen ‚A l'entrada des temps clar'. E. P.

staltete. Bis zum Ausgang des neunten Jahrhunderts, in der zweiten Periode, war dies bei den Shintō-Festen schon allgemeiner Brauch geworden, in der Privatkapelle des Mikado wie in Kasuga. Die Texte wurden von einem ausgebildeten Chor gesungen. Hier zeigt sich eine weitere Abweichung von den Wachstumslinien des griechischen Dramas: in Griechenland sang der Chor nicht nur, sondern er tanzte auch. In Japan tanzte der Chor nicht, er spielte nicht mit, er verhielt sich, an der Seite der Bühne sitzend, kontemplativ. Seine Lieder wurden Kagura genannt. Einige Proben shintōistischer Kagura-Lieder[10] sind auf uns gekommen. Es sind nicht eigentlich Gebete, sondern häufig reizende Naturgedichte, denn die Shintōgötter waren ja im Grunde eine wohlwollende Spielart von Naturgeistern, innig mit Grotten, Flüssen, Bäumen und Bergen verwandt. Seltsam, wie die Texte sich immer doppelt aufgliedern, ganz analog der griechischen Strophe und Antistrophe. Wahrscheinlich wurden sie zwischen einem doppelten Chor aufgeteilt; dies ist ohne Zweifel der Grund für den Wechsel der Partien oder des chorischen Dialogs.

Hier gebe ich ein Kagura, in dem eine Priesterin ihren Zauberstab besingt:

Strophe

  Was dieses Mitegura betrifft,
  was dieses Mitegura betrifft,
  es ist ganz und gar nicht mein.
  Es ist das Mitegura einer Gottheit,
  genannt Prinzessin Toyooka,
  die im Himmel wohnt,
  das Mitegura einer Gottheit,
  das Mitegura einer Gottheit.

Antistrophe

  O wie wünsch' ich vergebens
  ich selber könnte
  zum Mitegura werden,

---

[10] Kagura [= Kami-gūra, ‚Göttergerüst'], den Tanz der Himmelstänzerin Udsume reproduzierender pantomimischer Tanz, wohl ein alter Sonnwendtanz zur Hervorlockung der Sonne. [D. Ü.]

daß ich von der Mutter aller Götter
in die Hand möchte genommen werden,
daß ich nah an das Herz einer Gottheit käme,
dicht an das Herz einer Gottheit!

III

Wir sind nunmehr zu dem Punkt gekommen, wo wir uns mit diesen Dramen als Literatur auseinandersetzen können. Die Spiele sind teils in Prosa, teils in Versen geschrieben. Die stärksten Partien sind in Versen gehalten, gewöhnliche Wechselrede wird in Prosa gegeben. Die Chortexte sind stets in Versen.

Anscheinend hat die erste Ära der japanischen Kultur ganz beiläufig die Zellen gestellt, um die sich das Nō bildete: den Tanz und die dem Spiel zugrundeliegenden Geisteshaltungen. Die zweite Ära führte dem Nō die Ansätze zum dichterischen Text zu. Die dritte Ära, die mit dem Ende des 12. Jahrhunderts einsetzt, ist durch den Aufstieg der kriegerischen Samurai-Kaste gekennzeichnet; ihr entstammt ein ganzer Bereich neuer dramatischer Motive. Das Land schwirrte nur so von Mären wilder Heldentaten, von Ritterirrfahrten, es war von einem leidenschaftlichen Individualismus, der Arm und Reich gleichermaßen erfaßt hatte. Die alten Hofzeremonien und Tänze der abgehalfterten Aristokratie wurden einzig noch in den friedlichen Bezirken der Shintō-Schreine begangen. Neue Formen des Festefeierns entstanden. Der Buddhismus verwarf Gelehrsamkeit und Mystik, ihm ging es allein um die Erlösung der einzelnen Seele. Wie im damaligen Europa durchstreiften Wandermönche die Lande und brachten neue Ideen von Haus zu Haus. So entstand eine quasi-epische Literatur, in der die Taten kriegerischer Helden zu mehreren großen Legendenzyklen zusammengefaßt waren, ähnlich den Zyklen um Karl Martell und Roland und den um König Artus' Tafelrunde. Dieser Art war das Heike-Epos, der Soga-Zyklus und ein Dutzend andere. Episoden aus ihnen wurden von fahrenden Sängern zur Laute vorgetragen. Eine der folgenreichsten Auswirkungen dieser neuen epischen Balladendichtung war es, die Spanne der bühnenwirksamen Themen beträchtlich zu erweitern.

Was die Komödie betrifft, so kamen von den bäuerlichen Festen zur Frühlingsaussaat des Reises und zur Ernte im Herbst ganz neue Impulse. Anfänglich waren es bloß Possenreißereien oder athletische Wettkämpfe, die die Dörfler zu ihrem Vergnügen veranstalteten. Man nannte sie: Dengaku, Reisfeldmusik. Später wurden eigene Truppen von Dengaku-Gauklern und Akrobaten in den Palästen der Daimyos beschäftigt und schließlich auch von der Obrigkeit der buddhistischen und shintōistischen Tempel, um die Teilnahme der Menge an ihren jahreszeitlichen Festen zu sichern. Diese professionellen Truppen begannen ihr Unterhaltungsrepertoire mit derben ländlichen Farcen zu bereichern, zuerst mit Nummern von deftiger Schlagfertigkeit aus dem Stegreif, bestehend aus Streichen, die ein Bauer dem anderen spielte, und die wahrscheinlich gar nicht sehr von den mehr grotesken und komischen Shintōtänzen abwichen. So um das 12. und 13. Jahrhundert schlossen sich die beiden Bestandteile der Komödie – der bäurische und der geistliche – bei den Festen der Shintō-Schreine zusammen, und die Schauspieler wurden zu einer stehenden Truppe ausgebildet. Ihre Schwänke nannte man Kyōgen. Im Verlauf des 14. Jahrhunderts, also gegen Ende der dritten Ära, griffen die Dengaku-Truppen auch tragische Themen auf, die sie aus den Episoden der Balladendichtung wählten. Der Gott-Tänzer war jetzt zuweilen ein menschliches Wesen, der Held an einem dramatischen Wendepunkt – manchmal war er sogar eine Frau – und führte mit dem Chor Wechselreden, wie sie bislang nur der zweigeteilte Shintō-Chor in den Kagura geführt hatte.

Erst mit dem Beginn der vierten Ära der japanischen Kultur – also im späten 14. Jahrhundert – als eine neue buddhistische Ordnung erstanden war, die auf kontemplativer und poetischer Naturbetrachtung beruhte, gewann das im Keim vorhandene japanische Drama, wie es in den Tempeln gepflegt wurde, eine ethische Nachhaltigkeit und eine psychologische

Vielschichtigkeit, die es zu einem dynamischen Charakterschauspiel machte. Der Shintō-Gott-Tanz, die lyrische Form der Hofpoesie, die ländlichen Schwänke und die Fülle von Motiven aus dem Bereich der Epen, kurz, alles Wesentliche der früheren japanischen Tradition fand sich in dieser neuen Form beschlossen, gegliedert und geläutert.

Die Veränderung vollzog sich auf folgende Weise. Die Priester der Zen-Sprengel beriefen die Sarugaku-Truppe[11] vom Kasuga-Tempel bei Nara nach Kyōto und ließen sie vor dem Shōgun spielen. Der Hauptdarsteller dieser Truppe, Kanami Kiyotsugu, übernahm die neuen Solopartien und bereicherte die musikalische Begleitung der anderen Partien um ein Vielfaches, er unterlegte also dem Spiel einen durchgehenden Rhythmus.

Zu Lebzeiten seines Sohnes und Enkels entstanden durch Seami Motokiyo und Onami, eines Neffen Seamis, Hunderte von neuen Stücken. Über das Leben dieser Dichter ist noch weniger bekannt als über das Shakespeares. Es gibt keine vollständige Aufstellung ihrer Werke. Nur einzelne Absätze aus zeitgenössischen Tagebüchern sind auf uns gekommen, die den großen Eindruck widerspiegeln, den die unregelmäßig stattfindenden Aufführungen von damals hinterließen.

Zeitweilig wurde ein kreisförmiges Schauspielhaus im trokkenen Bett des Kamo-Flusses errichtet, mit Rängen, die in die Logen der vornehmen Familien unterteilt waren, vom Kaiser und Shōgun an abwärts. Priester arrangierten die Aufführungen und benützten die Kollekten zum Bau neuer Tempel. Die Bühne bestand aus einem erhöhten kreisförmigen Podium in der Mitte und war über einen langen Steg von der Garderobe der Schauspieler, die außerhalb des Zuschauerkreises lag, zu erreichen.

Wir begreifen nun allmählich, warum noch im vollentwickelten lyrischen Nō-Drama der Gott-Tanz die prägende Kraft

11] Das Sarugaku unterscheidet sich vom früheren Dengaku dadurch, daß im Sarugaku der Darsteller zugleich tanzte und sang, während es im Dengaku dem Chor vorbehalten war, die Worte des tanzenden Hauptdarstellers auszusprechen. [D. Ü.]

bleibt. Die verschiedenen schönen und langsam ausgeführten Figuren der einleitenden Phasen des Spiels steigern sich unausweichlich zum Höhepunkt, dem Tanz des Helden, ganz wie die Griechen ihr Drama auf die chorischen Tänze hin angelegt hatten. Dieser Tanz bildet meist den Abschluß des zweiten Auftritts, kommt manchmal aber auch schon im ersten Auftritt. Fast alle Spiele haben zwei Auftritte.

Während des abschließenden Tanzes singt der Chor die lyrischsten Passagen, wenn er auch zuvor im Dialog mit den Darstellern der Solopartien schon mehrfach zu Wort gekommen ist. Seine Aufgabe ist es, dem Geschehen die poetische Dimension zu geben, und den Geist über das, was die Handlung vorführt, hinauszutragen in den Kern der geistigen Bedeutung. Die Musik besteht aus einer einfachen melodischen Linie, ist kaum mehr als ein ‚Intonieren‘, von Trommeln und Flöten begleitet. So kommt eine feinsinnige Angleichung von einem Halbdutzend überlieferter Kunstformen zusammen, die gleicherweise Auge, Ohr und Geist der Betrachter ansprechen, eine Einheit, die eine Intensität des Empfindens hervorruft, wie sie kein bloß realistisches Drama zustande brächte.

Die Zuhörerschaft sitzt verzaubert da, in Tränen gebadet, angesichts der tragischen Vorgänge. Und dennoch ist der Eindruck niemals der von realistischem ‚Furcht und Schrecken‘, vielmehr der einer geläuterten und souveränen Erregung, die hinter aller Gewalttätigkeit das Wirken und Weben göttlicher Absichten erkennt.

Schönheit und Macht des Nō liegen in seiner Dichte. Alle Bestandteile – Kostüm, Bewegung, Vers und Musik – verschmelzen zu einem einzigen kristallinischen Anreiz. Jedes Drama verkörpert irgendeine primäre menschliche Beziehung oder Gefühlslage. Durch das behutsame Aussondern all der lauten Faktoren, auf die es ein mimischer Realismus oder die krasse Sensationslüsternheit absieht, wird die poetische Süße oder Herbheit zu einer höchsten Reinheit gesteigert. Immer liegt der Gefühlston auf der Idee selber, nie auf dem Persönlichen. Die Hauptrollen stellen großgefaßte menschliche Archetypen dar, die der japanischen Geschichte entnommen wurden. Einmal ist das Motiv die geschwisterliche Liebe, einmal die Elternliebe, einmal die Treue zu einem Dienstherren und Meister, die eheliche Liebe, die mütterliche Liebe zum toten Kind, dann wieder die Eifersucht oder der Zorn, das Über-sich-selbst-hinauswachsen in der Schlacht, die Kampfesleidenschaft selber, das Gebanntsein eines Geistes an den Schauplatz seines Versagens, das unendliche Erbarmen eines Bodhisattwa, der Schmerz der unerwiderten Liebe. Irgendeines dieser inständigen Gefühle wird zum Gegenstand des Stückes genommen und durch die Intensivierung und das Ausglühen des Themas in der Bearbeitung zu universeller Geltung gebracht.

So gedieh das Drama zu einem historischen Fundus und zum starken sittlichen Moment in der sozialen Ordnung der Samurai. Das Faszinierendste am Nō aber ist, wie es die geistige Dimension des Menschen vollkommen und unvergleichlich in den Griff bekommt. Es handelt ja häufiger von Geistern, vom anderen Selbst, als vom Menschen in seiner leiblichen Hülle. Die Verfasser der Nō-Dramen waren große Psychologen. In keiner anderen Dramenform spielt das Übersinnliche eine so große, uns so blutnahe Rolle. Wir lernen die verschiedenen Geistertypen kennen: wir sehen die archetypischen Charaktere, den Gesetzen der Geisterwelt unterstellt; wir werden der Mächte gewahr, die zu wandeln vermögen. Bodhisattwas, Devas, Elementargeister, hungrige Geister, schlaue oder tückische oder zornige Dämonen, Drachenkönige aus der Wasserwelt, Mondnymphen, die Seelen von Blumen und Bäumen, Wesen, die in Wein und Feuer hausen, der halbkörperliche Niederschlag eines Gedankens – sie alle kommen und leben in dramatischer Gestalt vor unseren Augen auf.

Solche Charaktere werden uns besonders nahegebracht durch die geschnitzten Masken. Geister, Frauen, der Typ des alten Mannes oder des Kaisers tragen Masken, die einfachen, noch lebenden Menschen nicht.[12] Für die über zweihundert erhal-

---

[12] Der Darsteller der Hauptrolle trägt immer eine Maske; der Darsteller der Tsure-Rolle nur dann, wenn er einen der oben genannten Typen zu verkörpern hat. [D. Ü.]

tenen Spiele sind vielleicht insgesamt fünfzig verschiedene Masken gedacht. Diese Vielfalt übertrifft bei weitem die Typen der griechischen Tragödie. Durch einen großen Schauspieler bekommt die Maske ein ungeheuerliches Leben. Er versetzt sich so nachhaltig in sie hinein, daß die Maske selbst zu leben und ein vielfältiges Mienenspiel aufzuweisen scheint. Die Kostüme sind nicht ganz so bis ins Einzelne individualisiert. Für die Rollen der Helden, besonders wenn diese als Geister erscheinen, sind sie überaus kostbar, von starrendem Goldbrokat und flaumzarter Florettseide, oder von wertvoller chinesischer Knüpfarbeit.

Zu Zeiten des Tokugawa-Shōgunats [1602–1868] besaß jeder reiche Daimyō seine eigene Nō-Bühne und eine vollständige Sammlung von Requisiten dazu, insbesondere von Masken und Gewändern.

Wunderbar der Tanz! Er besteht aus einer Folge herrlicher Stellungen und spielt unserem Auge einen reichen gestischen Duktus auf. Die Ärmel vor allem werden dabei in Bewegung gesetzt, hin und her geschleudert oder über den Kopf erhoben. Eine große Rolle spielt auch der Fächer, er dient als Trinkschale, als Schreibpapier, als Feder, als Schwert und noch für ein Dutzend anderer Requisiten.

Die Ausbildung der Darsteller wird vom Sittlichen her bestimmt. Es ist ihm anerzogen, seinen Beruf hochzuhalten und seine Ausübung als eine fromme Handlung zu begehen, wenn er auf der Bühne einen Helden darstellt. Er gibt sein eigenes Wesen auf, und die Rolle ergreift von ihm Besitz. Er spielt, als sei er ein Gott, und nach der Aufführung ist er meist völlig erschöpft.

IV

In dem Spiel DŌJŌJI liebt ein Mädchen einen Pilger, der vor ihr flieht und sich in einem Tempel versteckt. Die große bronzene Tempelglocke wird über ihn herabgesenkt. Das Mädchen, das ihm in rasender Leidenschaft gefolgt ist, hat sich, indem es den Hitaka-Fluß durchschwamm, in eine Drachenschlange verwandelt. Sie findet die Glocke, verbeißt sich in die tragende Krone, windet sich siebenmal um die Glocke, speit Flammen und peitscht die Bronze mit ihrem Schweif. Die Bronze schmilzt unter ihr fort und der Mönch, den sie liebt, stirbt in der metallenen Glut.[13]

In dem Spiel KUMASAKA kämpft der Kriegerknabe Ushiwaka in der Dunkelheit gegen eine Bande von fünfzehn riesigen Räubern. Die einzelnen Räuber kämpfen auch gegeneinander. Einer nach dem anderen und paarweise werden sie getötet. Auf dem Höhepunkt tanzen sie alle, einer gegen den anderen kämpfend, über Bühne und Steg. Die Nō-Fechtkünste mit Speer und Schwert nehmen sich ganz herrlich aus. Und erst wie die Fechter fallen! Da stehen zwei Räuber, die einander

---

13] Das ist der Kern der Handlung, den das Nō-Spiel in den Zusammenhang einer Glockenweihe eingebaut hat. Es beginnt damit, daß der Hauptpriester dem Tempeldiener bei einer Glockenweihe im Dōjōji-Tempel befiehlt, keine Frau hereinzulassen. Aber ein schönes Tanzmädchen kommt und bittet den Tempeldiener, bei der Zeremonie tanzen zu dürfen. Der Tempeldiener läßt sie ein – weil sie so schön ist – und das Mädchen tanzt und singt ein fröhliches Lied dabei. Die Männer, die zur Wache ausgestellt sind, schlafen von ihrem Singen ein. Während die Männer schlafen, geht sie zur Glocke, hebt sie auf und schlüpft darunter. Als die Glocke wieder auf den Boden trifft, wachen die Männer von dem Klang auf. Sie sind erstaunt, als sie merken, daß sich die Glocke glühheiß anfaßt. Sie berichten dem Hauptpriester, was geschehen ist und der sagt, er habe so etwas befürchtet und erzählt in der zweiten Szene die Legende der Glocke. Einst lebte in der Gegend ein Mann mit seiner kleinen Tochter, bei dem alljährlich ein Pilger einkehrte. Der Vater sagte seiner Tochter im Scherz, der Gast würde eines Tages ihr Gatte werden. Das Mädchen nahm das ernst, und als es aufwuchs, verliebte es sich mehr und mehr in den Mönch, bis es ihm eines Tages seine Liebe entdeckt. Der Mönch erschrickt und sucht sein Heil in der Flucht – allein die Glocke, unter der er sich verbarg, wird sein Tod. Der Priester des Tempels sagt, die Frau müsse der Geist des verliebten Mädchens gewesen sein. Er und die anderen Priester beten vor der Glocke. Die Glocke fängt zu schwanken an und die Frau in Form einer Schlange kommt darunter hervor. Sie tanzt in Raserei, während die Priester beten, bis sie endlich durch ihre Gebete Frieden findet. [D. Ü.]

mit gleichzeitig geführten Hieben getötet haben, noch für einen Augenblick einander aufgerichtet gegenüber, ehe sie langsam hintenüber fallen, voneinander fort, steif wie Bretter, die Bühne im selben Augenblick mit Kopf und Hacken berührend.

In IKUTA-ATSUMORI,[14] dessen Stoff dem epischen Zyklus von den Yoritomo entnommen wurde, geht es um die Wiederkunft Atsumoris als Geist. Atsumori war ein junger Edelmann aus der Sippe der Heike, der in einer der von Yoshitsune entschiedenen Schlachten den Tod fand.

Der Mönch, der zu Anfang auftritt, erzählt die Geschichte so: «Ich bin ein Mönch aus dem Gefolge Hōnen Schōnins vom Tempel Kurodani.[15] Und der Knabe dort ist das Kind Atsu-

---

14] Drei Nō-Spiele kreisen im besonderen um das Ende des Geschlechts der Taira: ATSUMORI, IKUTA [das in vielen japanischen Quellen IKUTA-ATSUMORI genannt wird] und TSUNEMASA. Atsumori und Tsunemasa waren Brüder: Söhne des Tsunemori, Neffen des berühmten Kiyomori, des Hauptes der Taira, der 1181 fiel. Die Taira, die in den Nō-Spielen stets Heike genannt sind, lagen lange Zeit mit dem Geschlecht der Minamoto [in den Nō-Spielen: die Genji] in erbittertem Streit um das Amt des Shōguns. Die Minamoto sollten siegen; eine ihrer führenden Gestalten ist Yoshitsune [der als Knabe Ushiwaka hieß und als solcher den Räuber Kumasaka bezwang]. 1183 mußten die Tairas [Heikes] aus Kyōto, ihrer Residenzstadt, fliehen. An der Küste von Suma fanden sie unter dem Schutz ihrer Flotte Zuflucht. 1184 wurden sie von den Minamoto [Genji] in der Schlacht von Ichi-no-tani, nahe den Wäldern von Ikuta, geschlagen. In dieser Schlacht fielen sowohl Atsumori als auch Tsunemasa. Im Nō-Spiel ATSUMORI ist der große Schlachtenkämpfer Kumagai, der den jugendlichen Atsumori besiegt hat, als Mönch unterwegs, um für den von seiner Hand Gefallenen zu beten. In Gedanken versunken kommt er auf das alte Schlachtfeld; da hört er Flötenklang, zwei Schnitter gehen vorbei. Der eine von ihnen gibt sich schließlich als Geist des Atsumori zu erkennen; die Bambusflöte ist sein Attribut, den ganzen letzten Abend vor der Schlacht hatte er sie gespielt. In IKUTA-ATSUMORI ist es nicht der ruhelose Geist des Erschlagenen, der ihn sucht, sondern der junge nachgeborene Sohn Atsumoris. – Die Zeit der Taira-Minamoto-Kämpfe bildet den Hintergrund auch anderer Nō-Spiele, z. B. von KAGEKIYO und KIYOTSUNE. [D. Ü.]

15] Hōnen-Schōnin, berühmter Prediger, starb 1212. [D. Ü.]

moris, der in der Schlacht von Ichi-no-tani gefallen ist. Einmal, als Hōnen Shōnin zum Kamo-Schreine wallte, fand er auf dem Rückweg einen kleinen Knaben in einem zerschlissenen Weidenkorb am Flußufer unter einer Föhre. Er empfand Mitleid mit dem Kinde, nahm es mit heim und zog es auf. Als der Knabe zehn Jahre alt geworden war und darüber klagte, er habe keine Eltern, sprach Hōnen Shōnin über den Fall zu den Leuten, die gekommen waren, ihn predigen zu hören. Da trat ein junges Weib vor und rief aufgeregt: ‚Das muß mein Kind sein!' Der Vater aber sei Taira no Atsumori gewesen ... Die Nachforschungen ergaben, daß es sich wirklich um das Kind Atsumoris handelte. Als der Knabe all dies hörte, wünschte er sich sehnlichst, seines Vaters ansichtig zu werden, und sei es auch nur im Traum. Auf den Rat Hōnens hat er nun sieben Tage lang vor dem Kamo-Schrein voll Inbrunst darum gebetet, daß ihm sein Wunsch erfüllt werde. Heute läuft die Frist ab, die er gelobt hatte, dort zu beten, deshalb geleite ich den Knaben noch einmal nach Kamo zum letzten dieser Gebete. Hier sind wir nun in Kamo. Nun, Junge, bete gut!»

Während seines Gebetes vernimmt der Knabe halbträumend eine Stimme, die ihm befiehlt, zum Walde von Ikuta zu gehn, und dorthin ziehen nunmehr der Mönch und der Knabe. Bei der Ankunft bleiben sie gebannt von der Schönheit des Ortes stehen, bis die Nacht sie überrascht. «Schau, Junge, die Sonne ist untergegangen! Was ist das – ein Licht drüben? Vielleicht ist es ein Haus? Wir wollen gehn und uns dort niederlassen.» Eine Strohhütte ist im Zentrum der Bühne angedeutet. Der Vorhang davor wird aufgezogen und enthüllt die Gestalt eines sehr jungen Kriegers mit der Maske und in einem Gewand von blau-weiß-goldnem Stoff. Er spricht zu sich:
«Eitel und hohl sind die fünf Besitztümer des Menschen.[16] Warum lieben wir dies hinfällige Ding – den Körper? Die Seele, die da wohnt in ihrer Pein, flattert darin wie eine Fledermaus unterm Mond. Der arme ratlose Geist, der seinen Leib verlor, pfeift im Herbstwind.»

16] Schönheit, Wahrnehmungskraft, Wissen, Empfinden, Bewußtheit. [D. Ü.]

Sie halten ihn für einen lebendigen Menschen, er aber sagt ihnen, daß er nur eine halbe Stunde Urlaub von der Hölle erhalten hat und gibt sich als Atsumori zu erkennen. Nachdenklich blickt er auf den Knaben, der ihn anzufassen begehrt und ruft: «Mein Blütenkind, zurückgelassen in der Welt gleich einer Lieblings-Nelke, wie jammervoll, dich zu sehen in solchen schwarzen Ärmeln!»
Dann tanzt der Geist einen melancholischen Tanz, indes der Chor den kriegerischen Schauplatz seines frühen Todes beschreibt. «Aufeinanderprallend wie zwei Wolken wurden sie zerstreut in einem Wirbelsturm!» Plötzlich hält er inne, blickt über die Bühne hinweg und stampft mit dem Fuß, aufschreiend:
Wer ist dort drüben? Ein Bote der Hölle?
– Ja, was zögerst du so lange! König Enma zürnt!
Wolken ziehen auf, die Erde bebt von Waffenlärm und Atsumori wird gezwungen, in einem furchtbaren, mystischen Tanz mit seinem Speer gegen die Dämonen zu fechten. Dies ist ein Traumbild seiner Marter, das auf die Erde verlegt ist. Erschöpft und blutend sinkt er nieder: «O welche Schmach, daß mich mein eigenes Kind so sehen mußte!» So schwindet er aus der Umklammerung des weinenden Knaben. Wie der Tau der Frühe ist die Gestalt vergangen. Ein neuer Tag dämmert.
Zu den eigenartigsten, zart-poetischen Stücken gehört NISHIKIGI, wo Held und Heldin die Geister zweier Liebender sind, die hundert Jahre zurück starben, ohne geheiratet zu haben. Im Laufe des Stücks finden sich ihre Geister in der Nähe eines Grabes in einem Hügel vereinigt, wo beider Leiber bestattet wurden. Diese geisterhafte Vereinigung ist durch die Frömmigkeit eines Priesters zustande gekommen. Handlung, Worte und Musik bleiben vage und spukhafte Schemen. Der Verehrer hatte als junger Mann Monate hindurch Nacht für Nacht vor der Tür des Mädchens gewartet, aber sie hatte sich aus Kindlichkeit oder Koketterie geweigert, ihn anzuhören. Da starb er aus Verzweiflung. Sie aber bereute ihre Grausamkeit und starb gleichfalls.
Das Stück beginnt mit dem Auftritt des wandernden Priesters,

der zum alten Dorf Kefu im fernen Norden der Insel gelangt ist. Er begegnet den Geistern der beiden Liebenden in den Gewändern ihrer Zeit. Erst hält er sie für Leute aus der Stadt. Er scheint ihre eigenartige Kleidung nicht zu bemerken oder hält sie für eine besondere Tracht. Er hörte die Stimmen der beiden Geister, die nur vor sich hin zu sprechen scheinen, jeder für sich:

Wir sind ineinander verstrickt –
wessen Schuld war's denn, Lieb –?
Ineinander verstrickt wie die Grasmuster
sich verschlingen auf diesem leichten Stoff,
wie die Stimmen der kleinen Grillen,
die du hörst aus Knäueln von trockenem Seetang.
Wir wissen nicht mehr,
wohin unsere Tränen versickert sind
im Gestrüpp dieser ewigen Wirrnis.
Wir schlafen nicht und sind nicht wach,
unsere Nächte schleichen dahin in Weh,
und auch das ist am Ende nur Wahn ...
Was sagen uns da die Bilder des Frühlings?
Noch im Schlaf an jemand zu denken,
der keinen Gedanken an dich hat,
ist das denn mehr als ein Traum?
Und dennoch ist's die Art
in der wir alle lieben.
Unsere Herzen sind schwer,
wie unsere Körper leicht sind,
und wir vermögen gar nichts mehr,
nur die Wasser jenes Stromes schwellen wir an,
der ein Strom unserer Tränen ist.

Dann sagt der Priester: Es ist merkwürdig, diese Stadtleute hier zu sehen. Sie scheinen Eheleute zu sein, und was die Frau mühsam trägt, muß wohl ein Tuch sein, aus Vogelfedern gewoben. Und der Mann hält ein rotbemaltes Schwert in der Hand. In der Tat sind es keine gewöhnlichen Dinge. Nach und nach erzählen die beiden ihm die Geschichte. Zuerst sagen sie nicht, daß es ihre eigene Geschichte ist. Zwei junge Menschen lebten einst in Kefu, und der junge Mann hatte dem Mädchen Nishikigi dargebracht, Brokathölzer, die karmesinroten Beweise seiner Liebe, Nacht für Nacht, drei Jahre lang. Das Mädchen hatte nicht darauf geachtet, sie war in ihrem Hause geblieben, hatte vor dem Webstuhl gesessen und Hosonuno, die schmale Tuchbahn, gewebt. Der Mann, so geht die Geschichte, wurde in einer Höhle der Gegend begraben und alle seine Brokathölzer mit ihm. Der Priester meint, das gäbe nun eine gute Geschichte, die er daheim erzählen könne. Er sagt, er möchte noch das Grab sehen; die beiden erbieten sich, ihn hinzuführen. Der Chor singt:

Da gehen sie beide, ein Paar,
vor dem Priester einher.
Den lieben langen Tag haben wir
bis zur Abendstunde
das hohe Gras beiseite gebogen
auf dem überwachsenen Pfad bei Kefu,
und kamen doch nicht zur Höhle.
Ihr dort, die Ihr das Gras mäht auf den Hängen,
wo ist der rechte Weg?
«Ihr fragtet wohl auch nach dem Tau,
wenn der Rauhreif schon liegt auf der Straße.
Wer ließe sich ein auf derlei Fragen?» –
Doch seid gewiß, wir werden zur Höhle finden.

Darauf der Geist des Mannes: Uns faßt ein Frösteln, wie kalt der Herbst! Die Nacht bricht herein ... – Der Chor setzt fort:

Und es stürmt. Die Bäume geben das Laub auf,
geschüttelt von plötzlichen Schauern.
Herbst! Unsere Schuhe sind durchnäßt
von den taufeuchten dichten Laubhaufen.
Die Berge werfen den ewigen Schatten.
Die Eule ruft aus dem Efeu,
das schwer an den Föhren hängt.

Versteckt unter Orchideen und Chrysanthemen
ist nun der heimliche Fuchs Herr der Liebeshöhle,
die leuchtet in den Farben der Ahornblätter,
brokat – in Gold und Braun.
Seht! Das Paar geht ein in die Höhle!
Es ist verschwunden im Liebesgras.

Nach einer Pause, in der die beiden Geister die Kostüme wechseln, beginnt der zweite Auftritt. Der Priester kann im Frost nicht einschlafen und beschließt, die Nacht lieber im Gebet zu verbringen. Die beiden Geister, die in Masken erscheinen, wollen dem Priester in mystisch-dunkler Sprache, die er nicht hört, für sein Gebet danken. Sie erklären, daß durch seine fromme Anteilnahme ihre Liebessehnsucht Erfüllung gefunden hat, daß ihr Wünschen Wirklichkeit geworden ist – wenn auch nur im Traum. Darauf der Priester:

Wie seltsam! Was erst eine modrige Höhle zu sein schien,
glitzert und flimmert im Innern
wie flackerndes Feuer
und nimmt sich aus wie eine bewohnte Stätte.
Einen Webstuhl stellen sie auf
und schichten Brokathölzer zuhauf.
Ists eine Täuschung?

Dann folgt ein wundervoller Wechselgesang zwischen Mann und Frau und Chor, in dem der Klang des Webens mit dem Zirpen der Grillen verglichen wird. In einer Vision zeigt sich leibhaftig die Vergangenheit. Der Chor singt:

Aber das salzige Wasser der Tränen
hat eine helle Knospe getrieben
aus dem buntbemalten Holz der Liebe.
So möge er mir vergönnt sein,
dieser Blick ins verborgene Brautgemach!

Der Mann sagt: «Wir kommen zusammen und leeren den Kelch.» Der Chor aber singt das Schlußlied:

Wie Schneeflocken wirbeln die Ärmel im Tanz.
Seht! Das Frührot kommt
und wir gehören nimmer hierher,
laßt uns gehn, eh das Licht heraufsteigt.

Und wie ein Traum, der abreißt, zerreißt die schmale Tuchbahn vom Webstuhl, zerbricht das Brokatholz. Der ganze Platz hat sich wieder in ein verlassenes Hügelgrab verwandelt. Kalt wehen die Morgenwinde durch die Föhren.
Ernest Fenollosa [um 1906]

NISHIKIGI
[*Die Brokat-Hölzer*]
Von Seami Motokiyo

Personen:
Shite: Geist des Freiers
Tsure: Geist der Frau
Waki: ein Priester
Chor

Inhalt:
Nishikigi sind brokatbunt gefärbte Holzstäbe, die der werbende Mann nach altem japanischem Volksbrauch als «Braut-Maie», als Zeichen seiner Zuneigung, vor die Tür des angebeteten Mädchens legt. Nimmt sie das meist reichverzierte, ellenlange Brokat-Holz ins Haus, so bedeutet das, daß sie mit einem Stelldichein einverstanden ist und den Mann erhören will. Läßt sie den Stab aber draußen liegen, so kann es sein, daß sie von diesem Mann nichts wissen will, aber auch, daß sie seine Liebe nur auf die Probe stellen möchte; und der Mann muß Abend für Abend wiederkommen und einen Holzstab vor ihre Tür legen, bis dort hundert oder mehr Stäbe liegen, um die Ernsthaftigkeit seiner Absichten zu beweisen. Im Nō-Spiel NISHIKIGI *ist dieses Motiv der Brautwerbung – wie schon im populären «Ärmeltaschenbüchlein» – mit einem anderen verbunden, mit dem von Hosonuno, dem ‚Schmaltuch‘. Aus der Provinz Michinoku kommt ein feingewobenes Tuch von besonders schmaler Bahn und eigenartiger Stoffmusterung von aufgepreßten wilden Gräsern, das ‚Schmaltuch‘ genannt wird. Auch der Name des Ortes Kefu – wo die Frauen dieses Tuch weben – bedeutet ‚Schmaltuch‘. Das Ärmeltaschenbüchlein zitiert zu Hosonuno dieses Volksliedchen:*

Wie das Schmaltuch-Gewand von Michinoku
nicht über der Brust zusammengeht,
so werde ich von unerfüllbarer Leidenschaft gequält.

So steht Hosonuno sinnbildlich für die Liebesqual eines Menschen,

der Unerreichbares will. Einem wandernden Priester begegnen Mann und Frau, die Nishikigi und Hosonuno zu Markt tragen; sie klären ihn über die Bedeutung dieser Dinge auf und führen ihn zur ‚Brokat-Höhle', wo sie verschwinden. Im Traum erscheinen sie ihm in ihrer wahren Gestalt; er erfährt ihre Geschichte, hört vom langen vergeblichen Werben des Mannes und träumt, daß sie in der tausendsten Nacht schließlich durch die Gnade Buddhas vereint werden. Im kalten Morgen erwacht der Priester. [D. Ü.]
Das Stück spielt bei Kefu in der Provinz Michinoku.

Erste Szene

PRIESTER
Noch niemand hat vom Berg Shinobu gehört, den nicht die Sehnsucht gepackt hätte, ihn zu sehen. So wandre ich hier dahin auf diesem vielbegangenen Weg, einer der Priester, die unterwegs sind, um wenigstens etwas von jedem Landstrich zu erfahren.
Ich habe mich noch nie im Osten umgetan, doch nun steht mir der Sinn so weit zu gehen wie die Erde geht, und warum sollte ich nicht soweit gelangen? Ich, der herumzieht und das Herz an keinen Platz hängt, so schön er auch sei, niemandem verpflichtet, und so wenig an irgend etwas geknüpft, wie's eine Wolke ist.
Es wird dunkel: die Nacht senkt ihr Fahnentuch auf mich herab. Ob ich hier wohl ans Meer gelange oder in das kleine Nest Kefu, das dicht daran liegt?
MANN
zur Frau
Seit Jahr und Tag bin ich nun hier und lege diese hellen Runenstäbe aneinander, dies seidenglatte Holz, auf das die Zeichen meiner Liebe so zart gemalt sind wie die Gräsermuster auf den Stoffen von Shinobu. Sie bieten sie noch immer feil in Kefu am Berghang unten.
MANN und FRAU
Wir sind ineinander verwoben,

wir sind ineinander verstrickt.
Wessen Schuld war's denn, Liebste?
Ineinander verwoben wie die Grasmuster
sich verschlingen auf diesem leichten Stoff,
wie die Stimmen der kleinen Grillen,
die du hörst aus Knäueln von trockenem Seetang.
Wir wissen nicht mehr,
wohin unsere Tränen versickert sind
im Gestrüpp dieser ewigen Wirrnis.
Wir schlafen nicht und sind nicht wach,
unsere Nächte schleichen dahin in Weh,
und auch das ist am Ende nur Wahn ...
Was sagen uns da die Bilder des Frühlings?
Noch im Schlaf an jemanden denken,
der keinen Gedanken für dich hat,
ist das denn mehr als ein Traum?
Und dennoch ist's die Art,
in der wir alle lieben.
Unsere Herzen sind schwer,
wie unsere Körper leicht sind,
und wir vermögen gar nichts mehr,
nur die Wasser jenes Stromes schwellen wir an,
der ein Strom unserer Tränen ist.
CHOR
Schmal kommt die Stoffbahn vom Webstuhl,
aber wild der Sturzbach vom Berg,
er schäumt zwischen den Liebenden,
zwischen Mädchen und Mann.
Das Tuch, das sie einstmals gewebt,
ist lange verschlissen,
die tausendste Nacht
wurde vergeblich durchwacht,
auch sie hat keine Erfüllung gebracht.
PRIESTER
erkennt nicht die wahre Natur der Sprecher
Seltsam, hier Stadtleute zu finden!
Sie sehn aus wie Mann und Frau,

und die Frau scheint etwas zu halten,
das aussieht wie ein Stoff,
der aus lauter Federn gewirkt ist,
und er hält einen hölzernen Stab,
ein lackiertes Szepter, verziert mit Zeichen.
Fremd sind die Dinge da!
Wie mag man sie wohl nennen?
FRAU
Dies ist die schmale Stoffbahn, ‚Hosonuno' genannt,
nur grad so breit wie der Brustbaum am Webstuhl.
MANN
Und dies ist weiter nichts als ein bemaltes Holz,
doch ist dieser Ort berühmt
durch eben diese Dinge.
Möchtet Ihr sie wohl von uns kaufen?
PRIESTER
Wohl weiß ich, daß die Web- und Lackarbeiten dieses Ortes berühmt sind. Oft hörte ich von ihren Vorzügen – und doch wundert es mich, daß sie in so hohem Rufe stehn.
FRAU
Nun, das heiß ich eine Ernüchterung! Da nennt man landein, landaus den Holzstab ‚Nishikigi' und den Stoff ‚Hosonuno' – und Ihr kommt des Weges und wollt noch nie gehört haben, warum sie so heißen, und nie ihre Geschichte? Ist es zu glauben?
MANN
Ach, mir kommt's verständlich vor. Wie kann man erwarten, daß die Menschen etwas von derlei Dingen wissen, da sie kaum mit den eigenen mitkommen?
MANN und FRAU
zum Priester
Ihr seht aus wie einer, der sich von der Welt abgewandt hat – da mag es wohl sein, daß ihr nichts wißt von der Macht der Liebeshölzer und der Gespinste, auf denen die Zeichen der Liebe gemalt, die mit den Malen der Liebe gezeichnet.
PRIESTER
Das ist eine gute Antwort! Und Ihr wollt damit sagen, daß

Nishikigi und Hosonuno Namen sind, die mit Liebe zusammenhängen?
MANN
Es sind Namen im Buch der Liebe.
Jeden Tag, bis das Jahr,
bis drei volle Jahre um sind,
muß man die Runenstäbe auslegen,
solang, bis das Tausend erreicht ist.
Und die Lieder singen davon,
heute und künftighin.
FRAU
Es sind Namen, die sprichwörtlich sind.
Weil der Stoff Hosonuno in schmalen Bahnen liegt,
weil er schmäler ist als die Brüste der Weberin,
nennt man mit diesem Namen eine Frau,
an deren Brüste kein Mann gelangt.
Es ist ein Name in den Annalen der Liebe.
MANN
Es ist ein trauriger Name,
traurig, sich daran zu erinnern.
FRAU
Tausend Brokat-Hölzer bewirkten nichts.
Ein trauriger Name aus einer traurigen Mär.
MANN
Flugsamen des Ahorns ...
Der Samen verkümmert.
Wir fanden nie zueinander.
FRAU
Laß ihn die Sage zu Ende hören,
daß er sich's zusammenreimt.
CHOR
Und sie vergessen es, sie vergessen.
Die Brokat-Hölzer werden nicht mehr dargebracht,
dahin ist dieser Brauch.
Das schmale Tuch von Kefu
schließt sich nicht über der Brust.
So geht die Sage

von Hosonuno und Nishikigi,
so geht die Mär:
als Gespenster gehn sie hier um,
die ein Gespinst war'n, dessen Fäden
niemals ineinandergriffen.
Sie konnten zusammen nicht kommen,
nicht bis zu dieser Stund.
Wohl ward hier zuschanden die Liebe,
eine Mär, den Göttern zur Schande!
Namen der Liebe,
noch eine kleine Weile gebannt,
nur solang die Beschwörung noch Macht hat,
eine Beschwörung, so hinfällig
wie das Zueinanderstecken
der Schuppen von Tannenzapfen,
über die man bei Sonnenuntergang
einen Wunsch sprechen darf ...
wir kehren heim, heim in unsere Behausung ...
Die untergegangene Sonne
läßt ein paar Schatten zurück.

PRIESTER

Fahrt fort, bringt Eure Geschichte zu Ende.

MANN

Es gibt hierzuland einen alten Brauch. Wir fertigen Stäbe an und schmücken sie mit Runen der Liebesbeschwörung. Suchen wir uns ein Mädchen zu gewinnen, so legen wir diese Stäbe vor ihre Schwelle.

FRAU

Und wir Frauen heben den Runenstab des Mannes auf, mit dem wir uns treffen wollen, und lassen die anderen liegen, auch wenn ein Mann hundert Nächte hindurch kommt, oder drei Jahre lang, durch tausend Nächte, bis hier tausend Stäbe lägen im Schatten der Berge. Wir kennen die Grabhöhle eines solchen Mannes, eines, der tausend Nächte durchwacht hat. Eine Höhle ists voll bunter Farben, denn man hat ihn mit all seinen tausend Brokat-Hölzern begraben. Sie wird die ‚Höhle der Liebesbeschwörung' genannt.

PRIESTER
Ich möchte diese Höhle der Liebe besuchen,
das gibt eine Geschichte für mein Heimatdorf.
Wollt Ihr mir den Weg dorthin zeigen?
MANN
Wohlan – ich will Euch den Pfad weisen.
FRAU
Sag ihm, er soll hier entlang kommen.
MANN und FRAU
Da gehen sie beide, ein Paar,
vor dem Priester einher.
CHOR
Den lieben langen Tag haben wir
bis zur Abendstunde
das hohe Gras beiseite gebogen
auf dem überwachsenen Pfade bei Kefu,
und kamen doch nicht zur Höhle.
Ihr dort, die Ihr das Gras mäht auf den Hängen,
wo ist der rechte Weg?
«Ihr fragtet wohl auch nach dem Tau,
wenn der Rauhreif schon liegt auf der Straße.
Wer ließe sich ein auf derlei Fragen?» –
Doch seid gewiß, wir werden zur Höhle finden.
MANN
Uns faßt ein Frösteln, wie kalt ist der Herbst!
Die Nacht bricht herein ...
CHOR
Und es stürmt. Die Bäume geben das Laub auf,
geschüttelt von plötzlichen Schauern.
Herbst! Unsere Schuhe sind durchnäßt
von den taufeuchten dichten Laubhaufen.
Die Berge werfen den ewigen Schatten.
Die Eule ruft aus dem Efeu,
das schwer an den Föhren hängt.
Versteckt unter Orchideen und Chrysanthemen
ist nun der heimliche Fuchs Herr der Liebeshöhle,
die leuchtet in den Farben der Ahornblätter,

brokat – in Gold und Braun.
Dies ließen sie uns zu sagen, denn –
Seht! Das Paar geht ein in die Höhle!
Zeichen für den Abgang von Mann und Frau

Zweite Szene

Der Priester nimmt die Haltung des Schlafs ein. Sein andächtiger Besuch der Höhle beginnt sich auszuwirken.
PRIESTER
ruhlos
Es scheint, ich soll heut nicht schlafen,
nicht einmal so lang wie die Augsprossen eines jungen Rehbocks.
Unter dem Oktoberwind, unter den Kiefern, unter der Nacht!
So will ich denn meditieren ...
Er verrichtet die Gesten eines Rituals
FRAU
Ehre sei Euch, mein Vater!
Ihr taucht nicht zweimal in den Fluß,
nicht zweimal in desselben Baumes Schatten
ohne hinüberzuwirken auf andere.
Hört, ich sage was wahr ist.
Wir sind einander begegnet,
die wir getrennt waren von Anbeginn
bis ans Ende unserer Zeit und noch darüber hinaus,
wir sind einander begegnet.
Eine Brücke, geträumt über das wilde Gras,
über das Gras, da ich wohne.
Dank sei und Ehre dir! Weckt mich nie wieder auf!
Ich sehe, die Zeit ist erfüllt.
MANN
gilt als unsichtbar
Es war ein gutes Werk, das Ihr an uns getan, Herr!
Ein Werk, das ausstrahlt hin in beide Welten
und ausheilt eine unvordenklich alte Liebe,

die sich verzehrte zwischen hier und dort.
Tausend Tage und Nächte hab ich durchwacht.
Zu hoher Ehre wird es Euch angerechnet,
denn dies Zusammenkommen untersteht einem harten Gesetz.
Und nun will ich mich zeigen als Nishikigi,
will mich zeigen in meiner wahren Gestalt.
CHOR
Die drei Jahre sind vorbei und vergangen,
sie sind eine Geschichte, die ruht.
MANN
Zu träumen, im Traum kehren wir wieder.
Drei Jahre ... und das Stelldichein heut!
Einmal ums andere trat diese Nacht ein,
doch nur dies eine Mal finden wir zueinander.
CHOR
Dorthin schaut, auf die Höhle
unter den Ahornstämmen.
Aus dem Schatten der Liebesgräser
seht sie heraufkommen und erscheinen,
einen Augenblick lang ... die Schemen!
MANN
Im Schoße der Hölle
trennt man nicht Fürst von Bettler.
Verdammt ist verdammt, geht das Sprichwort.
PRIESTER
Seltsam – was erst eine modrige Höhle zu sein schien,
glitzert und flimmert im Innern
wie flackerndes Feuer
und nimmt sich aus wie eine bewohnte Stätte.
Einen Webstuhl stellen sie auf
und schichten die Brokat-Hölzer zuhauf.
Uralt die Wandteppiche da.
Ists Wahn? Ists Täuschung?
FRAU
Unsere Herzen wurden umwölkt vom fallenden Schnee,
im Treiben gingen wir irr.
Ihr mögt es besser wissen als wir

wieviel von alledem Wahn ist,
Ihr, die Ihr auf Erden seid.
Uns trieb es durch die Mühlen des Schnees,
wo das Erdendasein verfliegt.

MANN

Narihira, der mit den Jahren dahinging,
sagte in alten Tagen:
«Nur einer, der fest in der Welt ist,
versteht wohl, was wirklich geschieht!»
Eure Sache ist es, Wanderer,
zu sagen, wieviel von alledem wahr ist.

PRIESTER

Soll es ein Traum sein, eine Vision,
oder was immer Ihr wollt: ich frag nicht danach.
Doch zeigt mir die verflogene Zeit,
die Zeit, begraben unter soviel Schnee.
Jetzt, gleich, solange die Nacht hält.

MANN

So seht hin – die alten Zeiten sind sichtbar,
blaß, wie der Schatten des Grashalms sich zeigt,
in den Gräsern, aus denen er wächst.
Ihr habt nur den Mond, der Euch leuchtet.

FRAU

Die Frau tritt ein in die Höhle.
Sie stellt den Webstuhl auf,
um Hosonuno zu weben, den Stoff,
so dünn wie die Spinnwebfäden im Herbst ...

MANN

Der Freier aber klopft ans verriegelte Tor,
die Hand voll brokatener Hölzer ...

FRAU

In alter Zeit kam keine Antwort.
Kein Flüstern kam durch die Tür, nur –

MANN

– das leise Schackern des Webstuhls.

FRAU
Es klang lieblich wie das Zirpen der Grillen,
gedämpft wie die Stimme des Herbstes.
MANN
Nacht für Nacht konnt ichs hören.
FRAU
Kiri.
MANN
    Hatari.
FRAU
        Tscho.
MANN
        Tscho.
CHOR
das Zirpen der Grillen nachahmend
Kiri, hatari, tscho, tscho,
kiri, hatari, tscho, tscho.
Die Grille näht fort und fort ihr Kleid,
webt das Wiesengras mit ein ...
tscho, tschurr, ischo ... wie das Weberschiffchen schwirrt.
CHOR
Gegenstrophe
Das ist es ... sie weben so schmale Stoffe in Kefu,
mit dem Muster von Gräsern,
in Kefu, am Ende der Welt, dem Ort ohnegleichen.
MANN
Wahrlich, ein alter Brauch –
doch der Priester hier will die Vergangenheit sehen.
CHOR
Selbst der Fremde wirds eingestehen:
und wenn wir tausend und aberhundert Nächte lang
das Tuch, Hosonuno, webten
und die Brokat-Hölzer vor die Schwelle legten,
tät das unsere Sehnsucht nicht löschen,
nicht lösen, nicht stillen.
MANN
Bis zum heutigen Tag

ist das Versäumnis unserer Begegnung nicht vergessen,
es blieb bewahrt in den Liedern.
CHOR
Auf daß wir Gnade erlangen mögen,
selbst noch als Schatten.
Wir wollen Euch noch einmal erscheinen –
wir sind einander begegnet,
und sei es auch bloß ein Traum –
wollen Euch unsere Buße zeigen:
Erklärt die Bewegungen von Mann und Frau
Da trägt er seine Stäbe,
und sie wollte gar nicht umworben sein.
Seht sie dort in der Höhle,
Hört das Grillengezirp: sie webt!
Die Gräser und die Hecke, die zwischen ihnen stehn,
sind Zeichen ihrer Fremdheit.
Schon ist es Nacht geworden.
Erklärt die Gedanken des Mannes
Gedanken der Liebe sind in ihm hochgetürmt,
hoch wie die Stäbe,
hoch wie die Hölzer, einst bunt bemalt,
nun verblaßt zuhauf liegen in der Höhle.
Und er weiß, daß sie verblassen. Er sagt:
Da lieg ich, bloßer Körper,
wo kein Mensch von mir weiß,
im Moos begraben, ein morscher Ast.
Es wär wohl an der Zeit,
daß ich aufhörte, Gedanken der Liebe zu denken ...
Die Brokat-Hölzer verblassen und modern schon,
und dennoch hat das Gerücht unserer Liebe
Fuß gefaßt und geht um in der Welt.
Wir konnten zusammen nicht kommen.
Aber das salzige Wasser der Tränen
hat eine helle Knospe getrieben
aus dem buntbemalten Holz unserer Liebe.
MANN
Sagt mir: wie hätt ichs voraussehen,

wie hätt ichs wissen können, wie viele Tage, wie viele Nächte
dereinst auf ihrer Weblade liegen sollten?
CHOR
Hundert Nächte und länger geschlafen,
ohne wirklich zu schlafen,
verkrümmt und verkümmert geschlafen,
und nun macht man ein Lied darauf, eine Sage!
Nicht bloß ein Jahr oder zwei,
sondern bis die Tage zuhauf liegen,
wie der Sand sich schichtet bei Kefu.
Bis der Herbst alle Dinge rot färbt,
rot wie hier diese Hölzer,
blieben die tausend Nächte umsonst.
Ich steh mit ihnen auf dieser Seite des Tors,
du läßt mich nicht ein,
du zeigst dich nicht,
nicht, bis ich verblaßt bin
bis an die Ärmel meines Gewands ...
Sag, bei den Tränen, die mir wie Perlen
die Ärmel besticken:
warum läßt du mich niemals zu dir?
Wir sind alle verdammt, zu gehen
woher wir kamen:
du, meine Ärmel, die Tränen.
Und du wußtest es nicht einmal,
als die drei Jahre vorüber waren ...
Grausam warst du, grausam.
Die Runenstäbe ...
MANN
... brachte ich tausendmal:
damals, heute und allezeit.
CHOR
Soll er mir denn nimmer vergönnt sein,
dieser Blick ins verborgene Brautgemach,
in das nie eines Mannes Blick drang?
MANN
Freude zuletzt und ein glücklicher Stern:

nun kommt der Abend der Trauung.
Wir kommen zusammen
und leeren den Kelch.
CHOR
Wie Schneeflocken wirbeln
die Ärmel im Tanz!
MANN
Stellt Euch zum Tanz!
CHOR
Stellt Euch zum Tanz und spielt auf!
Dieser Tanz ist für Nishikigi!
MANN
Für die Abendspiele,
für die Webestühle.
CHOR
Für die Zeichen vom Liebsten zur Liebsten,
fürs Spiegeln von Becher zu Becher ...
Seht! Das Frührot kommt,
und wir gehören nimmer hierher,
laßt uns gehn, eh das Licht heraufsteigt!

zum Priester

Wir bitten Euch, wacht nicht auf!
Wir alle schwinden dahin,
die Liebeshölzer und dieser Stoff der Träume!
Nun verlaßt Ihr langsam den Schlaf,
überquert die Webkanten des Traums –
und das Nichts wartet schon auf Euch.
Ja, alles was Ihr saht, löst sich auf,
die Liebeszeichen und dieser Stoff der Träume.
Nichts ist hier als die Höhle im Morgendunst.
Nur der Wind des neuen Tags regt sich
in den Föhren. Ein wüster Ort,
unwirtlich, dunkel und leer.[7]

7] S. a. Anhang, S. 297.

KINUTA
[*Die Walktrommel*]
Von Seami Motokiyo

Personen:
Shite: Frau eines Landedelmannes
Zweiter Shite: Geist der Frau
Tsure: die Dienerin Yugiri
Waki: Landedelmann
Chor

Inhalt:
Der Waki, ein Landedelmann, hat lange in der Hauptstadt gesäumt. Schließlich sendet er die Tsure – seine Dienerin – mit einer Botschaft nach Hause zu seiner Frau. Die Dienerin macht sich auf den Weg. Sie gelangt zum Heim des Waki und spricht mit dem Shite, der Frau des Waki. Der Chor kommentiert ihr Gespräch. Dann stirbt die Frau. Der Chor singt ein Totenlied, und danach trifft der Gatte ein. Der Shite in seiner zweiten Gestalt – als Geist der Frau – erscheint und spricht, mit dem Chor abwechselnd, bis zum Ende des Spiels. Das Stück spielt in Ashiya in Kyushu.

Erste Szene

GATTE
Ich bin aus Ashiya in Kyushu, ein Mann wie viele. Nichts Besonderes ist an mir. Ich habe lange in der Hauptstadt gebummelt und wurde von vielerlei Geschäften festgehalten. Auf ein paar Tage bin ich gekommen, und drei Jahre hab ich nun schon vertrödelt! Jetzt bin ich in Sorge, mehr als in Sorge, wie es bei mir zu Haus stehen mag. Ich werde Yugiri heimschicken, meine Dienerin. Heda! Yugiri! Ich ängstige mich sehr und werde dich wieder aufs Land schicken. Du wirst nach Hause gehen und meiner Frau sagen, daß ich bis zum Ende des Jahres wieder bei ihr sein werde.

DIENERIN

Ich will gehen, Herr, und sagen, daß Ihr bis dann gewiß heimkommt.

Sie beginnt ihre Reise

Der Tag ist vorgeschritten, und ich, in meiner Reise-Kleidung, reise mit dem Tag ... Ich weiß nicht mehr die Nachtquartiere und nichts mehr von den Träumen unterwegs, ich weiß nicht mehr wie viele Träume jede Nacht sich unter meinem Kissen sammelten. Endlich gelange ich zu unserm Dorf – ich habe mich wirklich geeilt –, endlich bin ich nach Ashiya gekommen. Ich werd mich nun behutsam melden, denk ich: «Ist hier jemand im Haus? Dann sagt, daß Yugiri draußen wartet, die gerade aus der Stadt zurückgekommen ist.»

FRAU

Trübsal ist im Nest der Enten,
Trübsal ist im Pfuhl der Fische,
wenn der Wellengang sie trennt.
Die Flügel an Flügel liegen,
die Flosse an Flosse ruhen,
wer sagt, sie fürchten nicht die Trennung?
Doch wieviel mehr,
die sich geliebt als Mann und Frau,
wenn einer allein zurückbleibt.
So ging mein Mann.
Sind wir noch immer auf der gleichen Welt?
Armes Vergißmeinnicht,
ich vergeß mein Weinen nicht,
wenn ich den Regen auf dich rinnen hör.
Meine Tränen – ein stiller Regen,
du Himmel, der sich selten klärt!

DIENERIN

Sagt denen, die mich kennen: Yugiri ist wieder da.

FRAU

Was! Fiel da der Name Yugiri? *Zu den Dienstboten im Haus:* Ich brauche keinen von Euch! *Zu Yugiri:* Komm näher und tritt ein! Wie kommt's, Yugiri, daß du hier so fremd bist? Sei willkommen. Doch hab ich allen Grund zur Klage über dich.

Wenn du so lange ausbliebst – warum sandtest du keine Nachricht? Nicht einmal eine Botschaft in der Schrift des Windes, wie man sagt?

DIENERIN

Ich wäre wirklich gern gekommen, Frau, doch der gnädige Herr gab mir keinen Urlaub. Er hieß mich bei ihm bleiben in der altehrwürdigen Stadt, drei Jahre lang.

FRAU

Du sagst, es war dir herzlich leid, so lange in der Stadt zu bleiben? Dort, wo sie Blütenfeste feiern öfters im Jahr? Um wieviel ärmer war mein Leben auf dem Lande hier!

CHOR

Wie der Herbst zur Neige geht
rings ums ländliche Wohnhaus,
wie das Gras dahinwelkt und vergilbt,
wie das Augenlicht sich trübt
und matt wird,
so ist auch die Liebe erloschen.
An was soll sie morgen sich halten?
Ihr Gestern war ein Traum,
drei Jahre lang fiel Blatt für Blatt von ihm,
ließ nichts als diesen Schmerz zurück,
aus dem es kein Erwachen gibt.
Die alten Tage sind aufgezehrt
bis auf die Schatten der Erinnerung.
Gäb's keine Falschheit auf der Welt,
dann wüchs mehr Freude
aus dem Wort der Menschen ...
Ach, ihr törichtes Herz!
Wie töricht war ihr Vertrauen!

FRAU

Horch! Was mag das drüben sein, was da hallt? Sag mir, was ists?

DIENERIN

Frauen aus dem Dorf sind am Walken; sie walken ihre Stoffe zu Tuch.

FRAU

Nichts sonst? Da fällt mir eine alte Geschichte ein. In China lebte einmal ein Mann namens Sobu, der wurde gefangen gehalten in der fernen Mongolei. Er hatte Frau und Kind daheimgelassen. In den frostklaren Nächten lag seine Frau wach und dachte, daß er wohl frierend und schlaflos läge im nördlichen Land. Da stieg sie auf den Söller und walkte den Loden, um ihm eine Botschaft zu senden. Und die Sage sagt, daß das fernhin hämmernde Geräusch des aufgespannten Tuchs in seinen Schlaf drang, wie viele Meilen weit er auch entfernt sein mochte. Komm Yugiri! Wir spannen etwas Damast auf die Trommel. Vielleicht wird das mein krankes Herz ein wenig lindern.

Eine Walktrommel wird gebracht, auf die das Tuch gespannt ist.

DIENERIN

Walken ist harte Arbeit, hart sogar für die Armen, und Ihr, Frau, die Ihr von edler Art seid, wollt sie tun, nur um Euer Herz zu beschwichtigen! Laßt mich die Tücher für Euch richten, ich bin besser für solche Arbeit geschaffen.

FRAU

So walke mit mir! Walk all unsern Groll und Kummer in die Welt hinaus!

DIENERIN

Es ist rauher Loden, Herrin, den wir walken, kein Damast!

CHOR

Die Stimme der Föhren dringt ein ins Geweb!
Die Stimme der Föhren, die jetzt verhallt,
in der Nacht wird sie laut.
Es ist kalt.

FRAU

Es ist Herbst, und der unstäte Wind bringt kaum eine Kunde, der Frost kommt und bringt keine Botschaft.

CHOR

Benommenheit spricht aus der Nacht.

FRAU

Noch in einem weit entlegenen Dorf könnte man es hören ...

CHOR
Ob der Mond sie nicht anruft und fragt: «Wessen Nacht-Welt ist das?»
FRAU
O Mond, den man hier und anderswo sieht, wie viele Meilen von mir mag er schlafen. Sag mir, daß es überall Herbst ist!
CHOR
Das Schmälen der Ricke hat ihr Herz zur Trauer gestimmt,
es kommt auf dem Abendwind, den sie nicht sieht,
wir sehn nicht die Spitzen der Zweige, die er bewegt.
Das letzte Blatt fällt ohne Zeugen.
Ein Schauer. Und in den Schatten
schweigt auch der Mond,
sie verhüllen die Liebesgräser.
FRAU
Meine erblindete Seele fällt schwer –
als ein Vorhang,
den Tau überperlt.
CHOR
Welch eine Nacht, und sie breitet nur Leid aus,
welch eine verwunschene Stunde!
Die bespannte Walktrommel steht
droben auf der Terrasse des Hauses,
knisternd und knatternd
fegt der Nordwind darüber.
FRAU
Sie walken:
einmal wie wild
und dann wieder zögernd –
sind es die Leute unten im Dorf?
Der Mond verströmt sich über den Himmel des Westens.
CHOR
Der wandernde Sobu schläft im nördlichen Land,
und hier unter dem Himmel des Ostens
kommt der Herbstwind in Stößen von Westen.
Wind, fang den Puls auf,
den Takt des Walkens,

den sie inmitten der Nacht
in ihren Loden schlägt.
CHOR
Gegenstrophe
Wind, hüte den Takt vor den Föhren,
damit nicht das Rauschen der Wipfel
das Dröhnen des Tuchs überdeckt.
Wind, hüte den Takt vor dem Sturm,
der hinter dir herrast ...
Wind, nimm den Takt ihres Hämmerns auf,
das Walken der rauhen Tuche.
Nimm ihn und trag ihn zu ihrem Gemahl.
Mein Herz, das hämmert so hart,
er muß es hören.
Eile dich, Wind, daß du ihn
im Traume noch antriffst.
FRAU
Ach, wenn das Garn aufgefasert,
wer wird dann, über der zehrenden Zeit,
mich suchen kommen
in all den verfilzten Fäden?
Sollt er mich suchen,
so laßt ihn rufen in die Tiefen der Zeit.
Tuche werden durch Walken verwandelt,
und Liebe ist leicht wie ein Sommertuch.
Möge das Lebensgarn meines Gemahls so schwach und zerreißbar sein wie seine Liebe,
denn mein hämmerndes Herz läßt mich nicht schlafen
unter dem Mond!
Wenn ich nur Kräfte hätte,
den Loden weiter zu walken.
CHOR
Die Liebe eines Gottes zu einer Göttin
hält nur für den Pulsschlag einer einzigen Nacht,
wenn ihre Sternenbahnen kreuzen.
So dünn sind die Fäden des Schicksals.

Die Gezeiten des Himmels
haben die Zeiten der Blüte, unsere Hochzeit,
zertrennt mit ihrer Schere,
haben uns abgeschnitten voneinander
mit einem Meer von Tau:
Tränen sind auf dem Sommerblatt,
Tau liegt auf dem Ruder.
Welchen Kurs sie auch halten,
abgetrieben ihr Schiff, das über den Himmel zieht –
wird es die Ärmel der Götter bewegen?
Wie der zittrige Schatten des Schilfs
über den kräuselnden Wellen am Ufer!
O Schaum, sein Lebensgarn möge so schwach und zerreißbar sein
wie der Schatten im Wasser!

FRAU

Der siebente Tag des siebenten Monats geht nun zur Neige, und die Zeit der langen Nächte steht uns bevor. Ich möchte ihm die Traurigkeit der tausend hämmernden Takte ringsum schicken, die Farbe des Mondes und den bläulichen Hauch des Windes und sogar die kleinen Nadeln des Frostes, die im Schatten wachsen. Eine Zeit bricht herein, die das Herz erschauern macht; der Takt der Tuche tönt von den Walktrommeln; Stürme stehn auf in der Nacht, und ein Schrei ist im Sturm; der traurige Laut der Grillen mischt sich hinein und wird ein einziger klagender Ton, wenn der Tau fällt, eine flüsternde Klage, ‚hera, hera‘, die in alles, was schön ist, miteingewirkt ist ...

DIENERIN

Soeben ist ein Bote aus der Stadt angelangt. Er läßt sagen, unser Herr wird dies Jahr nicht mehr kommen können. Es scheint, als ob er aufgehalten –

CHOR

Das Herz, das nicht mehr weiter denken will, schlägt dumpfer. Der Geist wird trüb und wirr. Draußen auf dem kahlen Feld ist das Grillengezirp verstummt. Blank liegt der Blumenkelch dem Winde, ein Eises-Hauch weht das geöffnete Herz an, ein

Wehen wie Wahn, bis die Blütenblätter verstreut sind, bis der Blumenstengel nackt steht.
Die Frau stirbt. Der heimkehrende Mann tritt ein.

Zweite Szene

GATTE
O die Unglückliche! Wie mußte sie an mir verzweifeln, der ich drei Jahre in der Stadt gesäumt hab! Ihr Schmerz hat sie verzehrt und ihren Geist hinweggenommen. Hätt ich gewußt, da wir voneinander schieden, was diese Trennung für sie werden sollte! Was als Trennung auf kurze Zeit gedacht war, ist nun eine Trennung auf alle Zeit.
CHOR
spricht die Gedanken des Gatten aus
Tausendmal mag ich bereuen,
es ist zu spät.
Doch heißts, der zauberstarke Azusa-Bogen
vermag die Seele, die verschied,
heraufzurufen von den Toten.
Mag denn die Sehne sirren
an diesem Birkenreiser-Bogen,
und meine Reue tragen
ins Reich der Schatten.
Ich will die Tote rufen mit dem Bogen.
Oh, daß wir nur auf solche Weise
miteinander sprechen können!
GEIST DER FRAU
Aoi! Mein Leben verflog,
eh es zu blühen begann.
Die Blüten der Pflaumenbäume,
die man an mein Grab gepflanzt,
holen den Frühling herbei,
aber mir leuchten sie nicht mehr
im dunklen Strom der Unterwelt.

CHOR
Nur die Flamme, in der sie brennt,
mag ihr den Weg noch erhellen.
GEIST DER FRAU
Ins Land des wechsellosen Monds
und nicht zurück ins Licht der Pflaumenblüte
will ich gehn,
nur nicht zurück ins Reich des Wahns,
die Welt des Wünschens und Verwünschens!
Dort faßte mich die Leidenschaft,
dort die Begierde, die
bald brennend heiß, bald wieder kalt,
wie Rauch und Feuer stieg und fiel.
Dort wurde entfacht
die Flamme, in der hier ich brenne.
«Sich etwas wünschen» hieß der Funke
und «jemanden verwünschen» der Rauch.
Und was dich nun geißelt,
das ist dein brennendes Herz,
das immer noch schlägt.
O Herz, so tief verfilzt in allen Stoffen,
in deiner Todesqual
walkst du das Tuch nun in Reue.
Walkst es so lang, bis eitles Verlangen
erlischt: die Liebe und auch der Haß.
CHOR
Ach, falsches Trachten, falscher Lebensweg!
Tränen tränken das Tuch auf der Walktrommel,
heiße Tränen, die in Flammen verzischen.
Ihre Stimme erstickt,
ihre Ohren taub für den Takt der Trommeln,
taub für das Rauschen der Kiefern.
Nichts hört sie als das Prasseln der Strafe.
Aoi! Aoi!
Langsam wie Herden ziehn, rasch wie Rosse traben
holt Tod die Seelen ein
und bringt sie auf einen der sechs Pfade.

Gebunden ans ewige Rad,
entfliehen wir nicht dem Leben,
entfliehen wir nicht dem Tod.
Diese Frau sucht nun ihr Heil
in einer Welt ohne Atem und ohne Farben.
GEIST DER FRAU
Einmal noch zeig ich mich dir,
eh ich wieder hinabfahr in die Unterwelt,
doch nicht in Liebe komm ich zurück.
CHOR
Ihr Antlitz ist von Haß gezeichnet,
ist trüb von Leidenschaften, die sie litt.
Sie zeigt sich ihm als Geist
der falschen Bindung an die Welt des Wahns.
Auch wenn ihr Hoffen gehalten hätte
über Geschlechterfolgen hinweg
wäre sie nicht erlöst.
Wir schworen, unsere Liebe würd dauern.
Müßig sind die Worte der Menschen,
wie Schaum der Wellen am Strand.
Am Ende der Zeiten ragen nur die Kiefern von Matsuyama
unerschüttert über die Klippen.
GEIST DER FRAU
Du brachst deinen Schwur,
du hattest kein Herz.
Der böse Lügen-Vogel, die Krähe,
würde zögern, dich einen Menschen zu nennen.
CHOR
Die Bäume und Gräser kennen ihre Jahreszeit,
Pflanzen wissen von Sommer und Winter.
Die Vögel finden heim in ihr Nest,
die wilden Tiere sind nicht ohne Empfindung.
Sobu, gefangen fern in der Mongolei,
gab der ziehenden Wildente eine Botschaft mit,
sie ins südliche Land zu tragen,
über Meilen und Meilen,
so tief war die Strömung seines Herzens,

so wenig trieb seine Liebe ab.
Dein Herz aber schlief,
ob du wachtest, ob du träumtest,
hörtest du die Walktrommel nicht,
den Takt der Tuche, die ich schlug.
Dein Herz war nicht auf meins gestimmt.
Hassenswert warst du, und warum? warum?
Oh, hassenswert!
CHOR
Gegenstrophe
Sie spricht die Lotus-Sutra,
ihr Geist wird eingehn in Buddha.
Ihr Pfad ist nun erleuchtet.
Das Schlagen der Trommel wurde gehört,
weiter als sie gedacht.
Das Kelchblatt tut sich ihr auf,
und mit leichtem Fuß tritt sie ein
in das Kernhaus des Buddha.[8]

8] S. a. Anhang, S. 298.

HAGOROMO
[*Der Federmantel*]
Von Seami Motokiyo

Personen:
Shite: ein Tennin [Luft- oder Himmelsgeist, hier eine Mondnymphe]
Waki: Hakuryo, ein Fischer
Waki no tsure: zweiter Fischer
Chor

Inhalt:
Der Waki findet den Hagoromo, den sagenhaften Federmantel eines Tennin – eines Luftgeistes oder himmlischen ‚Tänzers' – an einen Föhrenast gehängt. Die Nymphe fordert ihn zurück. Der Waki zögert und macht Einwände. Schließlich verspricht er, ihn zurückzugeben, wenn sie ihm ihren Tanz oder wenigstens einige Figuren daraus zeigen wird. Sie nimmt dies Angebot an. Der Chor erklärt den Tanz als symbolische Darstellung der Phasen des Mondes im Wandel von Nacht zu Nacht. Die Wörter ‚drei, fünf und fünfzehn' beziehen sich auf die Zahl der abgelaufenen Nächte innerhalb der Mondbahn. Am Ende des Spiels soll die Nymphe verdämmern, wie die Umrisse eines Berges sich allmählich in den Wolken verlieren. Das Spiel zeigt die Verwandtschaft des frühen Nō zum Gott-Tanz. Das Stück spielt an der Bucht von Matsubara [Mio].

HAKURYO
Winddurchwühlte Wellen in der Bucht von Mio,
Boote vorm Wind, verweht die Rufe der Ruderer.
Hakuryo bin ich, ein Fischer, das Haupt meiner Sippe,
wohne hier, wo nur Kiefern wachsen,
am unberührten Küstenstrich von Mio.

ZWEITER FISCHER
Über die tausend Hügel türmt sich die Wolkenwand.
Regenblank tritt der Turm heraus im jähen Mondstrahl.
Wirklich eine saubere, hübsche Jahreszeit! Die durchsichtigen

Farben des Frühlings kommen wieder; unter dem Frühdunst steigen die schaumgeränderten Wellen in den Himmel; der Mond zögert am Horizont weit über seine Zeit, und mag nicht hinabgehn. Unsere Gaben reichen kaum hin, das zu begreifen und zu behalten. Solche Schönheit übertrifft unsern Sinn.

CHOR
Den Saumpfad von Kiyomi werd ich nicht vergessen,
noch das windzerzauste Gras dort unten an der Bucht,
die Weizenhalme nicht und nicht den Kiefernstrich
von Nio, den man weithin vor sich liegen sieht.
Wir wollen nun hinabgehn, wie wir es immer tun. Nehmt Euch an den Händen, denn der Sturm geht stark, Wolken und Wasser treibt er zuhauf. Die Fischer, die in See stechen wollten, kehren um, ohne die Boote zu Wasser zu bringen. Aber haltet ein: ist es nicht Frühling? Wird der Wind sich nicht legen? Was wir hören ist nur das immerwährende Geraune der Kiefern, das sich auf die Stille einstimmt. Nun liegt kein Laut in der Luft bis auf den Wellenschlag, der leise herüberdringt. Die Fischer fahren aus, mit den kleinsten Booten sogar.

HAKURYO
Am Strand von Mio lege ich jetzt an. Ich steig an Land und seh vor mir all das, wovon strandauf, strandab die Leute immer reden. Ein offener Himmel, auf einmal erfüllt von Sphären-Musik, ein Blütenregen, ein fremder Duft allerorten. Nichts ist alltäglich. Und dort hängt gar ein Mantel aus Federn an dem Föhrenast! Indes ich näher an ihn herankomm und seine Farben in mich aufnehm, weht mich das Geheimnis an. Die Farben in diesem Gefieder duften nach dem Geheimnis. Nein, das ist kein gewöhnlicher Mantel. Ich nehm ihn nun an mich und werd ihn nach Hause tragen. Ich will ihn verwahren und den Weisen unsres Dorfes zeigen.

MONDNYMPHE
Der Mantel gehört einem, der von drüben kommt. Was hast du mit ihm vor?

HAKURYO

Mit diesem hier? Das ist ein Mantel, den ich da fand. Ich nehm ihn mit nach Haus.

MONDNYMPHE

Dies ist ein Federkleid,
kein Sterblicher darf es tragen,
keiner dem Geist entwinden,
der seine Bahn durch die Lüfte zieht,
keiner es nehmen.
Ich bitte dich, laß dieses Kleid,
wo du es fandest.

HAKURYO

Was? Dieser Mantel gehört einer Nymphe? Das war es also! In diesen herabgekommenen Zeiten sollte ich ihn behalten und als Reliquie für das Land bewahren. Er ist eine erlesene Sache, etwas, das man hochhalten wird. Nein, ich darf ihn nicht zurückgeben.

MONDNYMPHE

Ich Arme! Ohne den Mantel aus Federn kann ich nicht fliegen, kann ich mich nimmermehr aufschwingen, zurück in die Lüfte. Ich flehe dich an, gib mir den Mantel heraus!

HAKURYO

Deine beschwingten Worte zu hören macht mich, den Fischer Hakuryo, nur stärker und härter. Du denkst, weil ich so dumm war und nicht selber merkte, daß dies das Federgewand einer Sylphe ist, bin ich nicht imstande es zu nehmen und versteckt zu halten? Ich soll es wieder hergeben, bloß weil man mich stehnbleiben und es zurückgeben heißt?

MONDNYMPHE

Eine Sylphe ohne ihr Federkleid,
eine Schwalbe ohne Schwingen,
wie soll sie die Lüfte ersteigen?

HAKURYO

Wäre diese Erde denn ein so trauriger Aufenthalt für ein Luftwesen?

MONDNYMPHE

Gefangen bin ich, wehre mich, wie soll ich ...

HAKURYO
Nein, Hakuryo ist nicht so ein Tropf, daß er solch ein Federkleid zurückgibt.
MONDNYMPHE
Meine Kraft reicht nicht aus ...
HAKURYO
... den Mantel aus Federn zurückzugewinnen!
CHOR
Ihre Blumenkrone beschlägt mit Tau
funkelnd vor Tränen,
die Blumen in ihrem Haar
welken und sinken hin.
Alle Gebrechen einer sterbenden Sylphe
zeigen sich unseren Augen.
MONDNYMPHE
Ich schau in das Himmelstief, verzweifelt blick ich hin: der Wolkenweg ist verschwommen und verborgen, ich habe mich verloren im aufsteigenden Dunst, der Weg ist mir verstellt. Seltsam, wie seltsam – Schmerz?
CHOR
O Farbe des Atems, Wunderwerk an Wolken, die himmelentlang verrauchen und die einmal unsere Heimat waren! Noch hab ich im Ohr das Rufen des heiligen Vogels der Himmel, seinen vertrauten Lockruf hör ich verklingen, leiser werden die Schreie der Wildgänse, die ihre Straßen durch die Lüfte ziehn ... Wie tief ist ihr Verlangen nach Heimkehr! Sturmsegler, Seemöwen kreisen über den Wellen weit draußen. Fliegen sie seewärts, kommen sie landein? Die Mondnymphe langt nach dem Frühlingswind, der himmelwärts weht.
HAKURYO
zur Mondnymphe
Hör! Da ich dich so leiden sehe, so verzweifelt, dich, ein Wesen der Lüfte, will ich dir deinen Federmantel wiedergeben.
MONDNYMPHE
Es hellt sich auf. Nein, reich ihn mir.
HAKURYO
Erst zeige mir aus was für Stoff du bist, Mondnymphe! Was

bist du? Entgelt's mir mit dem Tanz der Luftgeister, dann geb ich dir den Mantel.

MONDNYMPHE

Gern und mit Freuden tu ich das und bin den Lüften wiedergegeben. Du sollst an Heiterem haben, was du nur wünschest, und ich will hier auf der Erde einen Tanz hinterlassen, der den Menschen eine neue Freude offenbaren wird, einen Tanz des Gedenkens. Sieh nun den Tanz, der die Macht hat, die Häuser des Mondes zu lenken. Komm hier herüber, um ihn zu sehen. Für das Weh der Welt, das ich nun kenne, will ich dir diesen neuen Tanz hinterlassen, für euch Menschen, die ihr so erdenschwer seid. Doch gib mir erst den Mantel, ohne ihn kann ich den Tanz nicht aufführen.

HAKURYO

Noch nicht. Denn woher weiß ich, wenn du ihn einmal wieder hast, ob du nicht gleich enteilst und in deine himmlischen Häuser auffliegst, noch eh du den Tanz begonnen, noch eh du mir einen einzigen Schritt gezeigt?

MONDNYMPHE

Argwohn gebührt nur Sterblichen. Bei uns gibt es kein Falsch.

HAKURYO

Aufs neu beschämst du mich. Ich geb dir deinen Mantel.

CHOR

Die Mondnymphe hat sich zum Tanz gewandet. Sie hat das sagenhafte Federkleid angelegt. Seht, wie sie sich regt im Tanz, im Spiel der Perlmutt-Farben, im schillernden Gefieder!

HAKURYO

Die Federn des Himmels erzittern mit dem Wind.

MONDNYMPHE

Ihre Ärmel erschauern wie Blütendolden im Regen.

HAKURYO

Der Wind, das Federkleid, die Ärmel, sie tanzen miteinander alle drei.

CHOR

Und auch sie selber tanzt mit.
So wird der Tanz der heiteren Himmel
auf die Erde gebracht,

der Tanz von Suruga.
So sind die Herren des unbegrenzten Raums,
den Sterblichen wohlgesinnt,
über den Himmel geschritten.
Nach zehn Seiten hin ist ihr Firmament
ohne Grenzen hochgewölbt,
sie haben es ‚unergründlich' genannt
und ‚von zeitfestem Stand'.

MONDNYMPHE

Von Ewigkeit zu Ewigkeit
werden Himmel und Erde erneuert
mit einer Edelstein-Axt.
Mit einer Edelstein-Axt
werden die Häuser des Mondgotts erneuert.

CHOR

kommentiert den Tanz

Erst im weißen Gewand, dann im schwarzen Gewand,
fünfzehn und fünfzehn,
die Nächte zur linken, die Nächte zur rechten,
fünfzehn und fünfzehn,
die Nymphen, die für die Nächte stehn,
des Mondes, der zunimmt,
des Mondes, der abnimmt,
jede in ihrer Nacht,
wie es der ewige Ritus bestimmt.

MONDNYMPHE

Auch ich entstamme den Himmeln, bin eine Nymphe des Monds, eine von vielen. So wie der Tanzschritt hier ist mein Leib aufgeteilt, der des Mondes Leib ist und die Frucht vom Baum, der im Mond wächst. Dies ist der Auftakt des Tanzes, den ich euch vermache, euch hier auf eurer Erde.

CHOR

Frühlingsnebel wölken sich übers Land. So mag auch im unerreichbaren Mond Ölbaum und Lorbeer blühen. Seht: Die Blumenkrone im Haar wird wieder frisch und spielt in vielen Farben – ein Zeichen des Frühlings, des verjüngten Monds. Über uns wölbt sich kein Himmel, sondern das Schöne selbst.

Eine Brise kommt auf und führt alle Himmel mit. O Wind treib die Federwolken zusammen und verstell ihr den Wolkenpfad. O Nymphe verweile noch bei uns. Die Kiefern am Strand von Mio sprießen in jungem Grün. Tiefblau liegt die Bucht von Kiyomi unterm Hochblau des Schnees am Fuji. Seht hin: Kündet nicht alles den Frühling? Leise schlagen die kleinen Wellen ans Ufer im harzigen Wind. Kein Laut sonst die Küste entlang. Nichts trennt jetzt Himmel und Erde, nur ein Gitter aus geschliffenen Steinen. Die Götter gehen ein und aus in unsern Tempeln, diesseits und jenseits der Sterne. Keine Wolke zwischen uns und dem Mond. Wir sind die Kinder der Sonne: hier in Nippon, hier im Land des unverhangnen Mondes, hier im Land der aufgehenden Sonne.

MONDNYMPHE

Aus dem Gefieder des Himmels fällt keine Feder, kein Stern.

CHOR

Das Gefieder des Himmels streift sacht über die Felsen der Erde, der Federsaum der Sterne trägt sie kaum ab. Zaubrische Musik tönt aus dem Osten, vielerlei Klänge und Stimmen: Flöten und Zirpen erfüllen den Raum bis an den Wolkenrand, der Tanz erfüllt alle Räume. Die Sonne hinter dem Bergkamm läßt die Grate im roten Frühhimmel ertrinken. Ein Windstoß stiebt einen Regen weißer Blüten hoch. Über das grüne Moor, über die silbernen Wellen zieht er dahin.

Wunderbar ist der Ärmel
der weißen Wolke,
er wirbelt die Blüten
wie Flocken aus Schnee
durch die Lüfte.

MONDNYMPHE

Feld des Lebens, Land der Sonne, von Göttern beschirmt.

CHOR

Von jetzt an und für immer soll dieser Tanz heißen ‚Tanz des östlichen Himmels'. Viele Gewänder hast du: eins aus der Farbe des Himmels, eins aus dem Grün des Frühlings.

CHOR

Strophe

Und eins aus den Morgennebeln, duftig mit Tau! Gewänder der Nymphen! Links, rechts, links – sie schlüpft in die Ärmel des Federmantels; sie rascheln und wippen, wie Blüten im Rhythmus des Tanzes.

CHOR

Gegenstrophe

Viel Freude verheißt ihr Tanz. Und nun fällt das Licht als heller Strahl auf uns aus dem Himmel von der Mitte der Mondbahn. Ihr Tanz tat kund die dreimal fünf Nächte bis zur Fülle des Monds, ein Abglanz aller Erfüllung. Der Mond vollendet sein Versprechen, seht, er hat sich gerundet. Die sieben Perlmutt-Farben des Regens, Edelsteine von Licht, hat sie über uns ausgesprengt. Noch eine Weile, eine kleine Weile, können wir den Federmantel schauen, dann hebt ihn der Wind hinweg, hebt ihn hinauf ins Firmament und wirft ihn über den Himmel. Eine Wolkenbrandung: so treibt er ins Licht. Der Fujiyama ist fort. Der hohe Gipfel des Fujiyama wird langsam ausgelöscht und uns entrückt. Er verdämmert im steigenden Wolkendunst. Und mit ihm verschwimmt die Mondnymphe vor unserem Blick.[9]

9] S. a. Anhang, S. 299.

KAGEKIYO
Von Seami Motokiyo

Personen:
Shite: der greise und blinde Kagekiyo
Tsure: Hitomaru, seine Tochter
Tomo: ihre Zofe
Waki: ein Bauer aus dem Dorf
Chor

Inhalt:
Kagekiyo ist eine der größten Gestalten der japanischen Dichtung; er ist die archetypische Verkörperung des glücklosen, düsteren Recken. Sohn eines Samurai vom Stamme der Fujiwara war er ein Mann des wilden Mutes, von seinen Feinden gefürchtet. In den Kämpfen zwischen den Geschlechtern der Taira [im Nō-Spiel: die Heike] und der Minamoto [im Nō-Spiel: die Genji] im ausgehenden 12. Jahrhundert n. Chr. focht er für die Taira und zeichnete sich besonders in der Schlacht bei Yashima aus. Nach dem Niedergang der unglücklichen Taira wurde Kagekiyo von seinen Gegnern gefangengenommen und nach Miyasaki verbannt. Die Überlieferung berichtet, daß er vor Elend blind geworden sei und schließlich Hungers starb, weil er von den verhaßten Minamoto keine Nahrung annehmen wollte. Im Nō-Spiel KAGEKIYO *ist Hitomaru, die Tochter Kagekiyos, die bei Pflegeeltern aufwuchs, mit ihrer Zofe auf der Suche nach ihrem Vater. In Miyasaki, am Ziel ihrer Wanderung, findet sie einen erbarmungswürdigen Blinden in einer Hütte, der sich aber nicht – um seiner Tochter und sich selbst die Schmach zu ersparen – als Kagekiyo zu erkennen gibt. Erst ein Bauer aus dem Dorf sagt ihr, wen sie da getroffen hat; der Waki ist es auch, der Kagekiyo dann – im Sinne der Tochter – bittet, von den großen Taten früherer Kämpfe, vor allem von der Schlacht bei Yashima zu erzählen, damit die Tochter sieht, daß sie allen Grund hat, stolz auf ihn zu sein. Diese Schilderung ist der dramatische Höhepunkt. Dann scheiden Vater und Tochter.* KAGEKIYO *gehört zu den Viertspielen, in denen meist heftige Gemütsbewegungen dargestellt werden.* [D. Ü.]
Das Stück spielt in Miyazaki in Hyūga.

HITOMARU UND ZOFE
rezitieren
Was mag daraus werden: Tauperlen, preisgegeben dem Frühwind?
HITOMARU
Ich bin ein Mädchen, Hitomaru genannt,
und lebe im Flußtal von Kamegaye.
Kagekiyo, mein Vater
focht für das Haus der Heike
und wird von den Genji gehaßt.
Man hat ihn nach Miyazaki verbannt,
daß er sein Leben dort friste bis zum Tod.
Und ob ich auch die Beschwerden des Weges nicht kenne
will ich gehn, meinen Vater zu suchen.
HITOMARU und ZOFE
beschreiben ihre Reise, indes sie über den Steg auf die Bühne gehen
Da wir ruhten
mit der Grasnarbe als Kissen
durchnäßte der Tau unsere Ärmel.
Singen:
Wen können wir nach dem Wege fragen
da wir unsere Heimatflur verließen?
Wen in der Fremde? Wen in Totomi?
In einem Mietboot setzten wir über die Bucht
und kamen nach Mikawa.
Werden wir auch die Stadt sehen,
die Stadt auf den Wolken?
ZOFE
Wir sind so schnell vorangekommen, daß wir schon an Ort und Stelle sind in Miyazaki in Hyūga. Hier solltest du nach deinem Vater fragen.
KAGEKIYO
in der anderen Ecke der Bühne
Hier sitz ich hinterm Tor des Kiefernzauns und trag den Rest von meinen Tagen ab. Das Licht der Sonne scheint meinen trüben Augen nimmermehr. So gehn die Jahre vorbei, und ich merk's nicht einmal. Ich hocke da in meiner dunklen Höhle,

ein Greis, nur Haut und Knochen, und trage meinen einzigen Mantel auf, an warmen und an kalten Tagen.

CHOR

Besser wär's, ich hätt von Anfang an der Welt entsagt und trüge jetzt die schwarzen Ärmel eines Mönchsgewands. So aber sehe ich voll Leid zurück aufs Leben und gräm mich über meinen allzuschwachen Leib. Und habe keinen Menschen, der's mir nachfühlt.

HITOMARU

Da kann doch niemand leben in dem Verschlag dort drüben – und doch, ich hörte eine Stimme! Vielleicht ein Bettler. Komm, wir sehen nach.

KAGEKIYO

Wenn meine Augen ihn auch nimmer sehn –
der Herbstwind rührt mich an.

HITOMARU

Der Wind der alten Tage weht uns an, er treibt uns um und sprengt Unruhe in die Welt. Der Wind weht, und ich finde keine Ruh, kein Ort ist auf der Welt, an dem mein Herz zur Ruhe kommen könnte.

KAGEKIYO

Nicht in der Welt des Leidens
noch in der Welt der Leidenschaften;
nicht in der Welt der Farbe
noch in der Welt des Finsters
gibt es einen Ruhepunkt,
denn alle Welten liegen unter diesem einen Wind.
Wen kann ich nach dem Weg fragen, wie Antwort geben?

HITOMARU

Soll ich den alten Mann hier bei der Hütte fragen?

KAGEKIYO

Wer seid ihr?

HITOMARU

Könnt ihr mir sagen, wo der Verbannte lebt?

KAGEKIYO

Welcher Verbannte?

HITOMARU

Ich suche Kagekiyo, einen Samurai, der für das Haus der Heike kämpfte.

KAGEKIYO

Wirklich? Ja, ich hab von ihm gehört; aber ich bin blind, ich hab ihn nicht von Angesicht zu Angesicht gesehn. Ich hab gehört, daß es ihm schlecht gehn soll und er tut mir leid. Ihr tätet besser, beim nächsten Haus nach ihm zu fragen.

ZOFE

zu Hitomaru

Es scheint, daß wir ihn hier nicht finden werden. Wir wollen weiter gehn und wieder fragen.

Sie gehen weiter

KAGEKIYO

Seltsam – ich habe das Gefühl als wär dies Mädchen das Kind des blinden Mannes, nach dem sie fragte. Lang ist es her, da liebte ich eine Kurtisane in Atsuta, wo ich damals war. Doch weil das Kind, das wir bekamen, nur eine Tochter war, gaben wir sie dem Dorfältesten von Kamegaye in Kost. Und nun ist sie an mir vorbeigegangen und hat mit mir gesprochen, und weiß nicht, wer ich bin.

CHOR

Und wenn ich auch ihre Stimme gehört hab,
bin ich doch traurig, weil ich sie nicht sehen kann.
Und ich ließ sie vorübergehen
und verriet meinen Namen nicht.
So befahl's mir mein Vaterherz.

ZOFE

auf der andern Seite der Bühne

Ist hier jemand in diesem Dorf?

BAUER

Was wollt ihr von mir?

ZOFE

Wißt ihr, wo der Verbannte lebt?

BAUER

Welchen Verbannten sucht ihr?

ZOFE
Kagekiyo, einen Samurai, der auf der Seite der Heike kämpfte.
BAUER
Seid ihr auf eurem Weg ins Dorf nicht an einem blinden Mann vorbeigekommen – dort, am Fuß des Berges?
ZOFE
Wir sind einem blinden Bettler in einer Strohkate begegnet.
BAUER
Das war Kagekiyo. Was fehlt denn eurem Fräulein, es zittert ja?
ZOFE
Das könnt Ihr wohl fragen. Es ist die Tochter des Verbannten. Sie wollte ihren Vater noch einmal sehen und kommt nun her, um ihn zu suchen. Möchtet Ihr uns wohl zu Kagekiyo begleiten?
BAUER
Was Ihr nicht sagt! Kagekiyos Tochter! So faßt Euch doch nur, Fräulein. Hört, was ich Euch zu sagen hab. Kagekiyo verlor das Licht beider Augen. Da schnitt er sich die Haare ab und nannte sich den ‚Blinden von Hyūga‘. Er bittet die Vorübergehenden oft um eine Kleinigkeit und wir im Dorf sehn darauf, daß er nicht Hunger leidet. Er wird sich geschämt haben, Euch seinen Namen zu sagen. Aber ich will Euch nun hinbegleiten und laut ‚Kagekiyo‘ rufen, dann kommt er wohl bestimmt aus seiner Hütte und Ihr könnt ihn sehn und mit ihm sprechen. Wir gehen diesen Weg.
Sie gehen über die Bühne, und der Bauer ruft: Kagekiyo! Heda! Kagekiyo!
KAGEKIYO
Nichts als Radau, Radau! Es kam wer aus meiner Heimat und suchte mich, aber ich schickte sie ihres Wegs. Ich konnte mich so nicht sehen lassen, in diesem Zustand.
Tränen haben meine Wangen gefurcht
und wie ein Regen meine Ärmel durchnäßt.
Tausend Taten steigen in meinen Träumen auf,
und immer erwach ich elend und hilflos
in meinem Verschlag.

Laßt sie doch ‚Kagekiyo' schreien, der alte Name kommt mir nicht mehr zu.
CHOR
Ruft nicht den Namen, den er einstmals ruhmreich trug. Ihr treibt ihm nur das bittere Blut ins alte Herz.
Dann, die Gedanken Kagekiyos aufnehmend: Wütend bin ich ...
KAGEKIYO
... hier zu leben ...
CHOR
setzt Kagekiyos Gedanken fort
Hier muß ich leben, verhaßt den Siegern, ein blinder Mann, und mein Stecken dient mir zu nichts. Nicht länger bin ich Kagekiyo, und darum rede ich so bös daher. Vergebt mir!
Indes der Chor Kagekiyos Gedanken ausspricht, stellt er pantomimisch die Worte dar, schüttelt seinen Stecken und schlägt ihn schließlich in einem Crescendo des Zorns an seinen Schenkel.
KAGEKIYO
Meine Augen sind erloschen.
CHOR
Wenn meine Augen auch erloschen sind, so les ich doch die Gedanken anderer, ich hör sie fast, eh ein Wort gefallen. Da: der Wind fährt herab von den Föhren am Berghang, und nach dem Wind kommt Schnee! Abend. Winter. Die Träume handeln immer von den Tagen meines Ruhms. Wie bitter: das Erwachen aus den Träumen. Die Wellen hör ich wieder anbranden mit der Abendflut, wie damals zu Heikes Zeit. Soll ich Euch vorträumen, wie es einmal war?
KAGEKIYO
zum Bauern
Ich bin niedergeschlagen, darum war ich so grob mit Euch! Vergebt mir!
BAUER
Ihr seid ja immer so, mir machts nichts aus. War jemand da, der Euch besuchen wollte?
KAGEKIYO
Niemand als Ihr.

BAUER

Was soll's? Das ist nicht wahr. Eure Tochter war hier! Warum konntet Ihr dem Mädchen nicht die Wahrheit sagen? Da sie so traurig war und Euch so inbrünstig zu finden hoffte! Ich hab sie wieder hergeführt. Kommt nun, sprecht mit Eurem Vater.

HITOMARU

O Vater, ich bin so weit gewandert, Euch zu sehen - durch Regen, durch Wind, benäßt vom Tau und bedeckt von Reif. Und Ihr versteht mich nicht. Ihr seht mir nicht ins Herz. Es war umsonst. Wenn ein Kind die Liebe des Vaters nicht wert ist, so wird sie wohl versiegen, aber ...

KAGEKIYO

Ich dachte, ich könnt es verbergen, aber nun haben sie mich ausfindig gemacht! Ich soll dich mit dem Tau meiner Schande durchnässen, die du jung bist wie eine Blume, soll dich herabziehen mit meinem Leid, daß du den Kopf hängen läßt! Sagt ich dir meinen Namen, und daß wir Vater und Tochter sind, so brächte das, fürcht ich, nur Schmach über dich, weil ich ein Bettler bin. Darum ließ ich dich vorübergehn. Trag's mir nicht nach!

CHOR

Zuerst brachte es mich in Wut, daß meine Freunde mich nicht mehr aufsuchten. Aber schließlich kam ich soweit, daß ich nicht mehr glauben konnte, jemand käme zu mir - nicht mal das Kind, in dem ich eine Wurzel gelassen.

Singt

Auf allen Booten, die für Heike
stachen in See,
führte Kagekiyo das Steuer,
er durfte im Flaggschiff nicht fehlen.
Tapfer war seine Schar.
wacker zur See.
Nun sind sie dahin, und der sie geführt
ist selber verbraucht und stumpf
wie ein Karrengaul.

BAUER
zu Kagekiyo
Ja, viel herrliche Dinge gehören der Vergangenheit an. Hört!
Eure Tochter möchte Euch etwas bitten.
KAGEKIYO
Was möchte sie denn?
BAUER
Sie hat vom Ruhm Eurer alten Tage viel gehört. Wenn Ihr die Geschichte Eures Kampfes erzähltet, könnt sie auf Euch stolz sein.
KAGEKIYO
hockt vor seiner Hütte und durchkämpft pantomimisch noch einmal seine letzte Schlacht, aber mit unsicheren und zittrigen Gebärden.
Es war gegen das Ende des dritten Monats,
im dritten Jahr des Juei.
Wir Männer der Heike sind auf den Schiffen,
Genjis Leute an Land.
Ihr Biwak erstreckt sich
die ganze Küste entlang.
Wir warten auf die Entscheidung.
Noritsune, Herr über Noto, sagt:
«Im letzten Jahr wurden wir
im Bergland von Harima und bei Midzushima,
allerorten wieder und wieder geschlagen,
besiegt durch die Listen von Yoshitsune.
Gibt's denn keinen Weg, ihn zu bezwingen?»
So spricht er. Und Kagekiyo denkt bei sich:
‚Der Yoshitsune ist doch weder ein Gott
noch ein Dämon,
wenn ich mein Leben einsetz,
wird es mir schon gelingen.'
So nimmt er Abschied von Noritsune
und führt seine Schar an Land.
Sturm gegen Sturm: die Männer Genjis
rennen gegen ihn an.
CHOR
Kagekiyo schreit: «Mit Euch werd ich fertig!»

Seine Rüstung blinkt mit der Sonne.
Zu Paaren treibt er sie vor sich her
KAGEKIYO
schreit mitgerissen heraus:
Rennt nur, Feiglinge!
CHOR
Strophe
Er denkt, wie leicht es ist, das Töten.
Das Speerheft eingelegt unterm Arm
wirft er sich gegen die Reihen der Feinde.
Er brüllt: «Ich, Kagekiyo, ich gehör zu den Heike!
Er stürzt sich ins Waffengetümmel.
Er durchbohrt das Visier des Helms
den Miyonoya trägt. Zweimal entkommt
ihm Miyonoya, und noch ein drittes Mal.
Kagekiyo schreit: «Du kommst mir nicht aus!»
Im Sprung packt er ihn beim Helm und reißt ihn herum.
«Eya!» Das Visier bricht und bleibt
ihm in der Hand, indes Miyonoya flieht
und flieht und flieht und den nun unbehelmten Kopf
zurückwendet und ruft: «Was hast du
für fürchterliche Kraft in den Armen!»
Und Kagekiyo ruft ihm zu: «Sag lieber:
was hast du für fürchterlich harte Knochen
in deinem Nacken, Miyonoya!»
Da lachen sie beide laut über den Schlachtlärm,
und jeder geht seines Wegs.
CHOR
Gegenstrophe
Dies waren die Taten von früher. Doch ach, sie zu erzählen!
Sie zu erzählen jetzt, da Kagekiyo elend und schwach ist. Sein
Leben ist abgetragen, er steht am Bestimmungsort seiner
Bahn. «Kehr heim», sagt er zu seiner Tochter. «Bete für mich,
wenn ich nicht mehr auf dieser Erde bin. Denn ich zähl auf
dich, wie wir uns im Finstern auf das Licht einer Lampe verlassen. Wir in unserer Blindheit.» «Ich werde bleiben», sagt

seine Tochter. Aber dann gehorcht sie ihm doch. «Ich geh von dir.» Nur die eine Stimme verbleibt.
Dies erzählen wir zu ihrem Gedächtnis. Von solchem Schlag waren Vater und Tochter.

Anmerkung
Ernest Fenollosa hat Folgendes über den Stoizismus des Stückes KAGEKIYO im Manuskript vermerkt: Ich fragte Mr Hirata, wie man das Verhalten der Tochter, die ihren Vater in so einem Zustand sich selbst überließ, als natürlich oder pflichtbewußt empfinden könne. Er sagte mir, daß die Japaner heute nicht mehr mit solcher Härte sympathisieren würden, aber es sei der alte Bushidō-Geist. «Die Persönlichkeit des alten Mannes ist verbraucht und in diesem Leben zu nichts mehr nutze. Es wäre reine Sentimentalität von ihr, wenn sie bei ihm bliebe. Ihm kann nicht mehr geholfen werden. Er war stark genug, seine Liebe zu ihr zu beherrschen. Und es ist besser, daß sie für ihn betet und ihr eigenes Leben lebt.» *E. P.*

TEIL IV

Die beiden nächsten Spiele, AOI NO UE und KAKITSUBATA, kann ich nur mit beträchtlichen Vorbehalten bringen. Ich bin nicht sicher, ob ich sie ganz richtig herausgebracht habe. Auch Japaner, mit denen ich sie durchsprach, konnten mir nur wenig weiterhelfen. Gleichwohl: einige Stellen, in sich vollkommen klar, gehören für mich zum Schönsten, was ich in Fenollosas Aufzeichnungen aus dem Japanischen fand, und diese Stellen mögen mein Unterfangen rechtfertigen. Jedem Stück werde ich eine Erläuterung der Fabel, wie ich sie verstanden habe, beigeben. In KAKITSUBATA hab ich einmal einen Refrain umgestellt oder verdoppelt. Im übrigen erscheinen die Spiele so wortwörtlich, wie es die Aufzeichnungen, die mir vorliegen, erlauben.

E.P.

AOI NO UE
[*Prinzessin Stockrose*]

Einleitung
Ich habe die Fabel so aufgefaßt: Die Hofdame Aoi no ue
[‚Stockrose'], die Frau des Prinzen Genji, ist auf die anderen
Frauen, denen sich seine Liebe zugewandt hat, eifersüchtig.
Die Eifersucht erreicht ihren Höhepunkt «und läßt sie von
Sinnen geraten», als bei dem alljährlichen Stockrosenfest in
Kamo[1] ihre Karosse von den Dienern einer Rivalin beiseite
gedrängt und umgeworfen wird.[2]

Das Spiel beginnt am Krankenlager der Aoi. In Mrs Fenollosas
Tagebuch finde ich den Hinweis, daß Aoi – ihre Seelenkämpfe,
ihr Siechen und ihr Sterben – durch einen roten geblümten
Kimono vorgestellt wird, der, einmal der Länge nach gefaltet,
an der Rampe der Bühne liegt.

Die sichtbare Handlung beschränkt sich auf Geistererscheinungen und Geisterbeschwörer. Der Dämon der Eifersucht,
der Aoi quält, tritt zuerst in der Gestalt der Prinzessin Rokujō
auf, dann, in dem Maße, in dem die Beschwörung fortschreitet

1] Die Stockrose, Aoi, ist die symbolische Blume des Kamo-Tempels. [D. Ü.]

2] Das Genji-monogatari, der Roman vom Prinzen Genji, erzählt die Geschichte so, daß die Karosse der Prinzessin Rokujō, einer Geliebten des Prinzen Genji – der seine Neigung aber bereits der noch schöneren Yūgao geschenkt hat – von den Dienern Aois beiseite gedrängt wird. Da Prinzessin Rokujō wie andere Adlige inkognito zu dem Fest in Kamo erschienen war, wurde sie von den Dienern Aois nicht erkannt. Diese wollten nur dem Wagen der Gemahlin des Prinzen Genji – welcher neben dem Kaiser hoch zu Roß vorbeiparadieren sollte – einen Platz in der ersten Reihe verschaffen. Durch diesen Zwischenfall fühlte sich die vereinsamte Rokujō aufs tiefste gedemütigt. Ihr Geist erschien Prinzessin Aoi no ue, die bald darauf mit einem Kind Genjis niederkommen sollte, und quälte sie unablässig – ohne daß dies der leibhaftigen Rokujō bewußt war. Aoi no ue starb dann tatsächlich im Kindbett. Für das Verständnis des Stückes ist es nicht wesentlich, ob die mit dem Tode ringende Aoi no ue von der Manifestation ihrer eigenen Eifersucht oder vom Geist ihrer eifersüchtigen Rivalin Rokujō gequält wird. [D. Ü.]

und sich auswirkt, wird die Quintessenz der Eifersucht aus der personalen Verkörperung ausgetrieben und entlarvt nun ihre wahre dämonische Natur als ‚Hannya‘: «Das Schreckens-Antlitz mit den Gold-Augen und den Hörnern...»
Die Geisterbeschwörerin Miko ist machtlos gegen den Dämon, aber der Yama-bushi-Beschwörer, der gegen ihn vorgeht, «macht ein klapperndes Geräusch mit den Perlen seines Rosenkranzes, schlägt sie aneinander» und vertreibt ihn am Ende.
Die Dunkelheiten der ersten Partien des Spiels gehen wohl darauf zurück, daß die ‚Prinzessin Rokujō‘, die auf der Bühne erscheint, ein Phantom oder ein Blendwerk von Aois eifersüchtigem Wahn ist. Das heißt, Aoi wird letztlich von ihrer eigenen Eifersucht gepeinigt, und diese Raserei hat zuerst in der Gestalt der Rivalin Rokujō, dann in dämonischer Gestalt von ihr Besitz ergriffen.
Dieses Spiel wurde geschrieben lang ehe Ibsen feststellte, unser Leben sei ein «Wettstreit mit den Phantomen unseres Bewußtseins». Die Schwierigkeiten für den Übersetzer lagen darin, das, was sich auf Aoi no ue selbst bezieht, von dem, was sich auf den Geist Rokujōs bezieht, zu scheiden, ähnlich wie der moderne Psychiater Schwierigkeiten haben mag, die Persönlichkeit und die Erinnerungen eines Kranken loszulösen von den Erinnerungen, die zu seiner Zwangsvorstellung gehören. Um es zu vereinfachen: ein Patient bildet sich ein, Napoleon zu sein; die Vorstellung der eigenen Gedankenwelt mag nun mit Assoziationen, die auf St. Helena, Korsika oder Waterloo zurückgehen, durcheinandergeraten.
Die zweite Schwierigkeit liegt im Verhältnis der beiden Erscheinungen zueinander. Es ist nicht ohne weiteres herauszuarbeiten, daß die ‚Hannya‘ aus der persönlicheren Erscheinungsform ausgetrieben worden ist, in der sie vordem die treibende Kraft war. Anderseits können wir gar nicht deutlich genug machen, daß der Geist im Grunde gar kein eigenes Wesen, sondern nur die Manifestation der Eifersucht Aois ist, die durch ihre Raserei nach außen projiziert wird. Diese Interpretation wenigstens läßt das Stück einigermaßen zusammenhängend und einsichtig erscheinen.

Rokujō oder Aoi, wer immer hinter dem Geist stecken mag, kommt in einer Karosse angefahren, denn «Leute ihres Standes pflegen sich nur auf Rädern fortzubewegen». Wenn sie – oder ihr Geist – irgendwohin gelangen wollen, fällt ihnen sofort eine Karosse ein. Die Andeutung einer Karosse befindet sich als Requisit im Hintergrund der Bühne. Der dunkle Sinn des ersten Satzes, den die Erscheinung spricht, dient möglicherweise dazu, die Zuhörerschaft aufhorchen zu lassen. Etwas Rätselhaftes soll sie anwehen: ob das Gefährt gemeint ist, das mit Genjis Liebe zu Yūgao[3], der schönen Heldin des Nō-Spiels HASHITOMI assoziiert wird, das Gefährt, in dem sich der Zwischenfall auf dem Stockrosenfest abspielte, oder das Fahrzeug aus dem buddhistischen Gleichnis, das von einem Schaf, einem Hirsch, einem Ochsen gezogen wird. Aber ich glaube, wir kommen dem Kern der Sache am nächsten, wenn wir die rätselhaften Worte, mit denen Rokujō auftritt: «Ich bin gekommen in drei Karossen», so deuten, als ob die formgewordene Idee ‚Karosse' wie ein Ideogramm die Bewandtnis des Fahrzeugs in all den erwähnten Zusammenhängen gleichzeitig berührte; oder, als ob die ineinandergreifenden Erinnerungen an verschiedene Karossen der Geisterwelt dazu verhelfen, sich in dieser konkreten Form zu objektivieren. Wer unsere folkloristischen Überlieferungen in bezug auf Geister studiert hat, weiß, daß die Geisterwelt sich in Fluß befindet, daß sie umgetrieben wird von dem Verlangen, Gestalt zu gewinnen. Doch möchte ich hier keine Dogmen über diese Dinge aufstellen.

In der Fassung dieses Spiels, die von Mr Fenollosa und Mr Hirata stammt, wird die Verkörperung des Geistes, der Aoi no ue anfällt, die, wie gesagt, durch einen gefalteten Kimono vorgestellt wird, ‚Prinzessin Rokujō' genannt. Vielleicht erleich-

---

3] Prinz Genji besuchte Yūgao in seiner Karosse und ließ diese über Nacht vor ihrem Hause stehen; er hatte aber alles entfernt, was diese Karosse als die seine hätte ausweisen müssen, so daß man in gewissem Sinne von einer herrenlosen, verlassenen Karosse sprechen kann. Die eifersüchtige Rokujō erkannte trotzdem das Gefährt. Ihr Geist erschien der armen Yūgao und trieb diese in den Tod. [D. Ü.]

tert es dem Leser das Verständnis, wenn wir im ersten Teil des Stücks die ‚Erscheinung' sprechen lassen und die gesprochenen Partien in der zweiten Szene der ‚Hannya' zueignen.

Ich kann nur sagen, daß das ganze Spiel nichts ist als die Dramatisierung oder der Niederschlag der Eifersucht Aois. Es ist ihre Raserei, welche sie in die Macht der Dämonen gibt. Anfangs tritt der Dämon in schöner Verkleidung auf: als Rokujō. Erst die Gebetsformeln des Yamabushi-Priesters von Yokawa zwingen ihn, in seiner wahren Gestalt zu erscheinen und schließlich von ihr zu lassen.

Diese ‚schöne Verkleidung' ist keine bloße Redensart. Es ist eine besondere Maske, in der dämonisches Leben zum Ausdruck kommt, die Maske Deigan[4], die hier getragen wird; dazu kommt eine Blütenranke im Haar mit einer Schleife sowie der Dämonen-Fächer. Hernach trägt die Erscheinung die Maske Hannya[5], die in weit stärkerem Maße die Raserei Aois [bzw. Rokujōs] widerspiegelt. *E.P.*

[4] Die Nō-Maske ‚Deigan' [d. h. ‚goldgemalte Augen'] stammt von Kawachi aus dem 17. Jahrhundert. Die Deigan-Maske wird nur in zwei Nō-Spielen verwendet, in AOI NO UE und in KINUTA. [D. Ü.]

[5] Die Maske ‚Hannya' stammt von Tokuwaka aus dem 15. Jahrhundert. [D. Ü.]

AOI NO UE
Von Seami Motokiyo
bearbeitet von Komparu Zenchiku Ujinobu

Personen:
Erster Shite: die ‚Erscheinung' [der Prinzessin Rokujō]
Zweiter Shite: ‚Hannya' [die ‚Erscheinung' als Dämon der Eifersucht]
Tsure: die Geisterbeschwörerin Miko
Waki: Kohijiri, der heilige Abt von Yokawa
Tomo: Hofbeamter [Daijin]
Kyōgen: Bote
Chor

Erste Szene

Im Hintergrund der Bühne befindet sich als Requisit die Andeutung einer Karosse, vorne an der Rampe liegt ein roter geblümter Kimono, einmal der Länge nach gefaltet – er symbolisiert die kranke Aoi no ue.

HOFBEAMTER
Ich hier bin ein Beamter des Kaisers, gelobt werde sein Name! Ihr müßt wissen, Aoi no ue, die Gemahlin des Prinzen Genji, liegt auf den Tod. Die Priester und hohen Priester der berühmten Tempel wurden an ihr Bett geholt, aber ihr Gebet war umsonst. Nun habe ich nach Miko gesandt, der Geisterbeschwörerin. Vielleicht kann sie den bösen Geist bannen, von dem Aoi no ue besessen wird. Miko, willst du das Erdreich besprechen?

MIKO
schlägt dabei eine kleine Handtrommel
Ten shōjō, chi shōjō,
naige shōjō, rokon shōjō.
Erde, lauteres Reich,
von seinem Wurzelwerk
– sechzehnfach –
treibe dies Übel aus.

ERSCHEINUNG

Sie trägt unter dem Kimono ein Kostüm aus schwarzem Atlas, eng anliegend von den Knien abwärts, bestickt mit einigen wenigen unregelmäßigen Blütenkreisen. Oberhalb der Knie ist sie in steifen Gold-Brokat gewandet, gesprenkelt mit Purpur, Grün und Rot. Sie trägt die Maske ‚Deigan' [d. h. ‚goldgemalte Augen'], die die leidgeprüfte Frau kennzeichnet. Zwei Merkmale kennzeichnen diese besondere Larve: das Weiße im Auge ist mit Goldstaub ausgemalt und die Form des Mundes, besonders der Oberlippen, weicht etwas von der üblichen ab. Dazu kommt noch die Blütenranke im Haar mit einer großen Schleife sowie der Dämonen-Fächer.

Ich bin gekommen in drei Karossen. Steht denn noch immer das verlassene Fahrzeug vor Yūgaos Tor?
Durchpflügt von Kummer ist die Welt,
gefurcht vom Ochsenjoch das Feld.
Ein Karrenrad an einem Wagen, das ist unser Leben, ein Karrenrad, das sich dreht und dreht. Aus seinem Umlauf gibt es kein Entkommen. Und doch hängt dieses Rad so leicht an seiner Achse wie der Tau an den Bashō-Blättern. Was sind die Blüten des Frühlings heute mehr als ein Traum? Wären wir weiser, wir wachten auf aus unserer Traumfahrt! Wie hat mein Kummer mich aufs Rad geflochten. Ich bin gekommen, meine Eifersucht zu stillen!
Singt:
Wenn ich auch vor Scham verborgen lieg,
Nacht für Nacht im verhängten Wagen
und hinaufstarr zum Mond,
so sieht doch der Mond nicht herab auf mich.
Wenn mich Miko ruft
mit dem Birkenreiser-Bogen,
der die Geister bannt,
so will ich kommen
und will sagen, was ich leide.
Spricht: Woher kommt der Laut? Ja, es ist der Azusa-Bogen, den ich höre!

MIKO
Wenn ich auch ans Tor des großen Hauses ging –

ERSCHEINUNG
– so glaubtest du doch nicht, daß jemand anpochen werde.
MIKO
Wie seltsam! Es ist eine Dame von hohem Rang, und ich kenne sie nicht! Sie kommt in einer herrenlosen Karosse, sie hält sich fest am Deichselarm. Sie weint. Ist's nicht –
HOFBEAMTER
Ja, ich glaub, ich weiß, wer es ist. *Zur Erscheinung:* Ich bitte Euch, uns Euren Namen zu nennen.
ERSCHEINUNG
In der Welt, da Tag auf Tag vergeht wie Blitze fallen, hab ich niemand, keinen Anhalt, keinen Menschen, und doch: mich zu bemitleiden, damit geb ich mich nicht ab. Ziellos kam ich an diesen Ort, nur der Laut des Azusa-Bogens lockte mich an. Wer denkt Ihr wohl, daß ich sei? Ich bin der Geist der Prinzessin Rokujō. Als ich auf der Welt geweilt, war der Frühling mit mir. Blütenfeste hab ich gefeiert in den Wolkengärten der Paläste. Des abends unter fallenden Ahornblättern nahm ich den Mond zum Spiegel. Trunken war ich von Farben und Düften. Und wie mich die Freude einstmals auf Schwingen trug, so bin ich nun gefaltet wie ein Windröschen des Morgens, das aufs Sonnenlicht wartet. Und jetzt bin ich gekommen, von ungefähr, aus freien Stücken, ich bin gekommen und hab die Stunde nicht gezählt, der Augenblick war mir nicht vorgeschrieben. Ich bin gekommen, mein Mütchen an ihr zu kühlen. Ich mag meine Eifersucht nicht länger tragen. Soll sie sich an wen andern halten, nicht an mich.
CHOR
Liebe wendet sich auf den zurück, der liebt,
Böses auf den, der Böses im Sinn trägt.
Es kann nicht zum Guten gereichen,
daß du einen Schmerz zurückträgst in die Welt,
wo wahrlich genug Schmerzen sind.
ERSCHEINUNG
Hassenswert ist dies Weib! Wie könnt ich meinen Haß bezähmen?

Sie schleicht sich an das Bett Aois heran und beginnt sie mit dem Fächer zu schlagen.

MIKO

Nein! Du bist die Prinzessin Rokujō! Wie kannst du das nur tun? Laß ab! Hör auf!

ERSCHEINUNG

Ich kann nicht, wie du auch flehen magst!

Sie beschreibt ihre Handlung, als wär es die einer anderen Person

So hat sie sich dem Kissen Aois genähert und schlägt und schlägt.

Sie schlägt Aoi mit dem Fächer

MIKO

Dann richtet sie sich auf –

ERSCHEINUNG

Ich halte mich nur schadlos.

MIKO

Die Flamme der Eifersucht –

ERSCHEINUNG

– schlägt um und sengt die eigene Hand.

MIKO

Weißt du das nicht?

ERSCHEINUNG

Ich weiß es. Doch ich selber zahl nur heim.

CHOR

Hassenswert, hassend Herz,
tränenschwer
durch andrer Menschen Haß,
deine Liebe zu Genji
wird nicht erlöschen
wie ein Irrlicht in tiefschwarzer Nacht.

ERSCHEINUNG

Wie ein Busch, der abstirbt –

CHOR

– bin ich:
Ein Leib ohne Wurzelgrund.
Ich werde aufgesogen wie Tau von den Blättern,
und auch darum hasse ich sie:

nimmer wird meine Liebe heil,
nicht mal im Traum.
Ein Widerschein des Vergangenen –
Noch immer bin ich voll Sehnsucht,
und im Getriebe gefangen.
Ich möchte davonziehn in der verhängten Karosse,
doch ihren Schatten raff ich mit mir dahin.

ERSCHEINUNG

wirft ihren Fächer weg und macht eine Bewegung, als wollte sie Aoi in ihrem Gewand bergen und hinwegtragen. Sie steht nunmehr direkt über Aois Lager. Dann wendet sie sich weg und wirft in Hintergrund der Bühne ihr Gewand ab. Zwei Helfer halten es so auf, daß sie den Blicken entzogen ist.

HOFBEAMTER

Zu Hilfe! Aoi no ue stirbt! Holt Kohijiri von Yokawa, holt ihn, schnell!

BOTE

Ich werd ihn rufen. Ich rufe ihn.

Er geht zum Steg und wendet sich an jemanden außerhalb der Bühne

KOHIJIRI

noch unsichtbar

Wer ruft mich da aus meiner Klause, vom Fenster der neun Weisheiten weg, fort vom ewig klaren Mond, fort vom heiligen Wasser?

BOTE

Ich komm vom Hofe. Prinzessin Aoi ist krank auf den Tod. Man bittet Euch, Ihr möget kommen!

KOHIJIRI

Ich ziehe nicht im Land herum, Leute zu heilen. Aber wenn du von Prinzessin Aoi kommst, ist es etwas anderes. Warte. Ich bin fertig. Ich komme.

Über den Steg betritt er die Bühne

HOFBEAMTER

Ich danke Euch, daß Ihr gekommen seid.

KOHIJIRI

Wo liegt die Kranke?

HOFBEAMTER
Dort, auf ihrem Bett.
KOHIJIRI
Ich will sogleich damit beginnen, den bösen Geist ihr auszutreiben.
HOFBEAMTER
Ich danke Euch! Mög es gelingen!
KOHIJIRI
beginnt sein Ritual
En no Gyōja, dir will ich nachfolgen, den Mantel um meine Schultern genommen, dessen Saum den Tau gestreift hat von sieben Edelsteinen, da ich hinauf in die heiligen Berge stieg.
Schildert die eigene Handlung.
Er hüllt sich in die Soutane der Langmut und wehrt den heillosen Geistern. Er nimmt den Rosenkranz mit Perlen aus rotem Holz, wirbelt ihn im Kreis, daß die kantig geschliffenen Perlen klappern, und spricht sein Gebet. Ein einziges Gebet: Namaku Samanda Basarada.
Er schwingt den Rosenkranz. Während des Rituals ist die ERSCHEINUNG *verschwunden. Sie hat im Hintergrund der Bühne Gewand und Maske gewechselt. Nun tritt sie als* HANNYA *auf. Sie ist in einen scharlachroten Hakama gekleidet, eine weite, bauschige Rockhose, mit weißem Oberkleid, und trägt die Hannya-Maske, die Maske eines weiblichen Dämons, ‚das Schreckens-Antlitz mit den goldnen Augen und den Hörnern'. Über ihren Kopf hält die* HANNYA *ein großes weißes Tuch, in der einen Hand einen Holzschlegel. Sie blickt auf. Hier folgt nun die große Tanz-Szene, der Höhepunkt des Spiels.*

Zweite Szene

HANNYA
schreit heraus
Zurück, Gyōja, zurück! Wenn du nicht gehst, wirst du's bereuen!

KOHIJIRI
Welch heilloser Geist auch immer aus dir spricht, Gyōja ist stärker, Gyōja wird ihn austreiben.
Er fährt fort, seinen Rosenkranz zu schwingen
CHOR
ruft die mächtigen guten Geister an
Im Osten steht Gōsanze.
HANNYA
ruft dagegen die bösen Geister an
Aber im Süden steht Gundari Yasha.
CHOR
Im Westen steht Dai-itoku.
HANNYA
Im Norden steht –
CHOR
– Kongō Yasha, der König.
HANNYA
Aber in der Mitte steht der große –
CHOR
– heilige Fudō, wechsellos in den Zeiten.
Namaku Samanda Basarada
Senda Makaroshana
Sohataya Untarata Karman.
Wer immer diese meine Namen hört
dem wird Vergebung, wird Erlösung.
Wer immer mich erkennt in meiner Vielgestalt
der kann zu Buddha hin gelangen.
HANNYA
vom Ritual besiegt, hat den Holzschlegel sinken lassen und hält sich mit beiden Händen die Ohren zu
O fürchterliche Namen der Geistesmächte! Es ist das letzte Mal, daß ich erschienen bin. Dem Radlauf bin ich entkommen.
CHOR
Sobald das Sutra-Wort erklingt
weicht der heillose Geist
aus dem geräderten Herzen.
Bodhisattwa trat in die Nabe des Daseins,

Milde und Mitleid im Antlitz.
Mitleid hat in die Speichen gegriffen,
still ist ihr Herz nun,
sie ging zu Buddha ein.[6]

6] S. a. Anhang, S. 301.

KAKITSUBATA
[*Die Zeitlose*]
Von Seami Motokiyo

Personen:
Shite: die Seele der Zeitlosen
Waki: Priester
Chor

Inhalt:
Offenbar hat entweder Seami Motokiyo oder Ernest Fenollosa angenommen, der sagenumwobene Narihira sei so etwas wie die irdische Gestalt eines Bodhisattwa oder eines anderen Geistes höherer Ordnung gewesen; weiter, die Musik dieses Geistes sei unter dem Namen ‚Kohis' [oder ‚Gobusakis'] Musik bekannt gewesen. Narihira war, wie es scheint, nach Zeiten der Gunst vom kaiserlichen Hof verbannt und zu elegischen Versen inspiriert worden.
In unserem Spiel begegnet ein Priester, der einen Hang zur Schwermut hat und den Gestalten der Sagen nachforscht, dem Geist einer der Frauen um Narihira. Das Mädchen weiß sich eins mit den Herbstzeitlosen – was besagen soll, daß diese Blume etwa die Gedanken oder die Gestalt ihres Geistes vorstellt. Sie erzählt dem Priester von sich und von Narihira und wie ‚Kohis' Musik des Menschen Seele ins Paradies erhebe. Dann kehrt sie in ihren Himmel zurück.
Der Rest ist, so hoffe ich, in meiner Fassung des Stückes ohne weiteres verständlich.
Das Stück spielt in der Provinz Mikawa.

Erste Szene

PRIESTER
Ich bin hier ein Priester und reise durchs Land, um die Stätten der alten Sagen kennenzulernen. Ich bin in der Hauptstadt gewesen und habe die großen Tempelbezirke gesehen. Nun wandere ich nach Osten. Jede Nacht ruh ich an andrem Ort;

aber die gleiche Schwermut ist's, die mich immer weiter treibt. Ohne mich aufzuhalten, bin ich an Mino und Owari vorbeigezogen und hier in der Provinz Mikawa angelangt, wo ich die blühenden Herbstzeitlosen betrachten will. Es ist jetzt ihre Zeit, sie stehn in der Blüte. Das Moor weitet sich vor meinen Augen, ich will hinabsteigen und die Blumen von nahem betrachten.

Zeit hält nicht ein,
Frühling verstreicht,
Sommer naht leis,
rasch tritt es uns an.
Die Bäume in ihrem Grün,
das helle achtlose Gras
– sie wissen ihre Zeit.
Leichthin in den Tag
leben sie
und erinnern sich doch
Jahr um Jahr ihrer Stunde
da es Zeit ist zu erblühn
in herbstlicher Pracht.

DIE ZEITLOSE

Was macht Ihr aber hier?

PRIESTER

Ich bin ein Priester, der durchs Land reist. Ich kam, um die herrlichen Herbstzeitlosen zu sehen. Wie heißt dieser Ort?

DIE ZEITLOSE

Acht Brücken, Yatsu-hashi, im Lande Mikawa, wo seit alters die Herbstzeitlosen wild wachsen übers Moor. Die schönsten, die in den tiefsten Farben leuchten, findet Ihr grad zu Euren Füßen, wie Ihr sehen könnt, wenn Ihr überhaupt ein Herz dafür habt.

PRIESTER

Ja, ich sehe sie. Es sind doch die weitberühmten Blüten der Kakitsubata aus der Sage? Wißt Ihr, wer von ihnen sang?

DIE ZEITLOSE

Im Buch Ise Monogatari kann man es lesen: Erst bei den Acht Brücken, wo das Wasser Weg und Steg überschwemmt, kom-

men die Herbstzeitlosen zur vollen Pracht, dort prunken sie und breiten ihre Blüten als einen Teppich übers Land. Und weil Narihira, der hier vorbeikam, eine Wette schloß, entstand ein Namengedicht, das so geht:
«Die Liebe meiner Herrin liegt mir an,
hautnah, ein knisternd Hemd aus Seide.
Ihr Sinn, ich spür's, hängt sich an jeden Schritt,
den ich auf dieser langen Straße tu.»

PRIESTER

Dann hat also auch Narihira einmal hier verweilt? Dann ist er hergekommen aus dem fernen Azuma?

DIE ZEITLOSE

Hierher? Ja, Narihira war da; überall hier – und auch im Osten und im fernen Norden.

PRIESTER

Er ist durch viele Provinzen gekommen. Wißt Ihr, welcher Ort von allen seinem Herzen am nächsten lag?

DIE ZEITLOSE

Der Ort hier, Yatsu-hashi, die Acht Brücken über das Moor.

PRIESTER

Hier, wo die Herbstzeitlosen stehn
mit weitoffnem Blütenkelch
auf dem Marschland von Mikawa.

DIE ZEITLOSE

Wohin er sich auch wandte,
weitab und fern von hier –

PRIESTER

– glühten ihm ihre Farben im Sinn.

DIE ZEITLOSE

So war Narihira, der Held aus alten Sagen.

PRIESTER

Diese Zeitlose aber ...

DIE ZEITLOSE

lehnt noch immer schräg am seitlichen Pfeiler der Bühne
Doch selbst diese Blumen vor Euch –

CHOR

– geben Euch noch nicht das Bild. Sie hatte gesagt:

«Alles Wasser strömt hin zum Meer.
Der Mann, der sich mit mir verbunden,
des Herz findet zu mir zurück
über hundert Adern des Wassers.
Ja, viele tausend Mal.»
Diese ihre Worte kamen ihm in den Sinn, als er einst fremd an diesen Ort gelangte und plötzlich im Anblick des blühenden Moores sah, daß sie bei ihm war.

DIE ZEITLOSE
Ich möchte etwas sagen.
PRIESTER
So sagt es nur.
DIE ZEITLOSE
Wenn dies auch nur eine armselige Bleibe ist, so möcht ich Euch doch bitten, hier zu nächtigen.
PRIESTER
Gerne bleib ich hier. Ich werd gleich hineinkommen.

Bis zu diesem Augenblick ist der Geist der Zeitlose als schlichtes junges Mädchen des Ortes erschienen. Sie verläßt nun ihren Platz am Pfeiler und geht auf die andere Seite der Bühne, wo sie sich umkleidet. Sie kehrt in ihrer wahren Erscheinungsform zurück als die große Liebe Narihiras. Sie trägt eine schwarze Kopfzier, eine Art Helmbusch, ein Oberkleid aus Seidengaze, goldgemustert, darunter ein Kleid in leuchtendem Orange mit grünen und goldenen Mustern; doch ist dieses kaum unter der Gaze zu sehen.

Zweite Szene

PRIESTER
Wie seltsam! In dieser baufälligen kleinen Hütte, aus dem Frauengemach, eine Dame in leuchtenden Kleidern! In der Kopfzier aus Sukibitais Zeit – wie ein gebogener Farn! Sie scheint zu sagen: «Schaut mich an!» Was kann all das nur bedeuten?
DIE ZEITLOSE
Dies ist das Gewand aus chinesischer Seide,
von dem das Lied Narihiras gekündet,

der Stoff, in dem auch Kaiserin Takeko einherging,
die des Tennō Seiwa Gattin war.
Sie wars, die Narihira geliebt hat,
als sie den Tanz der fünf Schritte, Gosetsu, tanzte.
Achtzehn war sie, als sie sein Herz bestrickte,
ihre Jugend ging ihm ins Blut.
Dieser Farn-Helm gehört zum Gosetsu,
beim Toyo-no-akari-Fest
Narihira hat ihn getragen.
Und seine Liebe umfing ihn wie ein Kleid,
sie blieben eingedenk einer des andern.
Hut und Kleid, die ich trage, sind der Erinnerung Hauch.
PRIESTER
Ihr hättet besser nicht daran gerührt. Doch wer seid Ihr?
DIE ZEITLOSE
Ich bin ja der Geist der Herbstzeitlosen, bin alle Farben des Gedenkens. Und Narihira war die Musik selbst, die uns ein Buddha gab. Heiliger Zauber geht aus von den Worten und Weisen seiner Lieder, bis selbst die Gräser und Blumen ihn bitten um die Gnade des Taus.
PRIESTER
So geht es zu in einer elenden Welt,
den unbeseelten Blumen
künd ich hier Buddhas Wort.
DIE ZEITLOSE
Dieser Tanz war vor Zeiten unsere Andacht,
Buddha nahm ihn an als Gebet.
PRIESTER
hört die Musik
Wahrlich – es ist Musik der Geister!
DIE ZEITLOSE
Menschengestalt nahm er an –
PRIESTER
– zog weit hinaus in die Welt,
verließ die Stadt in den Sternen ...
DIE ZEITLOSE
Machte heil alle Welt –

PRIESTER
– durch seine himmlischen Weisen.
CHOR
Weithin in die Welt wandre ich –
hab das Gewand angetan zum Tanze.
DIE ZEITLOSE
Kleid aus dem Leid der Trennung.
CHOR
Die Ärmel laß ich nun fliegen
zurück, in die Richtung der Stadt.
DIE ZEITLOSE
So eine Geschichte hat weder Anfang noch Ende,
niemand kannte den Helden,
niemand hat sein Wirken gesehn.
Vor langer Zeit trug der Jüngling
zum erstenmal den Mannes-Hut.
Zog aus zur Jagd nach Kasuga,
dem Ort in der Nähe von Nara.
CHOR
In den Tagen des Tennō Nimmyō
da trug es sich wohl zu ...
Ein kaiserlich Dekret ward ihm gebracht,
er las: «Im März zu Anfang des Mondes,
wenn die Nebel sich immer noch türmen
überm Gipfel des Ouchiyama ...»
Der Ritterhut, Sukibitai, ward ihm verliehen
als dem Herold des Tennō
beim Fest in Kasuga.
DIE ZEITLOSE
Eine unerhörte Gunst.
CHOR
Es geschah nicht oft, daß die Spiele und die Genbuku-Zeremonie im Palaste selbst stattfanden. Ja, es war das erste Mal, daß sie hier abgehalten wurden.
Einmal nur kommt die Herrlichkeit der Erde,
einmal nur, blüht auf und welkt bald dahin,
so auch zu ihm nur einmal.

Er zieht aus, sein Glück zu suchen in Azuma,
schweift wie ein Wolkenschwad am Himmel, unstet,
und am End nach langen Jahren
blickt er hinab aufs Meer,
an der Küste bei Ise und Owari wars,
und es verlangt ihn nach dem einen kurzen Jahr,
da er im Licht höchster Huld gestanden.
    Die Wellen triften zurück
    und die Brandung kehrt wieder.
    Nicht wieder kehrt meine Herrlichkeit,
    meine Zeit, meine Zeit,
    Narihira, Narihira,
    meine Herrlichkeit kehrt niemals wieder.
So stand er am Fuße des Asama in Shinano, und sah den Rauch verkräuseln.

DIE ZEITLOSE
Sieh, Rauch verkräuselt
überm Gipfel des Asama.
    Narihira, Narihira,
    meine Herrlichkeit kehrt nicht wieder.

CHOR
Fremde, die von weither kommen,
die mag es wohl wundernehmen.
Von weither kam er
und gelangt zum Sumpfland von Mikawa,
wo die Zeitlosen blühn, Kakitsubata,
deren Herrlichkeit prangt übers Moor hin,
überm Wirrwarr der tausend Wasseradern
hier bei den Acht Brücken.
Und Narihira dachte an seine Herrin. Aber von den hundert Geschichten des Ise Monogatari – welche Seite kündet da nicht vom Unterwegssein? Am Ort der Acht Brücken übers Moor, da führen die Flüsse stets Wasser:
Er hat noch viele Frauen geliebt.
Als Libellen stieben sie auf
von den Fenstervorhängen,
an denen der Tau hängt,

funkeln und schillern im Licht,
fliegen und fliegen:
Seelen der schönen Frauen
steigen hinan, hinan.
  Im Zeitlichen hier
weht und weht nur der Herbstwind,
und die Wildenten schrein: «Kari! ... Kari!»
Ich, die ich spreche, ein unsteter Schatten,
eine flüchtige Form, dahingetrieben wie sie alle,
ich bin gekommen den Menschen zu leuchten.
Und mögen sie mich auch nicht erkennen.
DIE ZEITLOSE
Ein Licht, das nicht ins Dunkel lockt.
CHOR
singt ein Lied Narihiras
  Kein Mond!
  Der Frühling
nimmer der Frühling der alten Zeit,
mein Leib
nimmer mein Leib,
nur ein Kleid, das ich abgelegt.
  Narihira, Narihira,
  meine Herrlichkeit kehrt nicht wieder.
CHOR
Ihr sollt wissen, daß Narihira diese Verse der Kaiserin widmete,
der Gemahlin des Tennō Seiwa.
Das Garn des Lebens zasert auf,
das wahre Bild teilt sich in Schatten und Licht.
Narihira hat mich erkannt. Zweifle nicht, Fremder.
Und nun setz ich zum Tanz an im seidenen Kleid aus alten Zeiten.
Sie tanzt. Die folgenden Verse beschreiben den Tanz.
DIE ZEITLOSE
Flocken von Schnee über den Blüten:
Falter schwärmen hier aus.

CHOR
Nachtigallen stieben durchs Weidengestrüpp:
Sternschnuppen der Herbstnacht.
DIE ZEITLOSE
Die Herbstzeitlosen
wie in alter Zeit
wachsen aufs neu.
CHOR
Die Farbtöne, die längst verglühten,
sind aufs neue entflammt.
DIE ZEITLOSE
Und die Mär beginnt, wie einst sie begann,
wir stecken uns zeitlose Blüten ins Haar.
CHOR
Welche Farbe hat diese Blume?
Ist sie einer andern vergleichbar,
die Farbe der Kakitsubata,
der Wasserilgen von Mikawa?
Der in grau und olivfarbene Gewänder gekleidete Chor verhüllt die helle Gestalt des Tänzers.
Was ruft da aus dem Geäst?
Der Geist der Herbstzeitlose geht ab, verläßt die Form seiner Erscheinung, die dahinschwindet, wie die Luft sie wieder aufnimmt.
DIE ZEITLOSE
Es ist nichts ... nur der abgestreifte Balg der Zikade ...
CHOR
Ärmel weiß wie der Schnee,
weiß, wie das letzte Geheimnis,
wenn im späten April
die Blüten fallen.
Es wird Tag, am Horizont öffnet die Purpurblume
ihren Kelch weit der Weisheit,
aufgezehrt vom höchsten Gedanken
löst sich der Blumen-Gedanke in Buddha.[7]

7] S. a. Anhang, S. 301.

Anmerkung

In der Vorbemerkung zu KAKITSUBATA habe ich ein oder zwei Fragen offen gelassen. Ich glaube nicht, daß sich die Schönheiten dieses Stückes beim ersten Lesen erschließen. Dagegen spricht uns sein Gefühlston unmittelbar an. Der Geist nimmt in eben diesem blühenden Moor Gestalt an, weil es die Stelle ist, wo vor Jahrhunderten Narihira auf seinen Wanderungen anhielt und an seine Geliebte erinnert wurde. Unsere westliche Kunst ist so sehr eine Kunst der Betonung, ja Überbetonung, daß es uns schwer fällt, die Möglichkeiten einer Kunst der absoluten Unterbetonung richtig einzuschätzen, einer Kunst, in der die Dichter es als selbstverständlich ansehn, daß ihr Publikum unmittelbar erfaßt, was an einem Text tiefgründig und wesenhaft ist.

Die Musen sind ‚die Töchter der Erinnerung'. Durch die Erinnerung wird der Geist heraufbeschworen. Er ist dem flüchtigen Gedanken verhaftet, der sich an die Herbstzeitlosen knüpft und seine Manifestation möglich macht. Die Blüten sind – wie die zuerst verblichene und dann hell erstrahlende Erscheinung – äußere Hüllen des Seins. Das Schöne ist ein Weg, der zum Heil führt, und das Erscheinen des Geistes, «um ihrem Herrn die Herzen zu gewinnen» oder «um die Menschen hier sehend zu machen», ist Teil seiner Funktion. Denn er stellt das «zeitlose Fortbestehn der Seele» oder die «Fortdauer und Nachhaltigkeit des individuellen Daseins» durch sein Erscheinen dar – zuerst als einfaches Mädchen vom Ort und dann in dem Glanz, der früheren Zeiten zukam. So wenigstens habe ich den Sinn des Stückes verstanden. *E. P.*

CHŌRYŌ
Von Kojirō Nobumitsu [1435–1516]

Personen:
Erster Shite: ein alter Mann
Zweiter Shite: Kōsekkō, in seiner wahren Gestalt
Waki: Chōryō
Chor

Inhalt:
‚Chōryō' handelt von der Einweihung in die Kunst der Kriegführung, die nur dem Würdigen zuteil wird, nachdem er eine Bewährungsprobe bestanden hat. Chōryō ist, wie Shōjō, ein Schlußspiel. [D.Ü.] Das Stück spielt in China.

Erste Szene

CHŌRYŌ
Ich bin Chōryō, Untertan des Kaisers von China, und obwohl meine Gedanken ganz in seinem Dienst aufgehen, hatte ich einen seltsamen Traum. Mir träumte, es gäb in Kahi eine Brücke aus gestampftem Lehm, und wie ich dort am Geländer lehnte, kam ein alter Mann auf einem Pferd daher. Und er ließ einen Schuh fallen und befahl mir, ihn aufzuheben. Ich hielt das für ein unbilliges Verlangen, aber er schien eine so außergewöhnliche Persönlichkeit und schon so betagt, daß ich hinzutrat und ihm den Schuh aufhob. «Dein Herz ist ohne Fehl», sagte er, «komm in fünf Tagen wieder an diesen Ort, dann werde ich dir zeigen, was es mit dem Waffenhandwerk auf sich hat.»
So sprach er, und dann erwachte ich, und nun sind's fünf Tage seit meinem Traum, und ich bin unterwegs nach Kahi.
Schon zeigt der Tagesanbruch sich am Himmel. Ich fürchte, ich werde zu spät kommen. Die Berge sind oben schon hell, und ich komme grad erst zur Brücke.

ALTER MANN

Chōryō, du kommst zu spät, du hast nicht Wort gehalten. Zu früher Stunde war ich schon hier, und nun ist's viel zu spät. Hör doch, die Glocken ertönen.

CHOR

Zu spät, zu spät. Komm noch einmal. Komm wieder in fünf Tagen, wenn du in deiner Brust ein Herz hast ohne Fehl und Tadel. Ich werde hier sein und will dich die rechte Kriegskunst lehren. Halte die Stunde ein, halte dein Wort ohne Fehl. Wie zornig der alte Mann aussah. Wie plötzlich er fort ist! Chōryō, sieh ja zu, daß du zur rechten Zeit hier bist.

CHŌRYŌ

Er ist ergrimmt. Es tut mir leid. Warum nur folge ich einem wildfremden Mann? Töricht! Doch wenn er mich in die Geheimnisse der Kriegskunst einweihen wollte ...

CHOR

Ich glaub, er wird wiederkommen. Er ist nicht einer, der seine Zeit vertut. Doch, er wird wiederkommen. Seht, er geht fort und lächelt.

Zweite Szene

CHŌRYŌ

«Rauhreif beschlägt die Jaspis-Terrasse,
ein weißer Storch und ein schwarzer Storch
singen in den Lüften,
der Herbst dringt tief in die Täler von Hako,
die kläglichen Affen ächzen inmitten der Nacht,
der Saumpfad ist verlassen.»

CHOR

Das Mondlicht der frühen Morgenstunden
ist über die Erde gebreitet
und gleißt durch die Schrunden im Bergkamm,
weißer Reif bedeckt die Brücke von Kahi,
das frostkalte Wasser darunter sprudelt und flockt,
der Reif auf der Brücke weist keine Fußspur,

kein Mensch kam über sie heute früh.
Chōryō, das ist dein Glück.
Dort der Schatten: ein Mann spornt sein Pferd an.
ALTER MANN
Ich bin der Alte – bin Kōsekkō. Weil Chōryō treu seine Pflichten erfüllt, weil er kein Narr ist, weil er bereit ist zu lernen ...
CHOR
Weil er sich Gedanken macht um die ihm Anvertrauten ...
KŌSEKKŌ
Hat man sein Herz erkannt in den höchsten Himmeln.
CHOR
Die Bodhisattwas wollen ihn segnen.
KŌSEKKŌ
Ich will ihn die Künste des Krieges lehren.
CHOR
Er sagt, daß er Chōryō unterweisen will, wie man den Feind unterwirft und das Volk recht regiert. Er treibt sein Pferd an, und Chōryō sieht es von weitem, sieht den Alten in so andrer Gestalt und von so hohem Gebahren, daß er niederkniet auf der Brücke und Kōsekkō erwartet.
KŌSEKKŌ
Chōryō, du kamst zu guter Stunde. Trete heran und höre.
CHŌRYŌ
Da steht Chōryō auf, rückt seinen Hut zurecht und glättet sein Gewand.
KŌSEKKŌ
Ich weiß zwar, daß er tapfer ist, aber ich will ihn noch einmal auf die Probe stellen.
CHOR
Kōsekkō schleudert seinen Schuh fort, so daß er in den Fluß fällt. Stracks springt Chōryō hinein, um ihn zu holen, aber der Fluß schießt dahin zwischen den Felsen; er ist voller Strudel und Stromschnellen. Er schwimmt, er taucht, er treibt dahin, kommt aber an den Schuh nicht heran.
Seht, wie da die Wellen zurückweichen! Dichter Nebel legt sich über den Schauplatz, ein Drache rührt sich in den Tiefen,

windet sich zwischen den Wogen, rollt seine feurige Zunge.
Jetzt setzt er zum Kampf an mit Chōryō. Seht, da hat der
Drache den Schuh gepackt.

CHŌRYŌ

Chōryō zieht abwartend sein Schwert.

CHOR

Er führt einen großen Streich gegen den Drachen. Ein furchtbares Licht blinkt auf seinem Schwert. Seht, der Drache zieht sich zurück und läßt Chōryō den Schuh. Da stößt Chōryō sein Schwert in die Scheide und bringt den Schuh zu Kōsekkō und schnallt ihn wieder an dessen Fuß.

KŌSEKKŌ

Und Kōsekkō steigt herab von seinem Pferd.

CHOR

Er steigt herab und sagt: «Gut gemacht, gut gemacht.» Und er gibt Chōryō eine Schriftrolle, in der alle Künste des Waffenhandwerks verzeichnet sind, wie sie aus alter Zeit überliefert wurden. Und Kōsekkō sagt: «Jener Drache war Kannon. Sie kam her, um dein Herz zu prüfen und fortan sollst du ihr befohlen sein.» Da steigt der Drache auf zu den Wolken, und Kōsekkō zieht sich zurück auf seinen Berggipfel, und sein Licht hebt sich wieder vom Himmel ab. Denn er ward zum Gelben Stein.[8]

8] S. a. Anhang, S. 304.

GENJŌ
[*Die Laute Genjō*]

Einleitung

In China lebt zur Zeit der Tō-Dynastie [604–927] ein Lautenspieler namens Renjōbu, der eine Laute, Genjō genannt, besaß. Zur Zeit der Herrschaft des Tennō Nimmyō, der von 884–888 regierte, begegnete Kamon no Kami Sadatoshi in China Renjōbu und lernte von ihm drei Weisen, Ryūsui [Das Rinnsal oder das strömende Wasser], Takaboku [Der Specht][1] und die Weise Yōshin [Anfangstremolo oder Präludium]. Und dann brachte er noch die Laute Genjō heim an den japanischen Kaiserhof.

Der Tennō Murakami [947–967] war ein großer Biwa-Spieler.[2] In einer mondhellen Nacht, als er allein in seinem südlichen Palast saß, nahm er die Laute Genjō und sang dieses alte Lied:

Langsam nimmt die Nacht ihren Lauf,
schwer wird der Tau im Gras.
Und wenn das Herz des Menschen lang zur Ruhe gekommen,
wird noch das Gesicht des Mondes getrübt
von Wolkenschatten, die Nacht durch und bis es tagt.

Plötzlich erschien ihm der Geist Renjōbus und lehrte ihn zwei neue Weisen, Jōgen [Das erste Viertel] und Sekishō [Der

---

1] Die Worte des Liedes ‚Takaboku‘ lauten:
In den südlichen Bergen haust ein Vogel,
nennt sich Specht.
Hungrig, frißt er das Holz des Baums;
müde, ruht er in seinen Zweigen.
Kümmere dich nicht um andre Leute;
sieh darauf, was du vom Leben willst.
Ist dein Herz rein, wirst du Ehre erlangen,
ist es falsch, wird Schande über dich kommen.
Von der Dame Tso, im 4. Jahrhundert n. Chr.
2] Biwa bedeutet Laute. [D. Ü.]

Steinmetz]. Diese beiden wurden zusammen mit den dreien, deren Kenntnis Sadatoshi aus China mitgebracht hatte, hinfort die Fünf Biwa-Weisen genannt. Diese Fünf Weisen kamen auf den Dajōdaijin Moronaga,[3] zu seiner Zeit der kundigste Lautenspieler Japans.

Moronaga beschloß, die Laute Genjō zu nehmen und nach China zu gehen, um dort sein Spiel zu vervollkommnen. Aber unterwegs, an der Küste von Suma, erschien ihm der Geist des Tennō Murakami[4] in der Gestalt eines alten Salzsieders.[5]

3] Fujiwara no Moronaga [1137-1192] hatte ein wechselvolles Leben, wurde mehrfach verbannt und wieder begnadigt. Die Laute Genjō war der stete Trost dieses vielgeprüften Mannes. Um ins Urland der Musik, nach China, zu gelangen und dort in die letzten Geheimnisse seiner Kunst einzudringen, verließ er heimlich seine Ämter in der Residenzstadt Kyōto. [D. Ü.]

4] Nach einer anderen Version wurde die Laute Genjō nicht unter der Regierung des kunstliebenden Tennō Nimmyō, sondern erst später unter dem Tennō Daiga [898-930], in der heiligen ‚Engi-Zeit' [902-922], nach Japan gebracht. Worauf sich der Geist des Murakami am Schluß des Nō-Spiels GENJŌ bezieht. Meistens heißt es auch, daß nicht nur die Laute Genjō aus China gekommen sei, sondern alle drei berühmten Lauten Japans zur gleichen Zeit: Genjō, Seizan [die Laute Tsunemasas] und Shishimaru [‚Kleiner Leu']. Diese Geschichte wird noch variiert: nicht alle drei Lauten seien in Japan angekommen, eine, Shishimaru, sei zurückbehalten worden. In einer Version hat Renjōbu sie zurückbehalten, der nun dem Tennō Murakami – oder ihm und der Hofdame Nyogo Nashitsubo, die das Spiel des Kaisers auf dem ‚Koto', einem harfenähnlichen Instrument, begleitete – überreicht [zugleich mit der Mitteilung zweier neuer Weisen]. In einer anderen Version waren alle drei Lauten auf dem Schiff, mit dem Sadatoshi sie nach Japan brachte; aber der Meergott, der Drachengott, begehrte eine der drei Lauten und holte sich Shishimaru, die Löwenlaute. Und erst beim Wiedererscheinen Murakamis, der Moronaga bewegt, in der Heimat zu bleiben – denn auch Japan ist ein Land der Musik –, gibt der Drachengott sie heraus. [D. Ü.]

5] Diese Ausführungen zu GENJŌ wurden dem Manuskript freundlicherweise von Prof. A. Waley eingefügt. E. P.

GENJŌ
Von Kongō

Personen:
Erster Shite: Alter Mann
Zweiter Shite: Kaiser Murakami
Erste Tsure: Alte Frau
Zweiter Tsure: Ryūjin, der Drachengott
Tsure: Fujiwara no Moronaga
Waki: Begleiter Moronagas
Chor

Erste Szene

BEGLEITER MORONAGAS
Welcher Weg mag uns nach Mirokoshi führen, nach dem Lande China, hinter den achtfachen Wogen?
MORONAGA
Ich bin der Hofbeamte Moronaga.
BEGLEITER MORONAGAS
Er ist mein Herr, der berühmte Meister der Laute Genjō, und nun ist er unterwegs nach China, um in die letzten Gründe seiner Kunst einzudringen. Doch sind wir ein wenig vom geraden Wege abgewichen, das Mondlicht überm Strand von Suma zu sehen.
MORONAGA
Wann werd ich den Umriß von Kyōto wiedersehen, der Hauptstadt, die ich heimlich verließ zur Mitternacht? Yamazaki liegt schon weit hinter uns.
BEGLEITER MORONAGAS
Hier der Fluß Minato, der Wald von Ikuta. Durch die schwarzen, ragenden Stämme legt die Mondbahn einen einsamen Pfad. Und dennoch bin ich froh, daß wir nach China unterwegs sind. Der Wald von Koma liegt schon weit zurück. Und nun gelangen wir zum Küstenstrich von Suma.

Nun stehen wir am Strand von Suma in Settsu. Hier wollen wir verweilen und die alten Leutchen dort ausfragen.

ALTER MANN und ALTE FRAU
Mühselig und beladen, so die großen Salzkufen zu schleppen – und doch ist dieser Strand so traumschön, daß wir unsere Beschwer für nichts achten, sie vergessen.

ALTER MANN
Die untergegangene Sonne treibt noch auf den spiegelnden Wassern.

ALTER MANN und ALTE FRAU
Noch der einfachste Fischer weiß, daß irgend etwas hier unsern Sinn übersteigt, und spricht mit Scheu von diesem Küstenstrich.

ALTE FRAU
Die Inseln von Kii schimmern durch die Wolkenschleier im Süden.

ALTER MANN
Man kann die Schiffe sehn, die durch die Enge von Yura kommen.

ALTE FRAU
Und die Föhren, längs der ganzen Küste, ja, bis nach Sumiyoshi hinunter!

ALTER MANN
Und die Hütten in Tojima, in Koya, in Naniwa.

ALTE FRAU
Man heißt sie: die oft gemalte Insel.

ALTER MANN
Und doch war noch keiner imstande, das alles zu malen.

ALTER MANN und ALTE FRAU
Wahrlich, eine nicht geheure Stätte!

CHOR
Die Luft dieses Ortes macht einen träumen. Awaji, das Meer, ein Fischerdorf – seht, ihre Boote laufen nun ein! Der Regen lauert tief in der Wolkenwand. Nehmt eure Salzkufen auf, Aie! Ihr habt noch ein gut Stück Weg vor Euch, ein hart Stück Arbeit! Schafft sie hinüber, von der Insel Ise zum Strand von Akogi. Die Arbeit nimmt niemals ein Ende. Das Salz von

Tango ist noch mühsamer zu gewinnen. Nun steigen wir nach Suma hinab. Eine düstere Zeit für derlei Arbeit. Keiner weiß von unserem Dasein. Ist denn keiner, der nach unsern Sorgen fragt?

ALTER MANN
Ich will heimgehn zur Hütte und ruhn.

BEGLEITER DES MORONAGA
an der Tür der Hütte
Ist jemand da? Wir suchen Obdach.

ALTER MANN
Ich bin hier zu Hause.

BEGLEITER DES MORONAGA
Mein Herr ist der Meister Moronaga, der Lautenist, und ist unterwegs ins ferne China. Dürfen wir hier ruhn?

ALTER MANN
Geht lieber anderswohin.

BEGLEITER DES MORONAGA
Was? Ihr wollt uns kein Obdach gewähren? Wir bitten Euch, laßt uns hier bleiben!

ALTER MANN
Die Hütte ist Eurer nicht würdig, doch tretet ein, wenns Euch gefällt.

ALTE FRAU
Als sie um Regen gebetet im Hain der göttlichen Quelle, entlockte der Meister den Lautensaiten geheime Macht der Musik –

ALTER MANN
– und dem Drachengott schien's wohlgefällig. Auf einmal erwuchsen Wolken am steinklaren Himmel, Regen netzte die Erde, Schauer fiel über Schauer. Da haben sie ihn ‚Herr über den Regen' genannt.

ALTE FRAU
Wenn du solch eine hochgestellte Persönlichkeit aufnimmst –

ALTER MANN
– möcht ich auch seinem Spiel lauschen dürfen.

ALTER MANN und ALTE FRAU
Es wird eine denkwürdige Nacht sein.

CHOR

Prinz Semimaru, der Sänger, spielte seine Laute in der kleinen Kate in Ōsaka, und nun wird ein Fürst der Musik uns in unserer Hütte aufspielen. Eine einzige Nacht! Laßt uns hier verweilen in Suma. Die Föhren halten die Winde gefangen, und der Bambus läßt ertönen die Stille. Nur das leise Geraun der Wellen dringt noch von fernher zu uns. All das liegt Euch in den Ohren und wird Euch doch nicht schlafen lassen. Spielt Eure Laute! Wir hören.

BEGLEITER DES MORONAGA

Die ganze Nacht lang soll er für uns spielen! Ich bitt ihn darum.

MORONAGA

War es Frühling damals, als Genji in die Verbannung ging und hierher nach Suma gelangte? Als das Leid jene erste Saite anriß in ihm, von all den Saiten, auf denen das Leben uns spielt? Und doch war sein Reisegewand noch nicht tränendunkel. Weinend holte er seine kleine Laute hervor und meinte zu hören, wie der Meereswind einen Schrei mitgeführt, in dem seine eigene Sehnsucht schwang und aus fernen Städten heranzog.

CHOR

Es war der Ton des kleinen Saitenspiels, der zusammenklang mit dem Meerwind, die Laute aber, die wir nun hören, ist der Regen, der einherschreitet in Schauern. Aber der trommelt ja aufs Dach der Hütte! Der Regen macht unsere Ohren taub. Er unterbricht das Lautenspiel.

ALTER MANN

Warum hört Ihr auf zu spielen?

BEGLEITER DES MORONAGA

Des Regens wegen hörte er auf.

ALTER MANN

Ja, es regnet. Wir wollen Schilfmatten aufs Dach legen.

BEGLEITER DES MORONAGA

Warum?

ALTER MANN
Dann wird man den Regen nicht mehr hören als Lärm, und wir können der Musik weiter lauschen.
ALTER MANN und ALTE FRAU
So legten sie Matten aufs Holzdach.
CHOR
Und sie kamen zurück und setzten sich zu Moronaga, um sein Spiel anzuhören.
BEGLEITER DES MORONAGA
Was habt Ihr gemacht?
ALTER MANN
Der Regen tönte in andrer Tonart. Die Laute ist auf ‚Glockenspiel' gestimmt, der Regen aber gab einen Zimbelklang. Jetzt hören wir ihn als Arpeggio.
CHOR
Wir wußten's gleich, daß Ihr kein gewöhnlicher Mensch seid. Spielt nun selber die Laute!
ALTER MANN und ALTE FRAU
Die Wellen an diesem Ufer schlagen ja ihre eigene Laute. Wir sind nicht vorbereitet, Euch diesen Wunsch zu erfüllen.
CHOR
Dennoch gibt Moronaga ihnen die Laute.
ALTER MANN
Der alte Mann schlägt die Saiten.
ALTE FRAU
Die alte Frau nimmt die Harfe zur Hand.
CHOR
Das Zupfen und Perlen der Saiten tönt als ein Sphärenklang: «Barari, karari, karari, barari», tränendunkle Schönheit, Singen schwingt in der Musik, schwillt an und klingt wieder ab.
MORONAGA
Moronaga denkt –
CHOR
Damals in Hi-no-Moto lernte ich alles, was der Mensch vom Lautenspiel weiß, und nun schäm ich mich, daß ich meinte, ins ferne China zu müssen, um noch mehr zu lernen. Nicht nötig, dieses Land zu verlassen. So schleicht er sich heimlich

fort aus der Hütte. Und der alte Mann, ders nicht merkt, spielt weiterhin die Laute, und singt ‚Etenraku', die Weise der Himmelshöhen, dies Lied:
Die Nachtigall nistet im Pflaumenbaum,
was soll sie da noch mit dem Wind?
Laßt die Nachtigall bleiben
bei ihrem blühenden Baum.
Der alte Mann spielt weiter und merkt nicht, daß sein Gast schon gegangen ist.

ALTE FRAU

Der Fremde ist weggegangen.

ALTER MANN

Was? Er ist schon fort? Warum hieltest du ihn nicht zurück?

ALTER MANN und ALTE FRAU

So laufen sie beide hinaus und folgen dem Fremden.

CHOR

Sie fassen ihn am Ärmel und sagen: «Die Nacht nahm noch nicht ihren Lauf. Bleibt hier!»

MORONAGA

Warum haltet Ihr mich auf? Ich gehe zurück in die Hauptstadt, doch später werd ich nach Suma wiederkehren. Wer seid Ihr? Wie sind Eure Namen?

ALTER MANN und ALTE FRAU

Kaiser Murakami und die edle Frau Nashitsubo.

CHOR

Um dich von deiner Reise nach China abzuhalten, kamen wir in deinen Traum, hier an der Küste von Suma.
Mit diesen Worten entschwinden sie

Zweite Szene

KAISER MURAKAMI

Im heiligen Zeitalter von Engi ward ich geboren, als die Musik zu uns kam aus dem Lande China, die geheimen, die heiligen Weisen, und die drei Lauten uns beschert worden sind: Genjō, Seizan und Shishimaru. Zwei wurden dem Tennō richtig überbracht. Die dritte, Shishimaru, aber raubte der Drachengott der tiefen Gründe vom Schiff. Doch heute will ich sie Moronaga verleihen.

Und er sieht hinaus auf das Meer und ruft den Drachengott und fordert Shishimaru, die Laute.

Der Drachengott taucht auf aus den Wellen, und acht Drachengöttinnen ihm zur Seite, und er reicht Moronaga die Laute aus dem tiefen Meer. Und Moronaga empfängt sie und setzt an, darauf zu spielen. Und der Drachengott regt sich im Rhythmus der Meeresweisen, und die Wellen schlagen dumpf den Takt. Und Murakami nimmt mit seiner Laute den Part auf. Das ist Musik. Dann besteigt Murakami seine Wolken-Karosse, woran die acht Drachengöttinnen ziehen, steigt empor und entschwindet den Blicken. Und Moronaga reitet auf dem schnellsten Weg zurück in die Stadt, und trägt an seiner Brust geborgen die Laute der Wasser und Wellen.[6]

6] S. a. Anhang, S. 304.

TEIL V

INHALT UND AUFFÜHRUNG WEITERER NŌ-SPIELE

SHUNKAN von Seami Motokiyo
Inhalt: Als Kiyomori [aus dem Hause Taira, 1118–81] auf der Höhe seiner Macht stand, verschworen sich drei Männer, ihn zu stürzen. Sie wurden entdeckt und auf die Teufelsinsel verbannt. «Viele Jahre hindurch kannten sie den Frühling nur am jungen Gras und den Herbst am welken Laub.»
Als die Tochter Kiyomoris niederkommen sollte, wurden viele Gefangene und Verbannte begnadigt, um die Götter milde zu stimmen. Unter den Amnestierten befanden sich auch die beiden Mitverschwörer Shunkans – aber nicht er, der Anstifter.
Am 9. Tag des 9. Monats [ein Tag, der ‚Shōjō‘ genannt und als glückbringend angesehen wird, weil einst Hoso von China an diesem Tage den geweihten Reiswein trank und siebentausendjähriges Leben erlangte] halten die beiden Mitverschwörer Shunkans eine Andacht zu Ehren der Kumano-Gottheiten. Es fehlt ihnen die Albe, so müssen sie auch zur Andacht ihre härenen Kittel tragen; sie haben keinen weißen Reis zum Trankopfer, so streuen sie weißen Sand aus. Mit dieser Szene beginnt das Nō. Shunkan, der einst Abt an einem Zen-Tempel war, tritt auf. Der Brauch verlangt, daß er eine Schale voll Sake [Reiswein] darbringt, wie es beim Empfang von Pilgern üblich ist. Doch hat er nur eine Schale Wasser.
Indes die Zeremonie vorangeht, erscheint der kaiserliche Bote mit dem Gnadenerlaß. Er verliest die Namen Yasuyori und Naritsune, aber nicht den Shunkans. Dieser meint, es müsse sich um ein Versehen handeln. Er packt die Rolle, liest sie und wird von rasender Trauer befallen. Er versucht, seine Gefährten zurückzuhalten, doch der Bote treibt diese zur Eile an. Shunkan ergreift das Ankertau des Nachens. Der Bote kappt es, Shunkan sinkt zu Boden, und die anderen fahren davon und lassen ihn allein zurück.

Das ist natürlich kein Schauspiel in unserem Sinn. Es ist das Libretto zu einem gewaltigen Tanz.

Aufführung [Asakusa, 30. Oktober 1898]: Die Gefährten Shunkans [Tsure-Rollen] sind mattblau und braun gewandet. Shunkans Maske ist von stumpfer Farbe, voller Runzeln mit hohlen Wangen und Augen. Sein Kostüm ebenfalls blau und braun. Der Höhepunkt des Spiels, dargestellt im Tanz, setzt ein, nachdem die anderen im Boot die Insel verlassen haben. Alles ist auf die Steigerung dieses einen Gefühls angelegt. Das Stück spielt auf einer Insel vor der Küste von Satsuna.

KOI NO OMONI [*Die Zentnerlast der Liebe*]. Von Seami Motokiyo

Inhalt: Yamashina no Shōji war Gärtner des Tennō und hatte sich in eine der Hofdamen, die sich in den Gärten ergingen, verliebt. Er trachtete sein Geheimnis für sich zu behalten, doch irgendwie wurde es ruchbar. Da sagt ein Hofschranze zu ihm: «Wenn du diese leichte, kostbare Last aus Brokatstoff auf deinen Rücken nimmst und sie tausendmal rund um den Garten trägst, gewinnst du das Herz jener Dame.» Aber so leicht und kostbar sich die Last auch ausnimmt, sie wiegt sehr schwer, und so oft er sie zu heben versucht, zieht das Gewicht ihn zu Boden. Er klagt sein Leid in einem Lied und stirbt zuletzt gar bei dem Versuch, seine Bürde zu heben.

Der Höfling erzählt dies alles der Dame. Da überkommt sie Mitleid, und sie rezitiert ein kurzes schönes Lied, auf das hin der Geist Shōjis erscheint, ihr vom Schmerz, den er in seinem Leben dulden mußte, singt und sie der Hartherzigkeit zeiht.

Aufführung: Von Anfang an liegt die Zentnerlast der Liebe vorn an der Rampe der Bühne, was sichtbar macht, daß sie recht eigentlich die Hauptrolle in diesem Stück spielt. Sie besteht aus einem Würfel, der mit rotem und goldenem Brokat bespannt und mit grünen Bändern verschnürt ist. Der Held trägt eine Maske, die ihn wohl über die Maßen alt, häßlich und runzlig macht. Sein Kostüm ist schlicht, mit kleingehaltenem Wellenmuster [‚Wassergewand'], jedoch reich verziert. Die Hofdame ist prächtig gekleidet mit lächelnder Jungmädchen-Maske und einem Kopfschmuck, von dem glitzernde Anhänger baumeln – eine Art indischer Kopfschmuck. Die Dame sitzt an der rechten Seite der Bühne, unbeweglich, eher das Bild, das sich der Liebende von seiner Dame macht, denn ein lebendes Wesen. Der Gärtner singt, klagt und versucht mehrmals die Last zu heben, vermag es aber nicht. Der Höfling sitzt ungefähr im rechten Hintergrund. Shōji stirbt und geht ab.

Nun redet der Höfling die Dame an, die plötzlich lebendig zu werden scheint. Sie hört seine Erzählung an, verläßt dann ihren Sitz, läßt sich halb kniend neben der Last nieder, das Gesicht still und unbeweglich darauf gerichtet. All dies ist weit stärker und eindrucksvoller, als man sich's vorstellen kann. Alle verlassen die Bühne, außer dieser stillen Gestalt, welche in Betrachtung der Last verharrt, die nun ihr auferlegt scheint. Der Geist Shōjis kommt herein, in glänzendem, prächtigem Brokatkleid. Er stützt sich auf einen Stab und trägt eine Perücke von fliegendem weißem Haar und eine Maske mit den Zügen eines Erdgeistes. Er vollführt einen Tanz, der sein Liebes- und Racheverlangen ausdrückt.

KANAWA [*Der eherne Reif*]. Von Seami Motokiyo
Inhalt: Zur Zeit des Tennō Saga lebte eine Frau, die von ihrem Mann verlassen war. Die Eifersucht machte sie so rasend, daß sie zum Kibune-Schrein wallfahrte und sieben Tage lang darum betete, eine Hannya [ein Alb] zu werden. Am siebenten Tage erbarmt sich die Gottheit und verkündet ihr: «Wenn du eine Hannya werden willst, so schließe dir einen ehernen Reif um das Haupt, in den du drei Kienspäne steckst.» Nach diesem Orakelspruch kehrt sie befriedigt nach Kyōto zurück, teilt ihr Haar in fünf Strähnen, färbt ihr Gesicht und ihren Körper rot und legt sich einen eisernen Reif um den Kopf, in dem drei Kienspäne stecken. In den Mund nimmt sie einen doppelten Feuerstab, der an beiden Enden brennt. Wenn sie so nachts auf der Straße erscheint, halten die Leute sie für einen Dämon. Daher erklärt sich der Brauch, daß japanische Frauen, wenn sie eifersüchtig sind, manchmal des nachts zu einem Tempel wall-

fahrten und einen ehernen Reif mit brennenden Kerzen um den Kopf tragen. Manchmal verkleiden sie auch eine Strohpuppe so, wenn sie im Tempel die Gottheit anrufen.

Aufführung: Zuerst tritt der Kyōgen [hier als Wärter im Kibune-Schrein] auf und sagt, eine Frau, die hierher beten kommen werde, solle aus seinem Mund den Bescheid der Gottheit dieses Tempels empfangen.

Dann kommt die Frau. Der Kyōgen fragt sie, ob sie jede Nacht herkomme, und gibt ihr die Weisung, wie sie durch den Kanawa zur Hannya werden könne. Sie geht ab. Unterwegs verändert sich ihr Gesicht. Der treulose Gatte tritt auf. Er erzählt, daß er in Shimikio lebt, der Unteren Hauptstadt, und von Albträumen gepeinigt werde. Er begibt sich zum Priester Abe no Seimei, der ihm eröffnet, die Eifersucht seines Weibes ließe diese Träume erstehen, und sein Leben sei noch in dieser Nacht in Gefahr. Der Gatte bekennt seine Untreue. Der Priester nimmt eine Gegenbeschwörung vor, zu der er zwei lebensgroße Strohpuppen nimmt, in die er Zettel mit den Namen beider Eheleute hineintut. Er verwendet den dreifachen Takadana [gewöhnlich Mitegura genannt] und die fünffarbenen Opferstreifen Gohei, deren Farben rot, blau, gelb, schwarz und weiß sind. Sturm kommt auf mit Blitz und Donner, die Opferstreifen wehen hin und her. Die Frau erscheint. Sie und der Chor singen, einander unterbrechend; sie klagend, der Chor ihre Gedanken interpretierend. Sie nähert sich dem Kissen ihres Gatten mit Mordabsichten. Doch die Kraft der Geisterbeschwörung Abe no Seimeis gewinnt die Oberhand, und sie verschwindet in den Lüften.

MATSUKAZE von Kanami Kiyotsugu, bearbeitet von Seami Motokiyo

Inhalt: Ein wandernder Mönch sieht die Geister der zwei Fischermädchen Matsukaze [‚Föhrenwind'] und Murazame [‚Frühlingsregen'], die immer noch Salzwasser schöpfen an der Küste von Suma. Immer noch spüren sie, wie die Meereswellen sie umspülen, und singen: «Sogar die schlängelnden Schatten des Mondes sind naß.» «Der Herbstwind ist trächtig, trächtig von Meergedanken.» Sie scheinen sich in ihr altes arbeitsreiches Dasein zurückzusehnen und sagen, der Mond ‚neide' das Geisterleben und wolle nur auf Lebende scheinen; die Sonne lese den Tau auf, sie selbst aber blieben wie Schwaden von hingemähtem Gras an der Küste liegen, um zu verbleichen.

Die Schönheit dieses Nō besteht nicht allein in seinen poetischen Bildern; alles ist voll Beziehung, voll Anspielungen auf Geschichte und Sage des Ortes – der Küste von Suma –, aus denen auch das einstige Dasein der beiden Fischermädchen seinen Zauber empfing. Schon ihrer beider Namen sind voll Poesie: die Föhre ist der Lebensbaum, und der Föhrenwind, das Rauschen des Lebensbaums ist ein altes Zen- und Kunstmotiv, ebenso wie der leise fallende erfrischende Regen im Frühling und wie das Bild des Schöpfens des Salzwassers, das in je zwei Eimern am Tragstecken zum Salzsieden gebracht wird.

Einst war Ariwara no Yukihira, der Bruder Ariwara no Narihiras, nach Suma verbannt. Da begegnete er den beiden Mädchen an der Küste und half ihnen bei der schweren Arbeit. «Sollte einer nach mir fragen, so sagt ihm, daß ich an der Bucht von Suma die Salzeimer trage.» Nach drei Jahren der Verbannung kehrte Yukihira in die Hauptstadt heim. Die Seelen der Mädchen aber warten noch immer ruhlos auf die Wiederkehr Yukihiras. «Hör ich den Föhrenwind, weiß ich, du wartest und kehre wieder», hatte er einst versprochen. Die Mädchen singen: «An der einsamen Bucht von Suma netzt die salzige Flut unsere Ärmel; steigt der Mond empor, fällt Trauer uns an ... Kein Freund geht mit uns, außer dem Mond.» Der Mond spiegelt sich im Wasser der beiden Schöpfeimer: Inbegriff des Scheins; so begleitet er jedes der Mädchen zweifach und zugleich ungreifbar auf seinem Weg. Der Mond im Wassereimer ist gleichfalls ein berühmtes japanisches Motiv.

«Wie leis sind die Stimmen der Fischer. Wir sehen die Fischerboote weit draußen auf hoher See. Kinder singen unterm Wind, der das Feld fegt. Der Wind ist salzig vor Herbst. Wie hoch diese Nacht ist. Wir wollen zum Ufer zurückgehen, die Flut erreicht ihren höchsten Stand. Wir hängen unsere nassen

Ärmel über die Schultern, Salz tropft von ihnen. Die Wellen eilen zum Strand, ein Storch singt im Ried. Sturmwolken kesseln uns ein. Wie sollen wir diese Nacht überdauern? Kalte Nacht, klarer Mond, und wir beide im tiefen Schatten.»
Aufführung: Der wandernde Mönch begegnet einem Einheimischen, der ihn auf eine Föhre aufmerksam macht, die das Gedenken der beiden Mädchen versinnbildlicht. Er trifft auf sie, erkennt sie aber nicht und bittet um Unterkunft in der Salzsiederhütte. Sie sei zu dürftig, sagen die Mädchen. Der Mönch möchte dennoch bleiben, denn ist's nicht der Landstrich, in dem Yukihira einst weilte? Da geben sich die Mädchen zu erkennen. Matsukaze kleidet sich mit Jagdgewand und Hut Yukihiras, die er ihr als Pfand seiner Liebe zurückließ. Es folgt die große Tanzszene und beschwört das Rauschen der Bucht und der Föhren herauf – das Zeichen für Yukihira, wiederzukehren. Dann erwacht der Mönch aus seinem Traum.

E.P.

AUFBAU UND PROGRAMM
EINES NŌ-ABENDS

Der Aufbau des Nō-Abends entspricht dem der einzelnen Stücke: bilden doch alle fünf Stücke des Programms eine Einheit, deren Gliederung mit der Einteilung unseres klassischen Dramas in fünf Akte verglichen werden kann. Die einzelnen Nō-Spiele sind nicht durch ihre Fabel miteinander verbunden, sondern durch die Steigerung der Empfindungen, die sie im Betrachter und Zuhörer erwecken. Was im einzelnen Stück *Jo* ist, die weihevolle, zeremonielle Einführung, wenn der Waki sich förmlich vorstellt, das ist, vom ganzen Abend aus gesehen, das Eröffnungsspiel, das Nō der Götter. Darauf folgt die Durchführung: den drei Stufen des *Ha* entsprechend – das Nō der Krieger, das Nō der Frauen, das Nō der Rasenden als Zweit-, Dritt- und Viertspiel; auf die Trauer um die unerlöste Seele eines in der Schlacht gefallenen Kriegers – wie in TSUNEMASA – folgt die Anmut des Weiblichen, wie sie in HAGOROMO von der Mondnymphe dargestellt wird. Das Viertspiel, das bis zur Raserei gesteigerten Schmerz oder Freude zu zeigen hat [z. B. in AOI NO UE], klingt aus im Schlußspiel, das den Sieg über Dämonen oder das Wirken der Naturgeister in einer heftigen Steigerung des Tempos vorführt und dem großen Schlußtanz im *Kyū*, dem Ausgang des einzelnen Spiels, entspricht.

Die Aufteilung in *Jo*, *Ha* und *Kyū* ist weniger eine Aufteilung nach dem Thema als nach dem Tempo und der Modulation. Zemmaro Toki schreibt dazu: «Das Nō-Spiel richtet sich nach dem, was man das Gesetz von *Jo*, *Ha* und *Kyū* nennt. An dieses Gesetz hält man sich z. B. bei der Klassifizierung der Nō-Spiele und bei der Zusammenstellung des Nō-Programms. Auch die Inszenierung eines Nō-Spiels unterwirft sich diesem Gesetz, das einen Kanon vor allem des Tempos und der Modulation darstellt. Das Wort *Jo* kann man als Einleitung übersetzen, als einen Vorgeschmack; das heißt, daß Spiele, die unter diese Kategorie fallen, vergleichsweise eintönig sind, zu ihrer

Aufführung nur geringer Mühe bedürfen und ziemlich schlicht und leichtverständlich sind. Unter *Ha* versteht man Entwicklung, Durchführung und Ausarbeitung. In den Spielen, die unter die Kategorie des *Ha* fallen, zeichnen sich die Lieder, die Tänze und die Musik, sowie die anderen Einzelheiten der Inszenierung sowohl durch die Feinsinnigkeit und Ausarbeitung als auch durch die Gelassenheit ihrer Tempi aus. Da diese Spiele ihrer Fabel nach interessanter als die anderen des Programms sind, nehmen sie den wichtigsten Platz unter den Nō-Spielen ein. Das Wort *Kyū* zeigt den Bestandteil an, der dem Höhepunkt [Klimax] oder dem Finale entspräche; *Kyū* bedeutet: Schnelligkeit des Tempos und heftige Verwandlung. In der Terminologie der westlichen Musik könnte man das *Jo*, *Ha* und *Kyū* den kontrastierenden rhythmischen Bewegungen einer Sonate: Exposition, Durchführung und Coda, vergleichen.»

Um diesen Ablauf eines Programms dem Leser noch einmal zu vergegenwärtigen, geben wir hier im Anschluß an die im ersten Anhangstück von Erza Pound zusammengestellten Inhaltsangaben die Fabeln fünf weiterer Nō-Spiele, auf die im Text teilweise schon Bezug genommen wurde. [D. Ü.]

Eröffnungsspiel

Waki-mono [Kami-mono]: Das Nō der Götter
TAKASAGO [*Hoher Strand*] von Seami Motokiyo
TAKASAGO ist das am häufigsten gegebene Eröffnungsspiel und wird als das *Jo*-Spiel aller *Jo*-Spiele gepriesen. Tomonari, Priester am Aso-Schrein, kommt, unterwegs nach der Hauptstadt, an die Bucht von Takasago. Da begegnet ihm ein altes Ehepaar: es sind die Geister zweier Kiefern, der Kiefer von Takasago im Lande Harima und der Kiefer von Sumiyoshi in der Provinz Settsu. Diese beiden Kiefern heißen ‚die gemeinsam Wachsenden'. Nacht für Nacht, seit tausend Jahren, so erzählt die Legende, wandert der Geist der Kiefer von Sumiyoshi über Flüsse und Berge und Meer, um seine Gattin,

die Kiefer von Takasago, zu besuchen. So sind sie Symbol geworden für die eheliche Liebe zweier Menschen zueinander. Auch der alte Mann an der Küste, der die Nadeln unter der Kiefer fegt, lebt fern in Sumiyoshi – und ist doch hier bei seiner Frau in Takasago. «Sind wir durch abertausend Meilen auch getrennt, so ist doch niemals weit der Weg vom Mann zur Frau ...» Wenn schon das Buch Kokinshū, die ‚Liedersammlung aus Alter und Neuer Zeit‘, von den beiden fern voneinander stehenden Kiefern sagt, sie scheinen ‚gemeinsam zu leben‘, wieviel mehr läßt sich das von diesen alten Eheleuten sagen! Die beiden geben sich als Geister der Kiefern zu erkennen, deren Liebe unverbrüchlich ist wie das nie welkende Grün der Nadeln. «Bis ans Ende der Zeiten ragen die Kiefern von Takasago und Sumiyoshi» ... «Pflanzen und Bäume haben kein Herz, doch in dieser erhabenen Zeit leben selbst Erde und Baum ...» Die zweite Szene spielt am Strand von Sumiyoshi. Der Alte Mann erscheint in seiner wahren Gestalt, nicht nur als Geist der Kiefer, sondern auch als Gott von Sumiyoshi und somit zugleich als Inkarnation der Dichtkunst Japans. Er vollführt einen Gott-Tanz, *Kami-mai*, zu musikalischer Begleitung. Es ist ein getragener Tanz, aber von schnellem Tempo; er soll nicht nur den Willkommgruß des Gottes von Sumiyoshi an den Priester des Aso-Schreiners versinnbildlichen, sondern zugleich die göttliche Würde und Zuneigung, die vom Himmel zur Erde hin waltet.

Der Beziehungsreichtum dieses Nō-Spiels kann in einer Skizzierung des Inhalts nicht annähernd ausgeschöpft werden; die beiden getrennt und doch gemeinsam wachsenden Kiefern symbolisieren nicht nur die Liebe von Mann und Frau, sondern auch die beiden ältesten Sammlungen japanischer Gedichte: die Kiefer von Takasago das Manyōshū, die ‚Lieder auf zehntausend Blättern‘, die Kiefer von Sumiyoshi das Kokinshū, die ‚Lieder aus Alter und Neuer Zeit‘. Ihre Zuneigung und Zusammengehörigkeit steht auch für die Einheit der japanischen Inseln, von Volk und Herrscher, von Erde und Himmel. Die beiden Kiefern verkörpern einen hohen, mythischen Augenblick außerhalb der Zeit – des Einsseins über alle Entfernungen hinweg – und zugleich die wandellose Dauer in der Zeit.

Zweitspiel

Shura-mono: das Nō der Krieger und Helden
KIYOTSUNE von Seami Motokiyo
Das Image dieses Nō-Spiels ist wohl die Haarlocke. Von Kriegern, die zu Schiff in See stachen, nahm man als leibliches Andenken eine Haarlocke; im Falle des Unterganges wurde die Haarlocke des Toten für diesen bestattet. Kami heißt japanisch aber nicht nur Haar, sondern auch Gott, Geist; so konnte das Motiv der Haarlocke mehrfach und dicht ins Spiel geflochten werden.
Awazu, ein Gefolgsmann Kiyotsunes, tritt auf: er ist unterwegs zur Gattin Kiyotsunes. Er bringt ihr die Nachricht vom Tode seines Herrn – und die Haarlocke. Kiyotsune hat sich, nach verlorener Schlacht, selbst das Leben genommen, indem er sich im Morgengrauen vom Bug seines Schiffes ins Meer stürzte. Wie fast alle Zweitspiele, gibt auch dieses eine Episode aus den Gempei-Kriegen [1180–1185] wieder – und wie fast alle Helden der Shura-mono gehört auch Kiyotsune zum Geschlecht der vom Kriegsglück verlassenen Taira [siehe auch Seite 89 und Seite 153]. Der Rückweg in die Hauptstadt war von den Minamoto abgeschnitten – so blieb für den tapferen Kiyotsune nur der Tod. Die Frau aber versteht den Freitod des Mannes nicht, will ihn nicht verstehen. Sie legt ihn als Treulosigkeit aus, als Bruch seines Liebesversprechens. Wie er das Leben von sich geworfen hat, so wirft sie nun die Haarlocke von sich. Nichts soll sie an ihn erinnern, sie will vergessen. Kiyotsune erscheint in prächtiger Rüstung. «Bitteres Andenken, die schwarze Locke, sie wird zum Grund für Zank und Streit ...» Es folgt die große Erzählung Kiyotsunes von Kampf und Tod, die im abschließenden Tanz ihren Höhepunkt findet. Nicht nur, weil Kiyotsune nicht unter dem Schwert eines bübischen Feindes fallen wollte, gab er sich selbst den Tod: er

hat sich von der Eitelkeit der Welt abgewendet, in der ‚Finsternis und Erleuchtung in wirrem Kampfe' liegen, hat sich von seinem Schiff gestürzt, um das Fahrzeug Buddhas zu besteigen. Er sank in die Fluten, und Buddha nahm ihn auf.
Andere *Zweitspiele* sind: TAMURA, TSUNEMASA, ATSUMORI, IKUTA-ATSUMORI.

Drittspiel

Kazura-mono [Onna-mono]: das Nō der Frauen und Blüten
NONOMIYA [*Feldschrein*] von Seami Motokiyo
NONOMIYA ist das Gegenstück zu AOI NO UE. Beide Nō-Spiele behandeln dieselbe Episode aus dem Genji-monogatari und beide haben dieselbe Figur – die Prinzessin Rokujō – zur Heldin. Aber wie anders sind sie gestaltet! In AOI NO UE erscheint die rachedurstige, ruhlose Seele Rokujōs und quält die Rivalin. Hier aber ist die Gestalt Rokujōs mit lieblichen, rührenden Strichen gezeichnet – so wie sie im Bewußtsein Genjis lebte, als er sich einst in sie verliebte. Und auch wenn hier der Wagenstreit auf dem Stockrosenfest [das alte Motiv: der Streit der Königinnen vom Dom zu Worms!] erwähnt wird [siehe Seite 164], so geschieht es zarter, verhaltener.
Der Nonomiya ist eine provisorische Wohnstatt für eine Prinzessin von Geblüt, die gehalten ist, dort eine Weile zu bleiben und sich zu läutern, eh sie die Riten am großen Schrein von Ise vollführen darf. Ein wandernder Priester tritt auf; er ist nach Saga gelangt, wo er einen Feldschrein sieht. Eine Frau der Gegend naht – der Shite [Prinzessin Rokujō] in unkenntlicher Gestalt. «Ob auch andere es nicht wissen – alljährlich an diesem Tage wird der Tempelhof rein gefegt und eine heilige Feier gehalten ...» Immer an diesem Tage kehrt der Geist Rokujōs an den Schrein zurück. An diesem Festtage wars, daß Prinz Genji einst mit einem Sakaki-Zweig zum Zaun des heiligen Tempelbezirks kam. Da fragte ihn Rokujō in dem berühmten Gedicht: «In der heiligen Umzäunung wächst keine Sugi – warum hast du den Zweig des heiligen Baums gebro-

chen? Es war wohl ein Irrtum ...» Die Zweige der Sugi [einer japanischen Zedernart] sind nach alter Überlieferung Zeichen des Verweilens eines geliebten Menschen: im Tempelbezirk aber ist kein Verweilen für den Fremdling. So wird der achtlos gebrochene Sakaki-Zweig zum Sinnbild für die Unstetigkeit des Prinzen Genji, der alle Geliebten gleichsam nur aus Irrtum nahm, ohne sie ganz – in ihrem Wesen, ihrer Eigenart – zu erkennen ...
Die Frau nennt ihren Namen und entschwindet. Dem träumenden Priester, der für ihr Seelenheil gebetet hat, erscheint sie dann in der festlichen Karosse und in ihrer wahren Gestalt. Aufs neue ersteht die blütenreiche alte Zeit – indes jetzt nur die Herbstwinde um den Tempel wehen.
Andere *Drittspiele* sind: HAGOROMO, KAKITSUBATA, MATSUKAZE, HASHITOMI, YŪGAO.

Viertspiel

Kurui-mono: das Nō der Rasenden
KANTAN von Seami Motokiyo
Das Motiv, aus dem chinesischen ‚Kissenbuch' übernommen, ist uralt; uns ist es aus Calderons ‚Das Leben ein Traum', aus Grillparzers ‚Der Traum ein Leben' bekannt. Ein junger Mann, Rosei, zieht aus, die Welt kennen zu lernen und sein Glück zu finden. Im Dorf Kantan kommt er in eine Herberge. Die Wirtin erzählt ihm, daß einst ein Weiser hier ein Kissen gelassen habe: Wer darauf ruhe, dem zeige sich in einem Augenblick sein ganzes künftiges Schicksal. Indes sie den Hirsebrei bereitet, schläft Rosei auf dem Kissen ein. Schon treten die Boten des Kaisers von China an ihn heran: Der Kaiser ist seines Thrones müde geworden und bittet Rosei, an seiner Statt zu herrschen. Rosei zieht in den Palast ein – Jahre des Glanzes gehen dahin, Feste, die Herrlichkeit der Jahreszeiten, Bäume und Blumen blühen – und welken. Schließlich sind fünfzig Jahre vergangen – Rosei erwacht und ist wieder in der armen Herberge; aber er ist weise geworden, hat die Eitelkeit und

Vergänglichkeit des Irdischen erkannt. Der Hirsebrei ist fertig. Und Rosei verlangt es nicht mehr nach der Welt; er wird heimkehren in sein Dorf.

Im Unterschied zu den meisten Nō-Spielen ist KANTAN in drei Teilen gebaut, die jeweils die Illusion, die Trance und das Erwachen darstellen. Ein Holzrahmen, der ein Bauwerk symbolisiert, bleibt während des ganzen Stückes auf der Bühne; in der ersten und letzten Szene stellt er mit einem Kissen darin die Herberge dar. In der zweiten repräsentiert er den Palast. Die Schwierigkeit des Stückes liegt in der Trance-Szene, wo der Shite in großem, weitausladendem Stil tanzen muß, als ob er sich in einem weitläufigen Palast befinde, während er in dem engen Holzrahmen steht. Die Maske, die hier benutzt wird, Kantan-otoko [‚Der Mann von Kantan'] trägt den Ausdruck der Melancholie und Trauer. Damit kontrastiert sie eigenartig zum Taumel der zweiten Szene.

Die Gruppe der Viertspiele ist die umfassendste; 94 der 240 in klassischer Überlieferung vorliegenden Nō-Spiele gehören hierher, während es nur 16 Zweitspiele gibt. Entsprechend vielfältig ist die Gliederung der Viertspiele. KANTAN gehört zu den Ekstase-Spielen. Die Hauptgruppe stellen die Rache-Spiele, die Nō der rachedürstenden Geister, dar. Zu ihnen werden KAYOI KOMACHI, DŌJŌJI, NISHIKIGI, KINUTA, AOI NO UE, KOI NO OMONI und KANAWA gerechnet; in der Rolle des Shite erscheint fast immer der Geist eines enttäuschten Liebenden, der auch im Jenseitigen keine Ruhe finden kann. SOTOBA KOMACHI gehört zu den Spielen von Wahnsinnigen. Zu den Spielen vom Diesseitigen, deren Handlung realistischer gegeben wird, zählen KAGEKIYO und SHUNKAN.

Schlußspiel

Kiri-mono, das Nō der Geister und Dämonen
YAMA UBA [*Die Alte vom Berg*] von Seami Motokiyo, bearbeitet von Komparu Zenchiku Ujinobu

‚Die Alte vom Berg' ist eine uralte mythische Gestalt; tief in den Bergen hausend, wo alles wilde Natur ist, ist sie die Natur selbst. Im Winter deckt sie die Berge mit Schnee, im Frühling mit Blumen, im Herbst mit Mondlicht – ruhlos ist sie unterwegs von Berg zu Tal, von Tal zu Berg. Sie ist sehr alt geworden, weißes Haar hängt über ihre Schultern.

Im ganzen Reich und besonders am Hof in der Hauptstadt ist eine Tänzerin berühmt, die den ‚Yama-uba'-Tanz, der das Wirken der umherschweifenden ‚Alten vom Berg' darstellt, in hundert Formen vorführt. Sie wallfahrtet zum Zenkōji-Tempel, wo Diesseitiges und Jenseitiges sich begegnen, wird aber unterwegs von der Nacht in den Bergen überrascht. Ein Weib begegnet ihr und lädt sie ein, in ihrer Hütte zu nächtigen; sie habe gehört, sagt die Alte, das Mädchen sei ob ihres ‚Yama-uba'-Tanzes berühmt; ob sie ihn vorführen könne? Die Tänzerin tut's; aber dann, in der zweiten Szene, erscheint Yama uba in ihrer wahren Gestalt – und tanzt den wahren ‚Yama-uba'-Tanz, den Tanz aller Natur, Reigen und Wandel, die Berge grünen, gilben und werden weiß, Blüten sprießen, Früchte reifen, Blätter welken, Bäume ersterben. Das Leben ein Tanz. Der rastlose Radumlauf ist das zentrale Image dieses Nō-Spiels – der Radumlauf der Jahreszeiten, der Wiedergeburten, der Gestirne um den Weltenberg, der Tätigkeit der Berg-Dämonin. Die Maske, die Yama uba trägt, zeigt sie als untergöttliches, dämonenhaftes Wesen, das aus dem Dunkel wirkt; sie ist ein shintōistischer Naturgeist, keine Bodhisattwa-Inkarnation. Die ewige Wiederkehr des ‚Umwandelns der Berge', der Kreislauf der Natur – das alles verlangt Erlösung. Die Alte macht der Tänzerin den Vorwurf, daß sie, die ihr Lied singe, ihren Tanz tanze und also von ihr lebe, es ihr nie gedankt habe, nie für die Erlösung der Alten vom Berg gebetet habe. Immer heftiger wird der Tanz der Yama uba, bis sie zuletzt in den Bergen entschwindet und der Spuk vorüber ist.

Andere *Schlußspiele* sind: SUMA GENJI, KUMASAKA, SHŌJŌ, CHŌRYŌ, GENJŌ. [D. Ü.]

PFLEGE UND AUSWAHL DER KOSTÜME

Aus einem Gespräch mit Umewaka Minoru

Die Kleider werden in Tansu [Schubfächern] aufbewahrt, die kostbaren auf Schiebebrettern und einzeln. Die gewöhnlichen werden in Falten gelegt und in länglichen Laden [Nagamochi] geordnet. Die besten sind sehr leicht zu beschädigen, Nähte brechen, Löcher entstehen usw.

Kostüme werden nicht nach den Rollen geordnet, sondern nach der Art des Stoffes oder dem Schnitt oder nach der Epoche, aus der sie stammen. Wenn zu viele von einer Art da sind, so werden sie nach der Farbe oder der unterschiedlichen Art der Musterung geordnet. Die erlesensten werden nur für Vorstellungen vor dem Shōgun benützt; das Kostüm für KAKITSUBATA ist das kostbarste.

Man verwendet nicht immer dieselbe Zusammenstellung von Kostümen; verschiedene Kombinationen von unauffälligen Kostümen sind erlaubt. Die Söhne legen eine Reihe von Gewändern auf dem Fußboden aus, und Umewaka trifft dann eine Auswahl oder eine neue Farbzusammenstellung nach seinem Gutdünken. Das nimmt nicht viel Zeit in Anspruch.

Alle seine Kostüme wurden vor der Restauration des Tennō gemacht; er möchte keine neueren haben. Als die Daimyōs nach der Revolution ihre Kostümfonds verkauften, hätte er die prächtigsten Kostüme erwerben können, doch war er arm. Einige rettete er in sein eigenes Haus. Was ihm erschwinglich war, sammelte er aus Altwarenläden. Viele Gewänder gingen ins Ausland. Er verkaufte seine eigenen Kleider und Möbel, um Masken zu kaufen. Nur Maeda von Kashu behielt seine Masken und Kostüme.

Umewakas Mühen, nach dem Niedergang des Shōgunats das Nō wieder zu beleben, scheinen langwierig und umständlich gewesen zu sein. Fenollosa hat das, oft sehr ins Detail gehend, aber nicht sehr übersichtlich beschrieben. Soviel scheint sicher zu sein, daß ohne Umewakas Beharrlichkeit, mit der er all diese Kämpfe und quälenden Enttäuschungen durchstand, die Kunst des Nō als Ganzes, oder doch zu einem wesentlichen Teil, untergegangen wäre. *E. P.*

ERNEST FENOLLOSA

DAS CHINESISCHE SCHRIFTZEICHEN
ALS ORGAN FÜR DIE DICHTUNG

Vorbemerkung

Der nachfolgende Essay wurde im großen und ganzen von Ernest Fenollosa selbst abgeschlossen. Ich habe lediglich einige Wiederholungen gestrichen und einige Sätze umgeformt.

Wir haben hier keine rein philologischen Erörterungen vor uns, sondern eine Untersuchung der Grundlagen der Ästhetik schlechthin. Fenollosa kam bei der Erforschung fremdartiger Künste frühzeitig auf Motive und Prinzipien, die dem Westen nicht geläufig waren, und wurde dabei auf manche Denkweisen gelenkt, die seither in der ‚neuen' Mal- und Dichtkunst des Westens Frucht getragen haben. Er war Bahnbrecher, ohne es zu wissen und ohne als solcher zu gelten.

Fenollosa spürte Normen des Schreibens auf, die er kaum Zeit hatte, praktisch auszuwerten. Er stellte die Selbstachtung der einheimischen Kunst in Japan wieder her oder hatte doch maßgeblichen Anteil an dieser Entwicklung. In Amerika und in Europa darf er nicht bloß als Anwalt von Exotika gelten: Sein Geist war ständig damit beschäftigt, Parallelen und Vergleiche zwischen östlicher und westlicher Kunst zu finden. Das Exotische bedeutete ihm stets ein Mittel zur Neubelebung des westlichen Denkens. Er hielt auf eine amerikanische Renaissance zu. Die Tragfähigkeit seines Urteils kann an der Tatsache ermessen werden, daß ich Hinweise auf die westlichen Verhältnisse nicht zu ändern brauchte, obwohl dieser Essay lange vor seinem Tod im Jahre 1908 entstand. Die späteren Entwicklungen in der Kunst haben seine Theorien bekräftigt.

Ezra Pound, 1918

Unser 20. Jahrhundert schlägt nicht nur eine neue Seite im Buch der Welt auf, sondern eröffnet darüber hinaus ein neues und unerhörtes Kapitel. Ausblicke auf bizarre Zukunftslandschaften erschließen sich dem Menschen, auf weltumfassende Kulturen, der westlichen Kinderstube halb entwachsen, auf bislang ungeahnte Verantwortungen für Nationen und Rassen. Allein das Thema China ist so unabsehbar, daß keine Nation sich leisten kann, es zu vernachlässigen. Insbesondere wir in Amerika müssen ihm über den Pazifik hin ins Auge sehen und es bewältigen, wenn es uns nicht überwältigen soll. Die einzige Möglichkeit hierzu besteht darin, daß wir uns mit ausdauernder Hingabe bemühen, die besten, die zukunftsträchtigen und die menschlichsten Komponenten Chinas auszumachen.
Unseligerweise haben England und Amerika die tieferen Anliegen der östlichen Kulturen allzulange übersehen oder mißverstanden.
Wir haben die Chinesen als ein materialistisches Volk hingestellt, haben sie einer verkommenen und entarteten Rasse zugerechnet. Wir haben die Japaner zu einer Nation von Nachahmern abgestempelt. Wir waren so hirnverbrannt, anzunehmen, daß die chinesische Geschichte keine Spur von irgendwelcher sozialer Evolution zeige, keine ausgeprägten Epochen sittlicher oder geistiger Krisen. Wir haben diesen Völkern schlankweg die wahre Menschlichkeit abgesprochen; und wir sind mit ihren Leitbildern umgesprungen, als wären sie nichts als komische Einlagen in einer ‚Opera buffa‘.
Es obliegt uns nicht, ihre Festungen zu schleifen und ihre Märkte an uns zu reißen, sondern ihr Menschtum und ihren weitherzigen Sinn zu studieren und an ihnen teilzuhaben. Ihre Form der Kultur war überaus differenziert. Das, was sie an Erfahrung niedergelegt haben, übersteigt unsere Leistungen um das Doppelte. Die Chinesen waren Theoretiker und Praktiker im Ermitteln der großen Richtlinien; ihre Geschichte macht uns eine Welt hoher Zielsetzungen und Errungenschaften zugänglich, entsprechend jener der mittelländischen Völker des Altertums. Wir benötigen zur Ergänzung der unsrigen ihre Leitbilder – Leitbilder, die in ihrer

Kunst, ihrer Literatur und in der Tragödie ihres Daseins beschlossen sind.

Die Lebendigkeit und Nachhaltigkeit der fernöstlichen Malkunst hat sich bereits als praktisch bedeutsam für uns erwiesen, und nicht nur als Schlüssel zum Verständnis der östlichen Seele. So mag es, selbst dann noch, wenn unser Bemühen unzulänglich bleiben sollte, der Mühe wert sein, sich auch ihrer Literatur zuzuwenden, wo sie die größten Energien führt: in ihrer Dichtung.

Ich müßte vielleicht Abbitte tun dafür, daß ich es wage, mich jener Reihe brillanter Gelehrter – Davis, Legge, St. Denys und Giles – anzuschließen, die den Gegenstand der chinesischen Dichtung aus der Fülle ihrer Gelehrsamkeit abgehandelt haben, worauf ich keinen Anspruch erheben kann. Was ich zu sagen habe, bringe ich bescheiden vor, nicht als Sprachwissenschaftler und auch nicht als Sinologe. Als Bewunderer und Schüler der Schönheiten fernöstlicher Kultur konnte ich im langjährigen Umgang mit Menschen des Ostens nicht umhin, etwas von der Poesie einzuatmen, die ihrem Dasein verleibt ist. Es sind größtenteils rein subjektive Reaktionen, die mich zu diesem Unterfangen treiben. In England wie in Amerika hat sich das unselige Vorurteil breitgemacht, die chinesische und japanische Dichtung sei weiter nichts als amüsanter Zeitvertreib, belanglos, kindisch und nicht den ernstzunehmenden Arbeiten der Weltliteratur zuzurechnen.

Ich habe es aus dem Munde von anerkannten Sinologen, daß diese Abarten der Dichtung zu unfruchtbarer Boden sind, um die Mühen der Bestellung zu lohnen, es sei denn, man wäre auf den Ertrag philologischer Gelehrsamkeit aus.

Mein eigenes Erleben war nun einer solchen Folgerung so gänzlich entgegengesetzt, daß mich die reine Gebelaune treibt, meine Entdeckerfreude mit anderen Abendländern zu teilen. Mein Vergnügen dabei ist entweder angenehme Selbsttäuschung oder aber die übliche Darstellungsweise, der chinesischen Dichtung ermangelt ästhetischer Weitherzigkeit und poetischer Einfühlung. Ich unterbreite somit die Gründe für meine Freude.

Erfolg oder Mißerfolg der Darstellung irgendeiner fremdartigen Dichtung im Englischen muß vor allem von der Fähigkeit zur dichterischen Handhabung des Wortes abhängen. Vielleicht wäre es zuviel verlangt, daß bejahrte Gelehrte, die in ihrer Jugend athletisch mit den vertrackten chinesischen Schriftzeichen gerungen haben, sich nun auch noch im Dichterischen behaupten sollten. Selbst die griechische Dichtung wäre wohl nicht besser gefahren, hätten sich die Interpreten begnügt, einen provinzlerischen Maßstab der englischen Reimkunst an sie anzulegen. Der Sinologe sollte eingedenk sein, daß die Bestimmung der dichterischen Übersetzung das Dichterische ist und nicht die abgegrenzten Angaben in den Wörterbüchern.

Ein bescheidenes Verdienst weist mein Werk vielleicht auf: Es vertritt im Westen erstmals einen japanischen Standpunkt im Studium der chinesischen Kultur. Bislang war der Europäer fast ausschließlich auf die zeitgenössische chinesische Gelehrsamkeit angewiesen. China aber hat seit einigen Jahrhunderten viel von seinem schöpferischen ‚Selbst' und von seinem Selbst-Verständnis verloren; sein ureigener Geist jedoch lebt heute noch in Japan fort – lebt, wächst und setzt sich um, wie seit eh und je. Der Japaner von heute[1] steht in einer Phase der Kultur, die ungefähr jener Chinas zur Zeit der Sung-Dynastie entspricht. Ich hatte das Glück, viele Jahre privat unter Professor Kainan Mori zu studieren, der wahrscheinlich heute die größte Autorität auf dem Gebiet der chinesischen Dichtung ist und kürzlich auf einen Lehrstuhl der Kaiserlichen Universität von Tokio berufen wurde.

Mein Gegenstand ist die Dichtung, nicht die Sprache: gleichwohl bildet die Sprache den Wurzelgrund der Dichtung. Und beim Studium einer Sprache, die ihrer Form nach der unseren so fremd ist wie die chinesische Schriftsprache, kommt einem die Frage, woraus sich dort die Normen der Gestaltung speisen könnten, jene Normen also, welche die chinesische Poetik bilden.

Inwiefern können Verse in augenfälligen Bildschriftzeichen

[1] Geschrieben vor 1908.

überhaupt als Dichtung gelten? Es möchte scheinen, als ob die Dichtung, die doch wie die Musik eine *Zeit-Kunst* ist und ihre Einheiten aus gereihten Lauteindrücken webt, schwerlich eine Mitteilungsform, die weitgehend das Auge anspricht und aus halbbildlichen Reizen besteht, assimilieren kann. Man stelle zum Beispiel Grays Zeile:

Die Glocken läuten nun den Tag zu Grab[2]

der folgenden chinesischen Zeile gegenüber:

Mond　　strahlt　　wie　　lauterer　　Schnee

Was haben beide Zeilen gemeinsam, solange die Laut-Folge der letzteren nicht gegeben ist? Es genügt nicht vorzubringen, daß jede einen gewissen Bestand an prosaischem Inhalt hat; denn die Frage heißt, wie kann der chinesischen Zeile *als Form* jenes Element innewohnen, das die Dichtung ureigentlich von der Prosa unterscheidet?
Bei näherem Zusehen bemerkt man, daß die chinesischen Worte zwar bildhaft, aber in einer ebenso zwingenden Folge stehen wie die Laut-Zeichen Grays. Die dichterische Gestaltung verlangt aber lediglich eine bestimmte und flexible Reihung, so geschmeidig wie das Denken selbst. Die Schriftzeichen können tonlos vom Auge wahrgenommen und gelesen werden, eines nach dem anderen:

Mond strahlt wie lauterer Schnee

Vielleicht sind wir uns nicht immer ganz bewußt, daß sich unser Denken schrittweise vollzieht, und zwar nicht aus Zufall oder aus einer Unzulänglichkeit unserer individuellen

2] Aus ‚Elegy Written in a Country Churchyard' von Thomas Gray [1716–1771].

Denkvorgänge, sondern weil die Vorgänge in der Natur selbst sukzessiv ablaufen. Die Übertragungen der Kraft vom Agens aufs Objekt, aus denen die Naturvorgänge bestehen, spielen sich in der Zeit ab. Ihr Nachvollzug vor dem inneren Auge verlangt daher dieselbe zeitliche Anordnung.[3]

Angenommen, wir blicken aus dem Fenster und beobachten einen Mann. Plötzlich wendet er den Kopf und richtig gespannt sein Augenmerk auf irgend etwas. Wir folgen seinem Blick und finden ihn auf ein Pferd gerichtet. Wir sahen zuerst den Mann, ehe er etwas tat; zweitens indem er etwas tat; drittens das Objekt, auf das sein Tun gerichtet war. In der Sprache spalten wir den schnellen kontinuierlichen Verlauf des Geschehens und damit das geistige Abbild in die drei wesentlichen Phasen oder Glieder einer Reihe auf und sagen:

Mann sieht Pferd.

Es ist klar, daß diese drei Glieder oder Worte nur drei Lautsymbole sind, die für die drei Phasen eines natürlichen Ablaufs stehen. Wir könnten aber ebenso leicht diese drei Denkschritte mit anderen genauso willkürlichen Symbolen bezeichnen, *die nicht auf Lautwerten* fußten; zum Beispiel durch die drei chinesischen Schriftzeichen:

Mann   sieht   Pferd

Wenn wir alle wüßten, wofür jedes Einzelzeichen bei diesem Ansichtig-werden-eines-Pferdes steht, so könnten wir uns Gedankenreihen ebensowohl in Bildern mitteilen als in gesprochenen Worten. In gleicher Weise bedienen wir uns gemeinhin der optischen Sprache der Gesten.

Die chinesische Zeichensetzung ist aber alles andere als will-

3] Stil, das heißt Klarheit, ist der Rhetorik entgegengesetzt. E. P.

kürlich. Sie beruht auf einer lebensnahen Bildkurzschrift der Naturvorgänge. In der algebraischen Formel und im gesprochenen Wort gibt es keine naturgemäße Entsprechung von Ding und Zeichen: alles beruht auf reiner Übereinkunft. Die chinesische Zeichensetzung hingegen folgt dem natürlichen Vorwurf. Zuerst steht da der Mann auf seinen zwei Beinen. Dann durchmißt sein Auge den Raum: eine kühne Figur, dargestellt durch rennende Beine unter einem Auge, ein stilisiertes Abbild eines Auges, ein stilisiertes Abbild rennender Beine, jedem unvergeßlich, der es einmal gesehen hat. Als Drittes steht da das Pferd auf seinen vier Beinen.

Das Bild auf der geistigen Netzhaut wird durch solche Zeichen nicht nur ebenso gut, sondern noch lebhafter und leibhafter als durch Worte wachgerufen. Beine gehören zu allen drei Schriftzeichen: und sie rühren sich. Die Gruppe hat etwas vom Wesen einer kinematographischen Bilderfolge.

Die Unwahrhaftigkeit eines Gemäldes oder einer Photographie besteht darin, daß diese trotz ihrer Sinnfälligkeit [Konkretheit] das Element der natürlichen Abfolge unterschlagen. Man stelle der Laokoon-Statue die Zeilen von Browning gegenüber:

«*In den Steigbügel sprang ich, und Joris und er*

. . . .

Und in die Nacht sprengten wir Kopf an Kopf.»[4]

Ein Vorzug der Wortkomposition vor den anderen Künsten rührt daher, daß sie auf die grundlegende Seinsform der *Zeit* zurückreicht. Die chinesische Dichtung hat den einzigartigen Vorteil, beide Elemente zu vereinen: Sie spricht uns mit der Unmittelbarkeit des Gemäldes an und mit der Wendigkeit der Lautfolge. Sie ist in gewissem Sinne objektiver und dramatischer als beide. Beim Lesen chinesischer Zeichen haben wir nicht das Gefühl, mit abstrakten Spielmarken zu hantieren, sondern wir wähnen, dem Zusammenspiel wirklicher *Dinge* beizuwohnen.

Verlassen wir für einen Augenblick den Satzbau und betrach-

4] Aus ‚How They Brought the Good News from Ghent to Aix' von Robert Browning [1812–1889].

ten wir diese Besonderheit in der Struktur des chinesischen Wortes, nämlich seine Lebendigkeit, etwas näher. Die frühe Gestalt dieser Schriftzeichen war bildhaft und ihr bildlicher Widerhalt in der Vorstellung hat sich auch bei den später konventionalisierten Zeichen kaum gelockert.

Es ist vielleicht nicht allgemein bekannt, daß die meisten dieser ideographischen Wurzeln eine *verbale Grundform der Aktion* in sich tragen. Freilich könnte man meinen, daß ein Bild naturgemäß das Bild eines *Dinges* ist und daß daher die Wurzelbegriffe des Chinesischen das sind, was man in der Grammatik Substantive nennt.

Eine eingehende Prüfung zeigt jedoch, daß eine große Zahl der ursprünglichen chinesischen Schriftzeichen, sogar die sogenannten Radikale, stenographische Bilder von Handlungen oder Vorgängen sind.

So ist etwa das Ideogramm mit der Bedeutung ‚sprechen' ein Mund, aus dem zwei Worte und eine Flamme kommen[5]. Das Zeichen für ‚gegen Widerstand aufwachsen' ist eine Pflanze mit einer verkrümmten Wurzel. Diese konkrete verbale Beschaffenheit in der Natur und im chinesischen Zeichen wird aber noch nachhaltiger und poetischer, wenn wir von solch einfachen, ursprünglichen Bildern zu Zeichenverknüpfungen übergehen.

Kraft solcher Verknüpfungen erzeugen zwei Dinge, die man addiert, nicht ein drittes, sondern deuten irgendeine grundlegende Relation der beiden zueinander an. Zum Beispiel besteht das Ideogramm für ‚Tischfreund' aus einem Mann und einem Feuer.

Das Ding als Einzelheit, das ja dem eigentlichen Substantiv entspräche, kommt in der Natur nicht vor.[6] Die Dinge sind nur die Endpunkte, oder besser die Schnittpunkte von Vorgängen, Trennschnitte durch Vorgänge, Momentaufnahmen. Ebenso-

---

5] Vgl. Tafel 3, S. 260.
6] Vgl. Herrmann Minkowski über ‚Raum und Zeit' [1908] – ein Ding als zeitliche Schicht seiner Weltlinie in der 4-dimensionalen Raum-Zeit-Welt. Ferner Albert Einstein, The Meaning of Relativity, London 1951, S. 28–30, sowie G. E. Lessing, Laokoon, Abschn. XVI. [D. Ü.]

wenig ist eine abstrakte Bewegung, die dem Verb entspräche, in der Natur möglich. Das Auge sieht beides in einem: Dinge in Bewegung, Bewegung in den Dingen, Substantivisches und Verbales zugleich, und auf eben diese Weise sucht der chinesische Geist sie wiederzugeben.[7]

Die Sonne unter aufsprießenden Pflanzen = Frühling.
Das Zeichen für Sonne, verfangen in den Zweigen des Zeichens für Baum = Osten.[8]
‚Kraft' + ‚Reisfeld' = männlich
‚Boot' + ‚Wasser' = Kielwasser, kleine gekräuselte Welle.

Kehren wir nun zur Struktur des Satzes zurück und sehen wir zu, inwiefern er den Worteinheiten, von denen er ausgeht, zusätzliche Energien verleiht. Wer hat sich wohl schon gefragt, warum die Satzstruktur überhaupt existiert, warum sie *in allen Sprachen* so unumgänglich erscheint. Was ist ihre Urform? – Wenn sie so universell ist, müßte sie doch wohl mit einem Grundgesetz der Natur übereinstimmen?

Ich befürchte, die Grammatiker vom Fach haben auf diese Frage nur eine lahme Antwort. Ihre Begriffsbestimmungen zerfallen in zwei Standard-Typen: Nach der einen drückt ein Satz einen ‚geschlossenen Gedanken' aus; nach der anderen bringen wir in ihm eine ‚Koppelung von Subjekt und Prädikat' zustande.

Die erste Bestimmung hat den Vorzug, daß sie sich um einen naturgegebenen, objektiven Anhaltspunkt bemüht, da offensichtlich kein Gedanke das Maß seiner eigenen Geschlossenheit sein kann. In der Natur gibt es nichts Zu-Ende-Geführtes. Einerseits kann eine gewisse Endgültigkeit schon durch einen bloßen Ausruf zum Ausdruck kommen, wie ‚He da!' oder ‚Hau ab!' oder sogar dadurch, daß man jemandem mit der Faust droht. Es ist kein Satz vonnöten, um die Absicht klarzumachen. Andererseits bringt auch ein fertiger Satz einen Gedanken nicht tatsächlich zu Ende. Der Mann, der sieht, und

---

7] Axt im Aufprallen. Hund im Aufwarten, der ‚hundelt' = sich hinkauern, dienen. E. P.
8] Vgl. Tafel 4, S. 261.

das Pferd, das er sieht, stehen nicht still. Der Mann wollte ausreiten, ehe er hinsah. Das Pferd schlägt aus, als der Mann versucht, es zu fangen. In Wirklichkeit finden die Vorgänge fortlaufend, ja sogar durchlaufend statt; der eine löst den anderen aus oder geht in ihn über. Und wie viele Nebensätze wir auch in einem Satz aufreihen mögen, es streuen seine Bewegungsantriebe wie der elektrische Strom in einer defekten Leitung. Alle Vorgänge der Natur stehen in Wechselbeziehungen; und daher könnte es [im Sinne dieser Definition] keinen geschlossenen Satz geben, ausgenommen einen, dessen Aussprechen fristlos bis ans Ende der Zeiten dauern würde.

Mit der zweiten Bestimmung des Satzes als einer ‚Koppelung von Subjekt und Prädikat' fallen die Grammatiker in die reine Subjektivität zurück. Erst durch *uns* entsteht die Welt: Es ist alles nur ein Kartenkunststück, das zwischen unserer rechten und linken Hand ausgeführt wird. Der Satzgegenstand ist das, worüber *ich* mich zu sprechen anschicke; die Satzaussage ist das, was ich gerade über den Satzgegenstand sagen will. Der Satz ist nach dieser Definition nicht eine Gegebenheit der Natur, sondern eine Begleiterscheinung des Menschen-als-Konversationstier.

Wenn dem wirklich so wäre, dann gäbe es kein erdenkliches Kriterium für die Richtigkeit einer Aussage. Das Falsche und das Wahre wären gleichermaßen trügerisch. Worte würden nichts Überzeugendes an sich haben.

Natürlich entstammt diese Auffassung der Grammatiker der unglaubwürdigen oder besser unbrauchbaren Logik des Mittelalters. Nach dieser Logik hat das Denken mit Abstraktionen zu tun, werden die Begriffe durch Siebung als Essenzen aus den Dingen abstrahiert. Diese Logiker fragten nie danach, wie es kam, daß die Eigenschaften, die sie aus den Dingen destillierten, eigentlich in die Dinge geraten waren. Die Richtigkeit all ihrer denkerischen Taschenspielereien hing ja von der natürlichen Ordnung ab, nach der solche Kräfte oder Eigenschaften oder Essenzen erst in das konkrete Ding gelegt worden waren; sie aber hielten das ‚Ding' geringschätzig für eine bloße ‚Besonderheit', für einen Bon. Das wäre etwa so, als wolle man die Botanik aus den eingewebten Blattmustern in unseren Tischdecken herleiten. Stichhaltiges wissenschaftliches Denken besteht darin, daß man den verästelten Kraftlinien, welche die Dinge durchziehen, so genau wie möglich nachgeht. Denken hat nicht mit blutleeren Begriffen zu tun, sondern beobachtet, wie sich die *Dinge* unter dem Mikroskop *regen*. Die Natur selbst drängte dem Menschen der Frühzeit die Satzstruktur auf. Nicht wir haben sie erschaffen, sie ist vielmehr eine Spiegelung der zeitlichen Ordnung von Ursache und Wirkung. Die Wirklichkeit ist in Sätzen auszudrücken, denn alles wirkliche Geschehen besteht in irgendeinem *Energieaustausch*. Das Urbild des Satzes in der Natur ist ein zuckender Blitz. Er springt zwischen zwei Polen über, zwischen Wolke und Erde. Kein Naturvorgang kann auf einen geringeren Nenner gebracht werden als diesen. Alle Naturvorgänge laufen darauf hinaus. Licht, Wärme, Schwerkraft, chemische Affinität, der menschliche Wille, alle haben sie dies gemeinsam: Sie formen Energien um. Der gemeinsame Nenner der Vorgänge kann dargestellt werden als:

Pol	*Übertragung*	*Pol*
von	*von*	*zu*
dem	*Energie*	*dem*

Betrachten wir diese Übertragung als bewußten oder unbewußten Akt eines Agens, so können wir das Diagramm auch folgendermaßen schreiben:

Agens	*Akt*	*Objekt*

Hierin ist der Akt der eigentliche Träger des bezeichneten Tatbestands. Das Agens und das Objekt sind lediglich die begrenzenden Pole des Geschehens.
Es will mir scheinen, daß Norm und Typus des Satzes im Englischen wie im Chinesischen eben diesen gemeinsamen Nenner der Naturvorgänge ausdrücken. Er besteht aus drei unum-

gänglichen Teilen: der erste bezeichnet den wirkenden Faktor [Agens] oder das Subjekt, von dem der Akt ausgeht, der zweite verkörpert den Vollzug des Aktes selbst, der dritte weist auf das Objekt, den Empfänger der Einwirkung. Daher

Bauer *stößelt* *Reis*

Die transitive Form des chinesischen und des englischen Satzes [bei Weglassung der Füllwörter] entspricht genau dieser universellen Form des Geschehens in der Natur. Dieser Umstand rückt die Sprache in die unmittelbare Nähe der *Dinge* und hebt durch seine nachhaltige Bezogenheit auf das Zeitwort jedes Wort auf die Stufe dramatischer Dichtung.
In den flektierten Sprachen, wie Latein, Deutsch oder Japanisch kommt häufig eine andere Satzstellung vor. Wenn die Sprache flektiert ist, haben die Worte kleine Anhängsel und Endungen oder Winker, die anzeigen, was hier Agens, was Objekt usw. ist. In ungebeugten Sprachen, wie dem Englischen oder dem Chinesischen gibt es nichts außer der Wortstellung, was ihre Funktionen kennzeichnet. Und diese Reihung wäre keine einleuchtende Kennzeichnung der Sachlage, wäre sie nicht zugleich die *natürliche Ordnung* – das heißt: die Ordnung von Ursache und Wirkung.
Zugestanden, es gibt auch intransitive und passive Formen, Sätze, die auf dem Verbum ‚sein' errichtet sind, und schließlich auch die negativen Formen. Die Grammatiker und Logiker halten sie für ältere Formen als die transitiven, oder doch zumindest für Abweichungen von der transitiven Regel. Für meinen Teil hatte ich seit langem den Verdacht, daß diese scheinbaren Ausnahmen sich aus dem Transitiven entwickelt hatten oder daß sie das Transitive durch Alteration oder Modifikation verschliffen. Diese Ansicht wird durch das Beispiel des Chinesischen bekräftigt, wo man noch heute beobachten kann, wie sich die Abwandlung vollzieht.
Die intransitive Form leitet sich aus der transitiven her über das Entfallen eines verallgemeinerten, herkömmlichen rückbezüglichen oder stammverwandten Objekts: ‚Er rennt [ein

Wettrennen]'. ‚Der Abendhimmel glüht [sich]'. ‚Wir atmen [Luft]'. Auf diese Weise erhalten wir schwache und unvollständige Sätze, welche das Bildhafte aufheben und uns das Gefühl vermitteln, manche Verben bezeichneten eher Zustände als Geschehnisse. Außerhalb der Grammatik könnte das Wort ‚Zustand' kaum als wissenschaftlicher Begriff gelten. Wer zweifelt wohl daran, daß wir mit den Worten ‚Die Wand leuchtet' sagen wollen, sie reflektiere selbsttätig Licht in unser Auge?

Das Schöne an chinesischen Verben ist nun, daß sie alle nach Belieben transitiv oder intransitiv sein können. So etwas wie ein Verb, das von Natur aus intransitiv wäre, kommt hier nicht vor. Das Passiv ist ganz augenfällig ein Korrelationssatz, der sich umkehrt und das Objekt zum Subjekt macht. Daß das Objekt nicht gänzlich passiv ist, sondern von sich aus gewisse positive Impulse zum Vorgang beisteuert, stimmt zu den Gesetzen der Naturwissenschaft wie zur Erfahrung des Alltags. Die passive Satzform im Englischen mit ‚is' schien diese Hypothese zunächst zu widerlegen; es kam einem jedoch der Verdacht, daß seine echte Form einst ein verallgemeinertes transitives Verb war, dem Sinne nach so etwas wie ‚empfangen [receive]', das dann zu einem Hilfszeitwort entartete. Ich war beglückt, als ich entdeckte, daß dies im Chinesischen der Fall ist.

In der Natur gibt es nichts, was man den Verneinungen vergleichen könnte. Das Vorkommen von verneinten Sätzen in der Sprache scheint fürs erste die Ansicht der Logiker zu bestätigen, wonach die Behauptung, eine Aussage sei richtig, ein willkürlicher subjektiver Akt ist. *Wir* können eine Negation geltend machen, obgleich ihr in der Natur nichts entspricht.[9] Doch wiederum kommt uns die Naturwissenschaft

---

9] Vgl. auch Gotthard Günther, Das Bewußtsein der Maschinen, Agis, Krefeld und Baden-Baden, 1957. Die klassische Trennung von Subjekt und Objekt, von Innenwelt und Dingwelt, von Geist und Materie, von belebtem und totem Ding geht auf die Zweiwertigkeit der aristotelischen Logik zurück. «Ihren beiden Werten, die man in reflexivem Sprachgebrauch als ‚positiv' und ‚negativ' und in irreflexiver Terminologie als ‚wahr' und

gegen den Logiker zu Hilfe: alle scheinbar negativen oder trennenden Bewegungen bringen andere positive Kräfte ins Spiel. Das Vernichten erfordert großen Energieaufwand. Könnten wir der Geschichte aller negativen Partikel nachgehen, so würden wir vermutlich entdecken, daß auch sie aus transitiven Verben hervorgegangen sind. Für die indogermanischen Sprachen ist es zu spät, um derlei Ableitungen aufzuzeigen; die Entwicklungslinien sind nicht mehr feststellbar, aber im Chinesischen können wir noch heute beobachten, wie positive verbale Begriffsinhalte in sogenannte Verneinungen übergehen. So entspricht das chinesische Zeichen mit der Bedeutung ‚im Wald verirrt sein' dem Stand des Nicht-Seins. Das englische Wort ‚not' entspricht im Sanskrit dem Wort *na*, das aus der Wurzel *na* stammen mag, ‚verirrt sein', ‚umkommen' [to be lost, to perish].

Schließlich noch das Infinitivum, das ein spezifisches farbenfrohes Verb durch die universelle Kopula ‚ist' ersetzt, gefolgt von einem Substantiv oder einem Adjektiv. Wir sagen nicht, der Baum ‚grünt sich', sondern ‚Der Baum ist grün', nicht ‚Affen gebären lebende Junge', sondern ‚Der Affe ist ein Säugetier'. Hierin liegt eine spätzeitliche Schwächung des Wortes. Sie rührt her von der Verallgemeinerung aller intransitiven Wörter zu einem einzigen. Wie die Zeitworte ‚leben', ‚sehen', ‚gehen', ‚atmen' durch Entfallen ihrer Objekte zu Zuständen verallgemeinert wurden, so sind diese schwachen Verben ihrerseits auf den abstraktesten aller Zustände, zur bloßen Existenz zusammengezogen worden.

Eigentlich gibt es nichts, was einem Verbum wie der reinen

‚falsch' bezeichnet, entspricht eine rationale Erlebnis- und Bewußtseinsstruktur, in der sich ein Ich-überhaupt ganz unvermittelt einem Etwas-überhaupt gegenübersieht. Sein und Denken stellen in diesem Schema streng unterschiedene metaphysische Realitätsdimensionen dar.» [S. 25.] Während die Übereinstimmung eines Gedankens mit einem Gegenstand durch ein positives Prädikat festgestellt wird, fällt die Negation dieses Prädikats nicht in den Bereich des Gegenstands, sondern in den der Reflexion. Ferner: Chang Tun-Sun, A Chinese Philosopher's Theory of Knowledge, ETC, Vol. IX, S. 203-226 [1952]. [D. Ü.]

Kopula entspräche. Ursprünglich ist kein solcher Begriff vorhanden. Selbst unser Wort *existieren* heißt eigentlich ‚heraustreten' [to stand forth], sich kraft einer entschiedenen Handlung bemerkbar machen. Das englische ‚is' [ist] kommt von dem indogermanischen *as*, atmen. ‚Be' [sein] von *bhu*, wachsen.

Im Chinesischen hat das wichtigste Zeichen für ‚ist' nicht nur die Bedeutung des tatkräftigen ‚haben', sondern zeigt durch seine Ableitung, daß es noch etwas sehr viel Greifbareres ausdrückt, nämlich mit der Hand ‚vom Mond etwas abreißen'.[10]

Hier wird das, was nach der prosaischen Analyse das dürftigste alles Begrifflichen sein müßte, wie durch Magie zu einem Aufleuchten anschaulicher Poesie.

Wenn es mir gelungen ist, zu zeigen, wie poetisch die Struktur des Chinesischen ist, wie naturwüchsig, habe ich diese ausgedehnte Analyse der Satzstruktur nicht umsonst vorgenommen. Bei der Übersetzung aus dem Chinesischen, insbesondere aus der Dichtung, müssen wir uns so eng wie möglich an die anschauliche Kraft des Originals halten, soweit es geht Adjektive, Substantive und intransitive Formen vermeiden und statt dessen nach handfesten und eigenständigen Verben suchen. Ach finden wir, daß die formale Ähnlichkeit von chinesischen und englischen Sätzen die Übersetzung ungemein erleichtert. Der Sprachseele nach sind sie wesensverwandt. Häufig wird durch Weglassen der englischen Füllwörter eine ‚wort-wörtliche' Übersetzung möglich, die meist im Englischen nicht nur als ein verständliches, sondern darüber hinaus als ein besonders kraftvolles und dichterisches Englisch herauskommt. Man muß sich dabei jedoch sehr eng an das

[10] Nach neueren Forschungen bedeutete das Ideogramm ursprünglich ‚Hand auf dem Opferfleisch'. [D. Ü.]

halten, was tatsächlich dasteht, nicht nur an den abstrakten Sinn hinter den Worten.

Kehren wir nun vom chinesischen Satz zum geschriebenen Einzelwort zurück. Wie lassen sich solche Wörter klassifizieren? Sind einige ihrer Art nach Substantive, andere Verben, andere Adjektive? Gibt es im Chinesischen Pronomina, Präpositionen und Konjunktionen ebensowie in anständigen Christen-Sprachen? Eine Analyse der indogermanischen Sprachen läßt uns Verdacht schöpfen, daß solche Unterscheidungen nicht in der Natur der Sache liegen, sondern unseligerweise von den Grammatikern ausgeklügelt worden sind, um das schlichte poetische Lebensgefühl zu trüben. Alle Völker haben ihre stärkste, lebensvollste Dichtung geschrieben, ehe sie eine Grammatik erfanden. Dazu kommt, daß die ganze indogermanische Sprachentwicklung auf Wurzeln zurückweist, die einfachen Verben im Sanskrit entsprechen, wie wir sie etwa am Ende unseres Skeat[11] aufgeführt finden. Die Natur selbst kennt keine Grammatik.[12] Wie absurd wäre es doch, wenn wir einen Menschen herausgriffen und ihm erzählten, er sei ein Substantivum, ein totes Ding statt einer Ballung von Funktionen. Eine ‚Wortart‘ ist nichts weiter als *seine Funktion*. Häufig versagen unsere Zergliederungen, denn eine Wortart tut den Dienst einer anderen. Sie können füreinander stehen, weil sie gleichen Ursprungs sind.

Die wenigsten sind sich bewußt, daß in unseren Sprachen ebendiese Unterschiede aus der lebendigen Artikulation entstanden, ja, daß ihr Leben noch nicht erloschen ist. Nur wenn

---

11] Walter William Skeat [1835–1912], Mathematiker und Professor für Angelsächsisch in Cambridge, Herausgeber von ‚Skeat's Etymological Dictionary‘. [D. Ü.]

12] Auch das Lateinische kannte, als es lebendig war, nicht das Netzwerk der Regeln, das man den armen Schülern aufschwatzt. Gelegentlich sind diese der griechischen Grammatik entlehnt und selbst die englischen Grammatiker borgen sich, wie ich gesehen habe, die verqueren Fälle von den lateinischen Grammatikern. Zuweilen sind sie auch der Manie von Pedanten, zu grammatisieren und zu kategorisieren, erwachsen. Das lebende Latein hatte nur ein *Gefühl* für die Beugung: die ablative oder dative Einstellung. E. P.

man in die Verlegenheit kommt, einen befremdlichen Ausdruck zu entsiegeln, oder wenn man gezwungen wird, in eine gänzlich andersartige Sprache zu übersetzen, erlangt man für Augenblicke den inneren Siedepunkt des Denkens, gerät in jene Glut, welche die Wortarten einzuschmelzen vermag, um sie willentlich umzugießen.[13]

Einer der interessantesten Aspekte der chinesischen Sprache ist, daß wir in ihr verfolgen können, nicht nur wie die Satzstrukturen, sondern buchstäblich wie die einzelnen Wortarten sich entwickeln und auseinander hervorgehen. Die chinesischen Worte sind so geschmeidig und lebensvoll wie die Natur selber, denn *Dinge* und Funktionen werden ihrer Form nach nicht getrennt. Die chinesische Sprache kennt keine Grammatik in unserem Sinne.[14] Erst in jüngster Zeit haben Ausländer, Europäer und Japaner, begonnen, das lebendige Fleisch dieser Sprache mit Gewalt in das Korsett ihrer Definitionen zu zwängen. Dem Chinesischen schieben wir beim Lesen alle Schwächen unserer eigenen Formalismen unter. Das wirkt sich besonders nachteilig für die Dichtung aus – auch für die unsere, wo es vor allem gilt, die Worte aus der Erstarrung zu lösen und den Pulsschlag des Lebens in ihnen zu erhalten.

Doch fahren wir mit unserem Diskurs fort. Im Englischen nennen wir ‚to shine' [leuchten] ein *Verbum im Infinitiv*, weil es lediglich die abstrakte Bedeutung des Verbs wiedergibt, ohne es näher zu bestimmen. Wenn wir ein entsprechendes Adjektiv suchen, wählen wir ein anderes Wort, ‚bright' [hell, leuchtend]. Für das entsprechende Hauptwort verwenden wir ‚luminosity' [Helligkeit], ein Abstraktum, denn es ist von einem Adjektiv abgeleitet. Um zu einem einigermaßen konkreten Substantiv zu gelangen, müßten wir schon von den verbalen und adjektivischen Wurzeln absehen und uns auf ein

---

13] Vgl. James Joyce, Stephen Daedalus, Deutsch von G. Goyert, Neske, Pfullingen, 1958, S. 13, 14, 17, 19. [D. Ü.]

14] Vgl. Herbert Franke, Bemerkungen zum Problem der Struktur der chinesischen Schriftsprache, Oriens Extremus, Jg. 2, Dez. 1955, Heft 2, S. 135–141. Ferner: Achilles Fang, Some Reflections on the Difficulty of Translations, Studies in Chinese Thought, Chicago, 1953, S. 282. [D. Ü.]

Ding konzentrieren, das willkürlich von seinen Funktionen abgespalten wurde, wie ‚Sonne' oder ‚Mond'. In der Natur freilich ist kein Ding derart isoliert; die Substantivierung ist darum selbst Abstraktion. Auch dann, wenn wir ein Wort hätten, das gemeinsam dem Verb ‚leuchten', dem Adjektiv ‚hell' und dem Substantiv ‚Sonne' zugrunde läge, würden wir das vermutlich einen ‚Infinitiv des Infinitivs' nennen. Gemäß unseren Denkgewohnheiten müßte das etwas ungemein Abstraktes sein, für jede praktische Anwendung zu ungreifbar.[15] Die Chinesen haben dafür ein Wort, ming oder mei.[16] In dem betreffenden Ideogramm sind die Zeichen für Sonne und Mond zusammengestellt. Es kann als Verb, als Substantiv oder Adjektiv fungieren. So schreibt man wörtlich ‚Sonn-und-Mond-des-Bechers' für ‚Funkeln des Bechers'. Als Verb gestellt, schreibt man ‚der Becher sonn-und-mondet', eigentlich nur ‚Becher Sonne-und-Mond', oder in abgeschwächter Form ‚ist wie Sonne', d.h. funkelt. ‚Sonne-und-Mond Becher' ist selbstredend ein funkelnder Becher. In keinem Fall wird der Sinn zweifelhaft, obgleich ein begriffsstutziger Gelehrter eine Woche über der Frage zubringen mag, welche ‚Wortarten' er bei der Übersetzung einer schlichten und unmittelbaren Vorstellung vom Chinesischen ins Englische jeweils nehmen solle.

Tatsächlich ist fast jedes niedergeschriebene chinesische Wort seinem Wesen nach solch eine tragende Grundform, das bei alledem doch nicht abstrakt ist. Es ist weniger eine einzelne Wortart, schließt vielmehr alle in sich ein; auch keine Form, die weder Substantiv noch Verb noch Adjektiv ist – sondern eine, die all dieses ist, und zwar zu jeder Zeit. Im Alltag mag sich die Wortkategorie je nach den Umständen jetzt mehr nach der einen, jetzt mehr nach der anderen Richtung orientieren, der Dichter aber kann in voller Freiheit mit ihren Möglichkeiten

---

15] Ein Autor von Graden würde hierfür ‚shine' sagen, d. h. ‚to shine', ‚shining' und ‚the shine' oder ‚sheen', wobei er vielleicht das Deutsche ‚schön' und ‚Schönheit' im Ohr hätte. Diese Bemerkung beeinträchtigt aber die These Professor Fenollosas nicht. E. P.

16] Vgl. Tafel 4, S. 261.

schalten – Möglichkeiten, so reichhaltig und leibhaft [konkret] wie die der Natur.

In der Herleitung des Substantivs aus dem Verbum hat das Indogermanische der chinesischen Sprache vorgegriffen. Fast alle Stämme im Sanskrit, auf denen die europäischen Sprachen aufbauen, sind Frühformen des Zeitwortes, die charakteristische und augenfällige Naturvorgänge wiedergeben. Das Verb muß das primäre Moment der Natur darstellen, weil Wandel und Bewegung das einzige an ihr sind, was wir mit Sicherheit erkennen. In einem einfachen transitiven Satz, wie ‚Bauer stößelt Reis', sind Agens und Objekt nur insoweit Substantive, als sie den Verlauf eines Vorganges abstecken. ‚Bauer' und ‚Reis' sind nur verfestigende Benennungen, welche die beiden Pole des Zerstoßens fixieren, in sich aber – abgesehen von ihrer Funktion im Satz – sind sie naturgemäß Verben. Der Bauer ist einer, der den Boden bestellt, und der Reis eine Pflanze von eigenem Wuchs. Die chinesischen Schriftzeichen lassen dies offenkundig werden. Das mag zudem als Beispiel für die allgemeine Ableitung des Substantivs aus dem Verbum stehen. In allen Sprachen, auch im Chinesischen, ist ein Substantiv ursprünglich ‚das, was etwas tut', das, was die verbale Funktion ausführt. So stammt ‚Mond' aus der Wurzel *ma* und bedeutet ‚das Meßende', die ‚Sonne' bedeutet ‚das Zeugende'. Die Herkunft des Adjektivs aus dem Verb braucht kaum mit Beispielen belegt zu werden. Noch heute können wir beobachten, wie das Partizip ins Adjektiv übergeht. Im Japanischen gehört das Adjektiv unverkennbar zur Beugung des Verbums, stellt demnach einen eigenen grammatikalischen Modus dar, so daß jedes Verb zugleich ein Adjektiv ist. Dies rückt das Wort wiederum in die Nähe der Naturvorgänge, denn das So-Sein ist allenthalben nichts als eine potentielle Funktion, die wir für abstrakte Zugehörigkeit halten. ‚Grün' ist nichts anderes als eine gewisse Schwingungszahl, ‚Härte' bestimmt durch den Grad der Elastizität, den die molekulare Anziehung zuläßt. Auch im Chinesischen bewahrt das Adjektiv immer einen Unterbau an verbaler Bedeutung. Wir sollten versuchen, ihn in der Übersetzung zur Geltung zu bringen und uns nicht mit irgendeiner blutleeren adjektivischen Abstraktion zusammen mit der Kopula ‚ist' begnügen.

Noch interessanter sind die chinesischen ‚Präpositionen', die oft als Post-Positionen auftreten. Die Präposition ist nur deshalb so wichtig, so sehr zum Angelpunkt der europäischen Sprachen geworden, weil wir uns aus Zaghaftigkeit der nervigen transitiven Verben begeben haben. Um ihre ursprüngliche Kraft wieder zu gewinnen, müssen wir ihnen nun kleine überzählige Worte anfügen. Wir sagen noch immer ‚ich sehe ein Pferd', aber mit dem farblosen Verb ‚schauen' [look] müssen wir die hinweisenden Partikel ‚an' [at] verbinden, um die natürliche Transitivität wieder hergestellt zu haben.[17]

Präpositionen stellen einige einfache Verfahren vor, kraft deren sich unvollständige Verben abrunden. Indem sie auf Substantive als ‚Begrenzungen' hinweisen, wirken sie auf diese ein.

Sie sind – wie gesagt – ihrer Natur nach Verben, die in verallgemeinerter oder verknappter Fassung angewandt werden. In den indogermanischen Sprachen fällt es oft schwer, die verbale Herkunft einfacher Präpositionen aufzuspüren. Nur in dem Wort ‚off' [ab] erkennen wir noch ein Bruchstück der Vorstellung ‚to throw off' [abwerfen, runterwerfen]. Im Chinesischen ist die Präposition unverkennbar ein Verb, das eigens in einem verallgemeinerten Sinn gebraucht wird. Solche Verben werden oft auch gemäß ihrem speziellen verbalen Sinn verwandt, und es verwässert eine Übersetzung ins Englische beträchtlich, wenn sie durchgängig als farblose Präpositionen wiedergegeben werden.

So ist im Chinesischen: ‚by' [durch] = ‚to cause' [verursachen]. ‚To' [zu; nach] = ‚to fall toward' [in Richtung auf etwas fallen]; ‚in' [in] = ‚to remain, to dwell' [verharren; wohnen]; ‚from' [von, ausgehend von] = ‚to follow' [folgen] usw.

17] Das Beispiel ist schlecht. Wir könnten sagen: «I look a fool.» [«Ich sehe aus wie ein Tropf.»] ‚Look', transitiv, bedeutet heute ‚gleichen'. Fenollosas Anliegen ist jedoch im Grunde korrekt. Wir neigen dazu, spezifische Worte, wie ‚resemble' [ähneln], aufzugeben, sie durch vage Verben zu ersetzen und ihnen richtungweisende Präpositionen anzufügen oder aufzusetzen. E. P.

Ähnlich sind die Konjunktionen abzuleiten; gewöhnlich dienen sie dazu, Funktionen der Verben miteinander zu koppeln, sie stellen daher notwendig selbst Funktionen vor.[18] So ist im Chinesischen ‚because' [weil] = ‚to use' [gebrauchen, verwenden, benutzen]; ‚and' [und] = ‚to be included under one' [unter eins eingeschlossen sein]; eine andere Form von ‚and' [und] = ‚to be parallel' [parallel liegen]; ‚or' [oder] = ‚to partake' [teilhaben]; ‚if' [wenn] = ‚to let one do, to permit' [tun lassen; zulassen; erlauben]. Das gleiche gilt von einer Fülle anderer Partikel, deren Ursprünge in den indogermanischen Sprachen nicht mehr nachzuweisen sind.

Die Pronomina scheinen der Haken an unserer Evolutionstheorie zu sein; sie sind als unerforschlicher Ausdruck der Identität der Person angesehen worden. Aber im Chinesischen geben auch sie ihren geheimen Schatz an verbaler Metaphorik preis. Farblos übersetzt, werden sie zu streuenden Herden sprachlicher Schwindsucht. Nehmen wir zum Beispiel die fünf Formen des Fürwortes: ‚Ich'. Das Zeichen einer ‚Lanze in der Hand' = ein sehr emphatisches Ich. ‚Fünf' und ein ‚Mund' = ein schwaches und defensives Ich, das sich durch Reden einen Menschenauflauf vom Leib zu halten sucht. Dann ‚verhehlen' = ein selbstsüchtiges und in sich zurückgezogenes Ich. ‚Selbst' [das Zeichen für Seidenpuppen] und ein ‚Mund' = ein eigensüchtiges Ich, das sich an den eigenen Worten weidet; das Zeichen für das ‚Selbst', das sich präsentiert, wird nur dann gebraucht, wenn man mit sich selber spricht.

Ich hoffe, diese Abschweifung auf die Wortarten wird sich selbst rechtfertigen. Sie tut erstlich die außerordentliche Bedeutung der chinesischen Sprache dar, wo es darum geht, unsere eigene, längst verschüttete Denkentwicklung zu erhellen; sie erschließt somit ein neues Kapitel der Sprachphilosophie. Zweitens waren unsere Betrachtungen unerläßlich für das Verständnis des dichterischen Rohmaterials, das uns die

---

18] Über die Darstellung der aussagenlogischen Funktoren in den verschiedenen Sprachen und in der modernen Aussagenlogik, vgl. K. Döhmann, Die sprachliche Darstellung der aussagenlogischen Funktoren, Logique et Analyse [Nouvelle Série], avril 1959, S. 68-98. [D. Ü.]

chinesische Sprache bietet. Dichtung unterscheidet sich von Prosa durch die anschaulichen [konkreten] Farbwerte ihrer Wortwahl. Sie begnügt sich nicht damit, den Philosophen Bedeutungsinhalte zu liefern. Mit dem Zauber unmittelbaren Erlebens muß sie Emotionen aufrufen, muß sie wie ein Blitz Bereiche ausleuchten, zu denen der Verstand nur hintappen kann. Dichtung muß all das mitteilen, was in den ausgesagten Worten mitschwingt, nicht nur deren abstrakte Bedeutung. Der abstrakte Sinn trägt nichts zur Eindringlichkeit bei, die Ballung der Gedankenbilder ist hier alles. Die chinesische Dichtung nötigt uns, die eng begrenzten Kategorien unserer Grammatik aufzugeben, sie verlangt, daß wir dem Originaltext mit einer Fülle an bildstarken Verben nachkommen.

Doch dies ist erst ein Anfang. Bislang haben wir das chinesische Schriftzeichen und die chinesische Satzstruktur vornehmlich als lebendige Kurzschriftbilder von Handlungen und Vorgängen der Natur dargetan. Als solche und soweit sie sich aufs Sichtbare erstrecken, haben sie am Geist der Dichtung teil. Die chinesische Sprache wäre freilich recht armselig, und ihre Dichtung als Kunst sehr einseitig, wenn sie es dabei beließe, und nicht das gestalten könnte, was unserem Auge verborgen ist. Die Dichtung auf ihrer höchsten Stufe setzt ja nicht nur Vorwürfe aus der Natur um, sondern die hohen Gedankenflüge, die geistigen Eingebungen und das geheime Verflochtensein der Dinge. Die Wirklichkeit der Natur ist weitgehend verborgen in minutiösen Vorgängen und in sich überlagernden Zusammenklängen, in Schwingungen, Bindungen und Affinitäten. Das Chinesische erfaßt auch sie mit großer Kraft und Schönheit.

Man wird sich fragen, wie denn das Chinesische in der Lage war, einen großen gedanklichen Überbau auf der Grundlage einer reinen Bildschrift zu errichten. Dem durchschnittlichen Abendländer, der da glaubt, das Denken habe es mit logischen Kategorien zu tun und der die Gabe der bildnahen Vorstellung eher abwertet, wird diese Leistung völlig unmöglich erscheinen. Und doch hat die chinesische Sprache mit ihren besonderen Mitteln den Übergang vom Sichtbaren zum Unsichtbaren vollzogen, und zwar über genau dasselbe Verfahren wie alle Völker des Altertums: über die Metapher, über das Einsetzen von materiellen Abbildern, um immaterielle Zusammenhänge anzudeuten.[19]

Die ganze feinstufige Substanz der Sprache baut sich aus dem Nährboden der Metapher auf. Geht man der Herkunft abstrakter Begriffe nach, so offenbaren sie altertümliche Wurzeln, die noch im Bereich der direkten Funktion eingebettet sind. Die frühen Metaphern entspringen aber keinem willkürlichen subjektiven Vorgehen. Sie werden nur möglich, weil sie den Fasern im Gefüge der Natur selbst folgen. Beziehungen sind wirklicher und bedeutungsvoller als die Dinge, die sie verknüpfen.[20] Die Kräfte, welche die Astgabelung an der Eiche hervorbringen, waren in der Eichel angelegt. Ähnliche Steuerungen bestimmen den Raumgewinn von Flüssen und Nationen, indem sie die hervordrängende Lebenskraft aufspalten. So sind eine Nervenfaser, ein Kabel, eine Straßenführung oder der Giroverkehr einer Bank nur verschiedenartige Kanäle, über die Informationen ausgetauscht werden. Dies ist mehr als eine Analogie: es ist eine Identität in der Struktur. Die Natur gibt uns die Leitfäden zu ihrem eignen Werden. Wäre die Welt nicht voller Entsprechungen, Gleichgestimmtheiten und Übereinstimmungen, so wäre das Denken verkümmert und die Sprache an das Augenfällige gekettet. Es hätte keine Brücke gegeben von dem geringeren Wirklichkeitsgehalt des Gesehenen zu dem größeren des Ungesehenen. Nicht mehr als einige hundert Stammbildungen unseres umfangreichen Wortschatzes konnten unmittelbar auf physikalische Prozesse bezogen sein. Im frühen Sanskrit können wir diese noch recht gut ausfindig machen. Fast ausnahmslos sind sie bildnahe Verben. Die Fülle der Ausdruckskraft der europäischen Sprachen wuchs in dem Maße wie sie dem Gewirr

---

[19] Vergleiche Aristoteles *Poetik:* rasches Erfassen von Zusammenhängen als Kennzeichen des Genies. E. P.

[20] Man vergleiche z. B. damit auch die heutige strukturtheoretische Arbeitsweise der Mathematik, wie sie etwa in der Schule von N. Borbaki, Nankago, verwirklicht wird. [D. Ü.]

der Anregungen und Verknüpfungen in der Natur nachgingen. Metapher türmt sich somit auf Metapher in quasi geologischer Schichtenfolge.

Die Metapher, die Offenbarerin der Natur, ist die eigentliche Substanz der Dichtung. Das Bekannte deutet das Unbekannte, das Universum ist durchpulst von Mythen. Die Schönheit und Bildsamkeit der Erfahrungswelt dient uns als Modell, und unser Leben ist vom Schöpferischen durchtränkt. Es wäre ein Irrtum, mit einigen professoralen Ästhetikern anzunehmen, das Schöpferische und die Dichtung strebten danach, das Allgemeine und Abstrakte zu gestalten. Dieses Mißverständnis ist uns von der mittelalterlichen Logik aufgeschwatzt worden. Das Schöpferische und die Dichtung befassen sich mit dem, was naturgegeben ist, nicht mit Reihen von unzusammenhängenden ‚Besonderheiten', denn derlei Reihen gibt es nicht. Die Dichtung steht über der Prosa, weil sie uns im gleichen Wortbereich mehr an greifbarem Sinngehalt gibt. Die Metapher, ihr eigentlichstes Werkzeug, hat zugleich teil am Gerüst der Natur wie der Sprache. Die Dichtung setzt nur das bewußt ins Werk, was die Menschen der Frühzeit unbewußt taten.[21] Die Aufgabe der Schriftsteller und der Dichter im besonderen liegt vor allem darin, sich den allmählichen Aufbau der Sprachzellen entlang zurückzutasten.[22] Nur so lassen sich die Worte reich an Sinn-Schwingungen erhalten. Die frühen Metaphern bilden eine Art Goldgrund, von dem sich die Farbtöne blutvoll abheben und sie der Griffigkeit natürlicher Vorgänge näherücken. Bei Shakespeare wimmelt es allenthalben von Beispielen dafür. Nach alledem ist die Dichtung unter den Künsten die erstge-

---

21] Siehe auch meinen Artikel über ‚Vortizismus' E. P. [in dem Band ‚motz el son', S. 116, Arche, Zürich].

22] Ich möchte bescheiden anheimstellen, daß dies auf die Übersetzung antiker Texte anwendbar wäre. Gestaltet der Dichter Probleme seiner Zeit, so muß er auch zusehen, daß ihm die Sprache nicht unter der Hand versteint. Seine Aufgabe ist es, neuen sprachlichen Errungenschaften längs der Wachstumslinien der echten Metapher, d. h. der sinngebenden Metapher, Bahn zu brechen, die ja der unechten oder ausschmückenden Metapher diametral widerläuft. E. P.

borene; Dichtung, Sprache und das mythische Denken wuchsen gemeinsam auf.

Ich habe mich über diese Dinge verbreitet, weil daraus deutlich wird, wie meines Erachtens die chinesische Schriftsprache nicht nur den dichterischen Nährboden der Natur in sich aufgenommen und daraus eine zweite metaphorische Schöpfung aufgebaut hat, sondern darüber hinaus, wie ihre ins Auge springende Bildhaftigkeit es vermochte, ihre urwüchsige dichterische Kraft nachhaltiger am Leben zu halten als es irgend einer Lautsprache möglich war. Doch sehen wir zuerst, wie nahe sie dem Mark der Natur mit ihren Metaphern kommt. Wir können beobachten, wie sie vom Sichtbaren zum Unsichtbaren übergeht, ebenso wie wir den Übergang vom Verb zum Pronomen mitansahen. Noch steigen in ihr die Lebenssäfte, noch ist sie nicht kurz und klein gemacht worden wie Schürholz. Man hat uns erzählt, daß diese Menschen gefühllos, pragmatisch, roboterhaft, prosaisch und ohne eine Spur von genialer Phantasie seien. Welch ein Unsinn.

Unsere Vorfahren bauten aus Ballungen von Metaphern Sprachstrukturen und Denksysteme. Heute ist die Sprache dünn und kalt, weil wir immer weniger in sie hineindenken. Der Bündigkeit und des Schliffes wegen sehen wir uns genötigt, dem Sinngehalt jedes Wortes seinen geringsten Umfang zuzumessen.[23] Fast will es scheinen als wäre die Natur für uns heute weniger ein Paradies als ein Fabrikgelände. Wir geben uns mit dem gängigen Mißbrauch, der augenblicks im Schwange ist, zufrieden.

In vorgerücktem Zustand wird die Zersetzung aufgehalten und das Wort in den Wörterbüchern mumifiziert.

Nur die Gelehrten und Dichter tasten sich noch unverdrossen an den Entwicklungslinien unserer Worte zurück und setzen, so gut sie es vermögen, eine Sprache aus verschollenen Fragmenten zusammen. Diese Blutarmut der modernen Redeweise wird noch gefördert durch die schwache Bindekraft unserer

---

[23] Man vergleiche die Einengung der Begriffe ‚Arbeit‘, ‚Kraft‘, ‚Energie‘, ‚Information‘, wie sie die Physik für ihre Zwecke gegenüber dem naiven Sprachgebrauch durchführen muß. [D.Ü]

phonetischen Schrift. Einem Laut eignet wenig oder gar nichts, was seine embryonalen Wachstumsphasen ausweisen könnte. Seine metaphorische Eigenheit trägt er nicht ins Gesicht geschrieben. Wir wissen nicht mehr, daß das Wort ‚Persönlichkeit' ursprünglich nicht die Seele, sondern die ‚Maske' der Seele bezeichnete.[24] Im Umgang mit dem chinesischen Schriftzeichen aber ist es unmöglich, das aus dem Auge zu verlieren. Gerade hierin kommt der Vorzug des Chinesischen zur Geltung, daß seine Etymologien noch heute zu erkennen sind. Das Chinesische hat sich die schöpferische Triebkraft und den schöpferischen Vorgang wahrnehmbar und wirksam erhalten. Noch nach Tausenden von Jahren zeigen sich die Entwicklungslinien der Metaphorik, ja in vielen Fällen ist der Vorgang sogar leibhaftig in dem Sinn aufgegangen. So verelendet ein Wort nicht Schritt für Schritt an seinem Sinngehalt wie bei uns, sondern es reichert mit der Zeit seinen Sinngehalt an, gewinnt fast notwendig an Leuchtkraft. Die verschiedenartige Handhabung des graphischen Symbols in der nationalen Philosophie, in der Geschichte, in der Biographie und in der Dichtung umgibt es mit einem Lichthof von Bedeutungen, läßt es zu ihrem Brennpunkt werden.[25] Es hat die Fähigkeit, sich in der Erinnerung festzuhängen, und kann immer wieder heraufgeholt werden. Ja, der Boden des chinesischen Daseins scheint von den Wurzeln seiner Sprache ganz durchdrungen zu sein. So manche Veranschaulichung durch die menschlichen Geschicke, an denen die Annalen reich sind, der Zug des Schicksals, der einem tragischen Scheitelpunkt zustrebte, die Gesittung als der eigentliche Ansatz der Grundhaltungen – sie alle leuchten sogleich als sich-potenzierende Werte vorm Geiste auf und führen eine Ladung an Sinn, die in einer phonetisch geschriebenen Sprache kaum möglich wäre.

---

[24] Im Chinesischen bedeutet das gebräuchliche Ideogramm für ‚Maske': ‚Gerät des künstlichen Gesichts'. [D.Ü.]

[25] In der Erneuerung der dynamischen Sprachbetrachtung, wie sie sich unter Anknüpfung an Humboldt vollzogen hat, spielt u.a. der Aufbau der ‚Wortfelder' eine fundamentale Rolle. Vgl. etwa: Leo Weißgerber, Vom Weltbild der deutschen Sprache, Bd. II, Düsseldorf 1953. [D.Ü.]

Ihre Ideogramme sind ihnen das, was blutgetränkte Kriegsbanner einem alten Recken sind. Bei uns ist der Dichter der einzige, für den der in den Wortfeldern angehäufte Hort wirklich und fortwirkend vorhanden ist. In der dichterischen Sprache schwingen immer die Obertöne in all ihren Abstufungen mit, und auch ihre naturgegebenen Wahlverwandtschaften; diese Eigenheit des Dichterischen wird im Chinesischen aber durch die Sinnfälligkeit der Metapher auf den höchsten Spannungsgrad gebracht.

Von der Tyrannei der mittelalterlichen Logik habe ich gesprochen. Nach dieser westlichen Logik ist das Denken eine Art Brennofen für Ziegelsteine. Es backt die kleinen harten Maß-Einheiten oder Begriffe zusammen, die dann der Größe nach aufgeschichtet und für den weiteren Gebrauch mit Benennungen etikettiert werden. So ein Gebrauch besteht nun darin, daß man sich ein paar Ziegel herausklaubt, je nach dem gerade passenden Etikett, und aus ihnen eine Art Mauer aufführt – Satz genannt – die entweder durch den weißen Mörtel der positiven Kopula ‚ist' oder den schwarzen Mörtel der negativen Kopula ‚ist nicht' zusammengehalten wird. Auf diese Weise erzeugen wir so bewundernswerte Aussagen wie ‚Ein Affenschwanz ist nicht eine verfassunggebende Versammlung'.

Betrachten wir eine Anzahl Kirschbäume. Aus jedem gewinnen wir ein geistiges Filtrat, eine Abstraktion, wie man sagt, also gewissermaßen einen gemeinsamen Eigenschafts-Klumpen, den wir zusammenfassend mit dem Namen ‚Kirsche' oder ‚Kirschheit' ausdrücken könnten. Sodann setzen wir in einer zweiten Tabelle mehrere dieser charakteristischen Begriffe zusammen: Kirsche, Rose, Sonnenaufgang, Eisenrost, Flamingo. Aus ihnen abstrahieren wir ein anderes gemeinsames Merkmal, eine Verdünnung oder einen Mittelwert und etikettieren es als ‚rot' oder ‚Rotheit'. Offensichtlich kann dieser Prozeß der Abstraktion ad infinitum fortgesetzt werden, und zwar mit jedem Ausgangsmaterial. Wir könnten fortfahren, Pyramiden aus sich zunehmend verdünnenden Begriffen aufzubauen, bis wir schließlich im Begriff ‚Sein' den Scheitelpunkt erreichten. Aber wir sind schon zur Genüge auf diese typische Denkweise eingegangen. In der Basis der Pyramiden liegen die *Dinge*, freilich wie in tiefer Ohnmacht. Nie werden sie imstande sein, sich selbst als Dinge zu begreifen, eh sie nicht die Schichten der Pyramiden nach oben und unten durchmessen haben. Dieses Durchlaufen der Pyramiden können wir uns etwa so denken: Wir nehmen einen Begriff von mittlerer Verdünnung, etwa ‚Kirsche'; wir finden ihn unter einem höhergestellten Begriff, wie ‚Rotheit', rubriziert. Somit ist statthaft, in Form eines Satzes zu sagen: ‚Kirschheit ist unter Rotheit enthalten' oder kurz: ‚Kirsche ist rot'. Wenn wir andererseits unser Subjekt nicht unter einer vorgegebenen Eigenschaft finden, verwenden wir die negative Kopula und sagen zum Beispiel ‚Kirsche ist nicht flüssig'.

Von hier aus könnten wir zu den Formen des Syllogismus übergehen. Doch wir beherrschen uns. Es genügt, wenn wir anmerken, daß der gewitzte Logiker es bequem findet, im Geist lange Listen von Substantiven und Adjektiven einzulagern; diese sind der Natur der Sache nach die Namen der Gattungsbegriffe. Die meisten Abhandlungen über Linguistik beginnen mit solchen Aufzählungen. Das Verb wird nur gestreift, denn in solchen Systemen gibt es ja tatsächlich nur ein Verb, nämlich das Quasi-Verb ‚ist'. Alle anderen Verben können zu partizipialen und gerundiven Formen umgebildet werden. Zum Beispiel wird ‚rennen' [to run] praktisch ein Fall von ‚rennend' [running]. Statt direkt zu denken ‚der Mann rennt', vollzieht unser Logiker zwei subjektive Gleichsetzungen, nämlich: das fragliche Individuum fällt unter die Klasse ‚Mensch'; und die Klasse ‚Mensch' fällt unter die Klasse ‚rennendes Ding'. Die Einbuße und der Abbau, die ein derartiges Vorgehen mitbringt, sind ebenso offenkundig wie verderblich. Nicht einmal innerhalb ihres eigenen Bereichs kommt diese Methode mit den Gedankengängen, denen sie nachhängt, halbwegs zurande. Sie kennt keinerlei Mittel und Wege, um zwei Begriffe zu verschmelzen, wenn sie nicht zufällig beide in derselben Pyramide und einer unter dem anderen stehen.

In diesem System ist es unmöglich, irgendeinen Übergang oder eine Art von Wachstum abzuformen.

Hierin liegt vermutlich der Grund, warum sich die Vorstellung der Evolution im Abendland erst so spät herauskristallisiert hat. *Sie konnte nicht vorankommen, solange man nicht willens war, die eingefleischte Klassenlogik zu zerstören.*

Weit schwerer wiegt aber, daß eine derartige Logik mit keinerlei Wechselwirkung oder komplexen Funktionen zurande kommt. Nach ihr wäre das Spiel meiner Muskeln ebenso unabhängig vom Funktionieren meiner Nerven wie von einem Erdbeben auf dem Mond. Die armseligen, übergangenen Dinge im Fundament der Begriffspyramiden gelten ihr nur als ebenso viele Besonderheiten oder Spielsteine.

Die Naturwissenschaften kämpften sich an die Dinge selbst heran.

All ihre Bemühungen setzen bei der Basis der Pyramide an, nicht an ihrer Spitze. Sie haben entdeckt, wie sich die Funktionen in den Dingen verzahnen. Sie geben ihre Ergebnisse in Satzgruppen wieder, die keine Substantive, sondern Verben besonderen Charakters enthalten. Die tatsächliche Gleichung des Denkens lautet: «Der Kirschbaum ist die Gesamtheit seiner Funktionen.» Er ist quasi zusammengesetzt aus den zugehörigen Verben. Diese Verben sind in sich transitiv. Von ihnen kann es nahezu unendlich viele geben.

Ihrer Wortwahl und grammatischen Form nach sind die Naturwissenschaften der Logik völlig entgegengesetzt. Der Mensch der Frühzeit, der die Sprachen schuf, stünde eher mit der Naturwissenschaft im Einklang als mit der Logik. Die Logik hat die Sprache mißbraucht, als man sie ihr auf Gnade oder Ungnade überließ.

Dichtung verträgt sich eher mit der Naturwissenschaft als mit der Logik.

Sooft wir die Kopula gebrauchen, sooft wir subjektive Erläuterungen beifügen, löst sich das Dichterische in blauen Dunst auf. Je bildhafter [konkreter] und lebendiger wir die wechselseitigen Einwirkungen der Dinge zum Ausdruck bringen, um so mehr erstarkt das Dichterische. Wir brauchen in der Dichtung Tausende von wirksamen Wörtern, deren jedes sein Äußerstes hergibt, um die Triebkräfte und Lebens-

strömungen des Geschehens aufzuzeigen. Wir können die Fülle des Natürlichen keineswegs durch eine bloße Aufführung oder Anhäufung von Sätzen sichtbar machen. Die dichterische Denkart geht zu Werk, indem sie die einzelne Redensart mit maximalem Sinn auflädt, so daß sie sinnträchtig, spannungführend und von innen her ausstrahlend wird.
Im chinesischen Schriftzeichen speicherte jedes Wort diese Energien in sich auf.
Wollen wir also regelrecht die chinesische Dichtung studieren, so sollten wir uns ausdrücklich der Fallgruben der Logik bewußt sein. Wir sollten auf der Hut sein vor den modernen eingleisigen, auf den allgemeinen, betriebsmäßigen Gebrauch abgestimmten Bedeutungen, die den Worten in den gängigen Wörterbüchern zugeschrieben werden. Wir sollten darauf bedacht sein, die metaphorischen Sinnschwingungen zu erhalten. Wir sollten auf der Hut sein vor der englischen Grammatik, ihren fix-und-fertigen Wortarten und ihrem nachlässigen Sich-Bescheiden mit Substantiven und Adjektiven. Wir sollten den verbalen Unterton eines jeden Substantivs suchen oder zumindest im Auge behalten. Wir sollten das ‚ist' vermeiden und die Fülle der vernachlässigten englischen Verben ins Spiel bringen. Die meisten der bisher vorliegenden Übersetzungen verstoßen gegen all diese Regeln.
Die Entstehung des normalen transitiven Satzes beruht auf dem Umstand, daß ein Naturvorgang den anderen verursacht; daher sind Agens und Objekt insgeheim Verben. Der Satz «Das Lesen fördert das Schreiben» wird zum Beispiel im Chinesischen durch drei unmißverständliche Verben ausgedrückt. Eine solche Form enthält drei erweiterte Nebensätze und kann zu adjektivischen, partizipialen, infinitiven, relativen oder konditionalen Wendungen zerdehnt werden.
Eines für viele Beispiele wäre: «Wenn einer liest, lernt er schreiben», oder «Einer der liest, wird einer, der schreibt». Ein Chinese aber würde in der ersten verdichteten Form schreiben: «lesen fördert schreiben». Die Vorherrschaft des Verbs und sein Vermögen, alle anderen Wortarten zu beschneiden, mag uns das Vorbild für einen kernigen, gesunden Stil sein.

Kaum je habe ich unsere Rhetoriker bei der Tatsache verweilen hören, daß die große Stärke unserer Sprache in ihrem prächtigen Aufgebot an transitiven Verben liegt, gespeist aus angelsächsischen wie aus lateinischen Quellen. Sie geben uns immer wieder die urwüchsigste Charakterisierung der Energie. Ihre Macht beruht darauf, daß sie die Natur als ein ausgedehntes Kräfte-Reservoir sehen. Im Englischen sagt man nicht, daß die Dinge ‚scheinen' oder ‚erscheinen' oder ‚geschehen', auch nicht ‚sie sind', sondern: sie *tun*. Der Wille ist der Träger unserer Sprache.[26] Wir erfassen den Demiurgen mitten im Schöpfungsakt: Ich mußte von mir aus dahinterkommen, warum Shakespeares Englisch jedem anderen so unvergleichlich überlegen ist, und ich fand, daß es an seinem beharrlichen, naturgemäßen und prachtvollen Einsatz Hunderter von transitiven Verben lag. Selten nur findet man ein ‚ist' in seinen Sätzen. ‚Ist' bietet sich allerorts als schwächliche Lösung an, wo unser Rhythmus nach einer unbetonten Silbe verlangt; dennoch versagt er sich das streng. Alle Stilübungen sollten von einer Untersuchung der Verben Shakespeares ausgehen.

In der chinesischen Poesie finden wir eine Überfülle an transitiven Verben, die in mancher Hinsicht sogar noch stärker sind als die in Shakespeares Englisch. Das rührt daher, daß diese Sprache die Fähigkeit besitzt, mehrere Bild-Elemente in einem einzigen Schriftzeichen zu verbinden. Im Englischen haben wir kein Verb für das, was zwei Dinge – sagen wir Sonne und Mond – gemeinsam bewirken. Präfix und Affix legen lediglich die allgemeine Richtung und Bestimmung fest. Im Chinesischen kann das Verb viel feiner auf den Einzelfall zugeschnitten werden. Hundert Spielarten sammeln sich rings um das einzelne Denkbild. So wäre ‚zum Vergnügen aussegeln' ein völlig anderes Verb als ‚geschäftlich aussegeln'. Dutzende chinesischer Verben geben verschiedene Abtönungen des Sich-Härmens wieder und werden doch in der englischen Übersetzung meist durch ein mäßig ausdrucksstarkes Verb wiedergegeben, das ein Mittelwert der anderen ist. Manche

---

[26] Vergleiche Dantes Definition des Wortes ‚Rectitudo' als *directio voluntatis* [Ausrichtung des Willens]. E. P.

davon könnten in der Paraphrase wiedergegeben werden; woher nimmt aber der Übersetzer das Recht, ihre Obertöne außer acht zu lassen? Diese Abtönungen sind vorhanden. Wir sollten unser Englisch bis zur Grenze seiner Leistungsfähigkeit ausschöpfen.

Es ist richtig, daß viele chinesische Ideogramme heute nicht mehr vom Bilde her aufgeschlüsselt werden können; selbst die chinesischen Lexikographen nehmen an, daß die Zusammenstellung von Zeichen häufig nur einen Lautwert beisteuert. In vielen Fällen bestand einst auch dort die Metapher, wo wir sie heute nicht mehr aufspüren können. Wie viele unserer eigenen Etymologien sind uns verloren gegangen! Wir haben gesehen, wie unsere westlichen Sprachen durch figürlich übertragene Bedeutungen sämtlich aus ein paar hundert bildstarken phonetischen Verben entsprungen sind. Durch die Zuordnung von Metaphern hätte in China durchaus ein noch engmaschigeres Ideen-Gespinst entstehen können. Keine noch so fein ausgesponnene Vorstellung gibt es, die das Chinesische nicht weit stärker und nachhaltiger hätte in den Griff bekommen können, als wir mit unseren phonetischen Wurzeln es je vermocht hätten. Eine solche Methode der Piktogramme wäre, ganz gleichgültig, ob man ihrer am chinesischen Beispiel inne wird oder nicht, die ideale universelle Weltsprache.

Aber genügt es nicht schon zu zeigen, daß die chinesische Dichtung durch die Fülle ihrer lebensvollen Figuren sich den natürlichen Strukturen nähert? Wenn wir im Englischen dem nachzueifern suchen, so müssen wir Worte verwenden, die mit Sinn geladen sind, Worte, deren lebendige Impulse sich durchdringen, wie es in der Natur geschieht. Die Sätze müssen ineinandergreifen wie die Fransen verschlissener Standarten, oder wie sich die Farben vieler Blumen in der Wiese zu einem Farbton verbinden.

Ein Dichter kann nie zu viel sehen und erleben. Seine Metaphern dienen dazu, den toten und weißen Kitt der Kopula loszuwerden. Er bricht ihren Pigmentmangel in die tausend Farbtöne des Verbums. Seine Figuren baden die Dinge in dem Strahlenbündel mannigfaltigsten Lichts, ähnlich dem plötzlichen Aufschießen eines Springquells. Die Dichter der Vorzeit, die die Sprache schufen, entdeckten das harmonische Gerüst der Natur, in ihren Hymnen formten sie das Gesetz ihres Wandels ab. Und dies diffuse Element des Dichterischen hat Shakespeare zur greifbaren Substanz geballt. So ist in jeder Dichtung das Wort wie eine Sonne mit Korona und Chromosphäre; Worte laufen auf Worte zu und es umschließt eines das andere in leuchtender Hülle, bis die Sätze zu klaren stetigen Lichtbrücken werden.

Wir sind somit in der Lage, die volle Leuchtkraft gewisser chinesischer Verszeilen zu würdigen. Die Dichtung überflügelt die Prosa, weil der Dichter seine Worte so aneinanderreiht, daß die Obertöne sich zu einem erlesenen und leuchtenden Klang mischen. Alle Künste folgen diesem Formgesetz; subtile Klangstrukturen beruhen auf dem feinsinnigen Abstimmen der Obertöne. In der Musik beruhen die Möglichkeiten und die ganze Theorie der Harmonie auf den Obertönen. So gesehen, erscheint die Dichtung als die schwerste aller Künste. Denn wie sollen wir die metaphorischen Oberschwingungen nebeneinandergestellter Worte festlegen? Die gröbsten Verstöße können wir vermeiden – etwa die Bildung amorpher Metaphern. Wir können den Zusammenklang und die Harmonisierung in höchster Vollendung aufsuchen – etwa in Romeos Monolog an der Bahre der toten Julia.

Die chinesische Ideographie zeigt ihre Qualitäten schon in einer einfachen Zeile, wie in: «Die Sonne geht im Osten auf.» Die Sinnschwingungen fangen den Blick. Die Fülle der vorhandenen Bildschriftzeichen gestattet eine Wortwahl, in der eine einzelne Oberschwingung alle Bedeutungsebenen tönt.

Sonne   *erhebt sich [im]*   *Osten*

Dies ist vielleicht die Besonderheit an der chinesischen Dichtung, die am meisten hervortritt. Betrachten wir unsere Zeile näher:

Auf der einen Seite die Sonne, das Leuchten, und auf der anderen Seite das Zeichen für Osten, das die Sonne in den Ästen eines Baumes verfangen zeigt. Und im mittleren Zeichen, dem Verb ‚aufgehen', ‚sich heben', haben wir eine weitere Gleichlagerung: die Sonne steht überm Horizont. Dies ist nur ein Ansatz, aber er weist den Weg zur Methode des Schreibens und zur Methode verständigen Lesens.

TAFEL I

Eigentliche Bilder – Piktogramme

Skizzenhafte Darstellungen von Gegenständen der Außenwelt. Sie stehen heute meist als Klassenzeichen [Radikale].

Mensch	人	Mädchen / Weib	女	Arbeit / Arbeiter	工
Wagen	車	Kind / Sohn / Meister	子	Kraft	力
Mund	口	Sonne	日	Berg	山
Baum	木	Bambus	竹	Vogel	隹
Auge	目	stehen / aufstellen	立		
Herz	心	Türe	門		

Die Tafeln wurden von W. L. Fischer zusammengestellt. [D. Herausgeber]

TAFEL 2

Frühformen der Piktogramme

Frühe Formen der umseitigen Piktogramme auf Orakelknochen der Yin-Zeit oder auf Sakralbronzen der Chou-Zeit

Seitenansicht:	*Vorder- und Seitenansicht:*
Mensch in kultischer Haltung	Frau in kniender [= dienender] Stellung
Wagen in Draufsicht	Bild eines Wickelkindes mit Kopf und Armen
Mund	Bild eines Winkelmaßes
Bild eines Stammes mit zwei Ästen und zwei Wurzeln	Bild eines Armes mit der Hand
Auge [später aufgestellt]	Berg
Herz	Vogel
Sonne	Bild eines auf dem Boden stehenden Mannes
Bambus mit nach unten hängenden Blättern an den Halmen	Bild einer zweiflügeligen Türe, von der nur die mittleren Teile geschlossen sind

259

TAFEL 3

Symbolische Bilder – Ideogramme
Zum Teil sind sie heute Radikale

Morgengrauen
Die Sonne über dem
Horizont

Mitte, treffen
Pfeil, der ins
Ziel trifft

sprechen
geöffneter Mund
mit sichtbarer
Zunge

oben
ursprünglich: Punkt
über der Linie

sprechen
ursprünglich: Bild
einer Flöte; spätere
Erklärung: geöffneter
Mund, aus dem
Schallwellen kommen

groß
erwachsener Mann
mit ausgebreiteten
Armen

TAFEL 4

Symbolische Zusammensetzungen – Ideogramme

林

Wald
Zwei Bäume

囚

Gefangener
Mensch in einer
Einfassung

明

hell, klar, Morgen
Sonne + Mond

鳴

singen
Mund+Vogel

好

gut, lieben
Weib+Kind

問

fragen
Türe+Mund

書

schreiben, Buch
Hand, die einen
gespaltenen Bambus-
stab hält =
Griffel + sprechen

東

Osten
Sonne in den Ästen
eines Baumes

泪

Träne
Wasser+Auge

Die Klassen der ‚gewendeten Figuren‘ [Variation], der ‚entlehnten Zeichen‘ [konventionelle Sinnunterlegungen], die Zeichen mit ‚ideographischem und phonetischem Bestandteil‘ [Deuter und Lauter, die etwa sieben Achtel des gesamten Zeichenstoffes ausmachen] sind für die Betrachtungen Fenollosas ohne Belang. [D. Ü.]

SERGE EISENSTEIN

DIE VIERTE DIMENSION

HINTER DER LEINWAND [1929]

Wirklich eine unheimliche, eine erstaunliche Tat: eine Abhandlung zu schreiben über etwas, das in der Welt der Tatsachen nicht existiert! Einen Film ohne Filmkunde, beispielsweise, gibt es nicht. Und doch hat der Verfasser der Abhandlung, die diesem Essay vorangeht[1], es fertig gebracht, ein Buch über den *Film* eines Landes zu schreiben, das gar keine *Filmkunde* besitzt. Über den Film eines Landes, dessen Kulturleben unendlich reich ist an filmeigenen Zügen, die einem auf Schritt und Tritt begegnen – aber in seinen Filmen nicht.

Der folgende Essay handelt von den filmeigenen Zügen der japanischen Kultur, die abseits vom japanischen Film liegen, und liegt selber weitab von den vorangehenden Ausführungen, so wie diese Wesenszüge abseits vom japanischen Film geblieben sind.

Film – das ist: soundsoviele Produzenten, das und das an Kapitalumsatz, soundsoviele Stars, diese und jene Fabeln.

Der japanische Film ist bestens mit Produzenten, Schauspielern und Fabeln versehen. Aber von Montage weiß er nichts. Trotzdem kann man erkennen, daß die darstellende Kunst der Japaner auf dem Montageprinzip begründet ist.

Die Art des Schreibens – denn sie ist in erster Linie darstellend. Das Bildzeichen, die Hieroglyphe.

Das naturalistische Abbild eines Gegenstandes, wie ihn die geschickte Chinesenhand des Ts'ang Chieh 2650 Jahre vor unserer Zeitrechnung abzeichnete, wird leicht stilisiert und bildet mit seinen 539 Artgenossen ein erstes ‚Kontingent' von Bildschriftzeichen. Mit dem Griffel einem Bambusstreifen eingeritzt, bewahrte das Abbild in jeder Hinsicht seine Ähnlichkeit mit dem Original.

1] Eisensteins Essay war ursprünglich als Nachwort zu N. Kaufmanns Abhandlung ‚Japanischer Film' [Moskau 1929] geschrieben. Erstübertragung ins Englische von Sir Ivor Montagu und S. S. Nolbandov. Diese Übersetzung folgt dem rev. englischen Text von Leyda/Montagu [Paris 1930/London 1949].

Aber dann, gegen Ende des 3. Jahrhunderts [v. Chr.] wird der Pinsel erfunden. Im ersten Jahrhundert nach der ‚freudigen Begebenheit' [n. Chr.] – das Papier. Und schließlich, im Jahre 220 – die chinesische Tusche.
Vollständiger Umsturz. Revolution in der Kunst des Zeichnens. Und, nachdem es im Laufe der Geschichte nicht weniger als vierzehn verschiedene Handschriftstile durchgemacht hatte, kristallisiert sich das Bildzeichen in seiner gegenwärtigen Form heraus. Werkzeug und Werkstoff hatten die Form bestimmt. Die vierzehn Reformen machten ihren Weg. Ergebnis:

Es ist schon unmöglich, in der sich feurig aufbäumenden Hieroglyphe *ma* [‚Pferd'] die Züge des lieben Rößleins zu erkennen, das so pathetisch in der Hinterhand einknickt, und das uns im Schreibstil des Ts'ang Chieh von alten chinesischen Bronzen her vertraut ist.
Es ruhe in Gott, dies liebe Rößlein, samt den übrigen 607 *hsiang cheng* Sinnbildern – der frühesten Kategorie von Hieroglyphen, die wir kennen.
Was uns hier eigentlich interessiert, setzt mit der zweiten Kategorie von Hieroglyphen ein – den *huei-i*, d. h. den ‚Gepaarten'.
Die Sache ist die, daß die Paarung [oder vielleicht sollten wir lieber sagen, die Vereinigung] von zwei Hieroglyphen der einfachsten Reihen nicht als ihre Summe anzusehen ist, sondern als ihr Produkt, d. h. als Wert einer anderen Dimension, einer anderen Potenz; für sich entspricht jede einzelne einem *Ding*, etwas Konkretem, ihre Vereinigung aber entspricht einem *Begriff*. Die Einzel-Hieroglyphen zünden zum – Ideogramm.

Durch die Vereinigung von zwei ‚Anschaulichen' wird etwas dargestellt, das graphisch gar nicht anschaulich zu machen ist. Zum Beispiel: das Bildzeichen für ‚Wasser' mit dem Bildzeichen eines Auges bedeutet ‚weinen'; das Bildzeichen eines Ohrs beim Zeichen für ‚Tür' = ‚lauschen'.
Hund + Mund = ‚bellen';
Mund + Kind = ‚schreien';
Mund + Vogel = ‚singen';
Messer + Herz = ‚Kummer', und so weiter.
Ja. Es ist genau das, was wir im Film machen: Aufnahmen, die *anschaulich* sind, einschichtig, inhaltlich indifferent, schließen wir zu *geistigen* Kontexten und Reihen zusammen.
Dies sind Mittel und Verfahren, die zu jedem filmgerechten Regieplan gehören. Und, in verdichteter und geläuterter Form, der Ansatzpunkt für den ‚intellektuellen Film'.
Für den Film, der ein Höchstmaß an Dichte anstrebt, um abstrakte Begriffe visuell darzustellen.
Und wir begrüßen das Verfahren des seligen Ts'ang Chieh als einen ersten Schritt auf dem Wege dahin.
Wir sprachen von Dichte. Die Dichte leitet zu einem anderen Gesichtspunkt über. Japan besitzt die gedrängteste Form der Dichtung: das *Haikai* [das zu Beginn des dreizehnten Jahrhunderts aufkommt und heute als ‚Haiku' oder ‚Hokku' bekannt ist] und das noch frühere *Tanka* [der Sage nach mit Himmel und Erde zusammen erschaffen].
Beide sind kaum mehr als zu Sätzen umgewandelte Hieroglyphen. In solchem Maße, daß ihre Erlesenheit zur Hälfte nach ihrer graphischen Gestalt geschätzt wird. Die Methode, nach der man sie aufgliedern kann, ist dem Bau des Ideogramms völlig analog.
Wie das Ideogramm Mittel zur knappen Prägung eines abstrakten Begriffs an die Hand gibt, so erzeugt die gleiche Methode, übertragen auf die literarische Gestaltung, ebensolche Dichte an bildhafter Prägnanz.
Bei der spröden Vereinigung von Symbolen, die sich hart im Raume stoßen, ergibt diese Methode nur eine harte Abgrenzung der abstrakten Begriffe. Die gleiche Methode, jedoch

angewandt auf den Reichtum schon geformter Wortverbindungen, lädt sich zur Leuchtkraft einer *imagistischen* Wirkung auf. Der Begriff ist eine kahle Formel; seine Ausgestaltung [Ergänzung durch anschießendes Material] verwandelt die Formel zu einem Bild [image] – zu einer ausgeführten Form.

Genauso, nur umgekehrt, wie ein primitiver Gedankengang – das imagistische Denken, um eine definitive Stufe verlagert, in begriffliches Denken umschlägt.

Doch wenden wir uns wieder den Beispielen zu.

Das *Haiku* ist das Konzentrat einer impressionistischen Skizze:

Verlassene Krähe
    Auf blattlosem Ast
        Ein Abend im Herbst.

BASHŌ

Was für ein strahlender Mond!
    Den Umriß des Kieferngezweigs
        Wirft er auf die Matten.

KIKAKU

Weht die Abendbrise.
    Wasserkräuseln wellt sich
        Um des blauen Reihers Ständer.

BUSON

Der Morgen dämmert zeitig.
    Rings um die Burg
        Wildentenruf.

KYOROKU

Das noch frühere *Tanka* ist ein wenig länger [um zwei Zeilen]:

O Bergfasan
lange Federn ziehst du nach
    am waldigen Hügelhang –
so lang sind die Nächte für mich
der da Schlaf sucht auf einsamem Lager.   HITOMARO[?]

In unseren Augen sind das Motivfolgen der Montage. Einstellungsfolgen. Die schlichte Vereinigung von zwei oder drei Deatils der Wirklichkeit zeitigt eine vollständig ausgeführte Darstellung anderer – nämlich psychologischer – Wirklichkeit.

Und wenn die feingeschliffenen Kanten der intellektuellen Begriffe, die aus den gereihten Ideogrammen gebildet werden, in diesen Gedichten an Schärfe verlieren, so haben sich die Begriffe dennoch, und zwar im Emotionalen, reich entfaltet. Zu beachten wäre dabei, daß die Emotion auf den Leser zielt, denn, wie Yone Noguchi sagt, erst «der Leser ist es, der das Unvollendete des *Haiku* zur Vollendung schließt».

In der japanischen Schrift bleibt es dahingestellt, ob ihr vorherrschender Aspekt ein System von Schriftzeichen [eine Wortschrift] oder gleichsam eine ganz eigene Schöpfung von graphischen Zeichen [eine Bildschrift] ist. Jedenfalls hat das Ideogramm, aus der doppelten Kreuzung des in der Methode Anschaulichen und des in der Absicht Begrifflichen entsprossen, beide Linien fortgesetzt [nicht in historischer Folge, sondern in grundsätzlicher, die denjenigen, welche die Methode entwickelten, gegenwärtig blieb].

Nicht nur setzt sich die begriffliche Linie fort, indem sie in die Dichtung eingeht, im *Tanka*, wie wir gezeigt haben, eben diese Methode wird [in ihrem anschaulichen Aspekt] auch in den erlesensten Werken der japanischen Malkunst wirksam. Sharaku[2], der Schöpfer der schönsten Holzschnitte des achtzehnten Jahrhunderts und besonders einer unsterblichen Galerie von Schauspielerporträts. Der japanische Daumier.[3] Trotzdem bei uns fast unbekannt. Die charakteristischen Züge seines Werkes wurden erst in unserem Jahrhundert analysiert. Einer der Kritiker, Julius Kurth, zieht bei der Erörterung des Einflusses der Plastik auf Sharaku einen Vergleich zwischen seinem Holzschnitt-Porträt des Schauspielers Nakayama Tomisaburō und einer alten Maske des halbreligiösen Nō-Theaters, der Maske ‚Roso' [Alter Priester].

2] Toshusai Sharaku, als Maler tätig von Mai 1794 bis Februar 1795 [!]. In dieser Zeit schuf er 140 Bilder von Kabuki-Spielern. Aus seinem Leben ist nur bekannt, daß er ein Nō-Schauspieler des Fürsten Hachisuka war. [D. Ü.] Über das Kabuki-Theater s. Fußnote S. 65.

3] Toulouse Lautrec wäre vielleicht noch treffender.

Beide Gesichter, das des Druckes wie das der Maske, sind im *Ausdruck identisch* ... Die Züge und die Aufgliederung der Gesichtspartien sind ähnlich, obwohl die Maske einen alten Priester und der Druck eine junge Frau darstellt. Diese Verwandtschaft ist frappant, doch sind die beiden Werke in anderer Hinsicht ganz unähnlich; das ist an sich schon ein Beweis für Sharakus Originalität. Während sich die Maske an ziemlich genaue anatomische Proportionen hält, sind die Proportionen des Porträts einfach unmöglich. Der Abstand zwischen den Augen ist so groß, daß er jeder Vernunft spottet. Die Nase ist, auf die Augen bezogen, fast zweimal so lang wie es sich eine normale Nase je getrauen würde, und das Kinn steht in keinerlei Verhältnis zum Mund; die Brauen, der Mund und jeder Gesichtszug befinden sich hoffnungslos im Mißverhältnis. *Diese Beobachtung kann man bei allen großformatigen Köpfen Sharakus machen.* Daß der Künstler sich der Unrichtigkeit aller dieser Proportionen nicht bewußt gewesen wäre, kommt natürlich nicht in Frage. Vielmehr verneinte er das Normale in voller Absicht, und, während die Zeichnung der einzelnen Gesichtszüge noch knapp am Naturalismus festhält, wurden ihre Proportionen rein geistigen Maßstäben untergeordnet. *Er setzte den essentiellen psychischen Ausdruck zur Norm für das Verhältnis der einzelnen Gesichtszüge.*

Ist dies Vorgehen nicht das des Ideogramms, wenn es das unabhängige Zeichen ‚Mund' und das isolierte Zeichen für ‚Kind' zusammenstellt, um den Sinngehalt ‚schreien' zu bilden?

Ist es nicht genau das, was wir Filmleute im zeitlichen Nacheinander bewirken, geradeso wie Sharaku im räumlichen Nebeneinander, wenn wir eine ungeheuerliche Disproportion in den Phasen eines normal verlaufenden Geschehens zustandebringen und plötzlich das Geschehen zerstückeln in ‚Großaufnahme verkrallter Hände‘, ‚Mittelaufnahme des Ringkampfes‘ und ‚Ganz-Nahaufnahme hervorquellender Augen‘, wenn wir eine montagemäßige Aufgliederung des Geschehens in verschiedene Flächenmaße durchführen? Wenn wir ein Auge doppelt so groß wie eine ganze Mannsgestalt machen?! Indem wir solche ungeheuerliche Mißverhältnisse verknüpfen, sammeln wir das aufgegliederte Geschehen aufs neue zu einem Ganzen, aber diesmal von *unserem* eigenen Standpunkt aus. Je nachdem wie wir unsere Einstellung zu dem Geschehen zum Ausdruck bringen wollen.

Das disproportionale Anschaulich-Machen eines Geschehens ist uns angeboren und darum durchaus organisch. Professor Luriya vom Psychologischen Institut in Moskau zeigte mir einmal eine Kinderzeichnung ‚Ofenanzünden‘. Darin ist alles in ziemlich genauem Verhältnis und mit großer Sorgfalt dargestellt. Brennholz. Ofen. Schornstein. Was aber sollen die Zickzacks da in jenem riesigen Rechteck in der Mitte? Es stellt sich heraus, daß es die Zündhölzer sind. Weil das Kind die Wichtigkeit dieser Zündhölzer für den abgebildeten Vorgang berücksichtigt, schafft es für sie einen entsprechenden Maßstab.[4]

Die Darstellung der Gegenstände nach ihren wirklichen [absoluten] Proportionen ist selbstredend bloß ein Zugeständnis an die schulgerechte formale Logik. Unterwerfung unter eine sakrosankte Ordnung der Dinge.

4] Es ist möglich, diesen besonderen Hang bis in seine alten, fast vorgeschichtlichen Ursprünge zu verfolgen «... in jeder Ideenkunst* wird den Gegenständen die Größe je nach ihrer Wichtigkeit gegeben, so ist der König doppelt so groß wie seine Untertanen, oder ein Baum halb so groß wie ein Mensch, solange er uns nur angeben soll, daß sich die Szene im Freien abspielt. Etwas von diesem Prinzip der Größe-je-nach-Bedeutungsgrad blieb in der chinesischen Tradition hängen. Der Lieblingsschüler des Konfuzius sah neben ihm wie ein kleiner Bub aus, und die wichtigste Gestalt in einer Gruppe pflegte auch die größte zu sein», und das noch da, wo

In der Malerei wie auch in der Bildhauerkunst gibt es eine regelmäßig wiederkehrende und unausweichliche Rückwendung zu den Perioden, in denen ein Absolutismus eingeführt wurde. Perioden, in denen die Ausdruckskraft der archaischen Disproportion zugunsten der genormten ‚Steintafeln' einer von Amts wegen verfügten Richtigkeit verdrängt wurde.

Absoluter Realismus ist keineswegs die richtige Wiedergabe der Wahrnehmung. Er ist lediglich die Funktion einer gewissen Form der Gesellschaftsstruktur. Als Auswirkung einer absoluten Monarchie wird den Menschen eine absolute Einförmigkeit des Denkens eingeimpft. Ideologische Einförmigkeit, wie sie in den Formationen der Regimentsfarben und -fahnen der Garde malerisch entwickelt werden könnte ...

Wir haben also gesehen, wie das hieroglyphische Prinzip – ‚Begriffliches im Anschaulichen' – sich in zwei Richtungen aufspaltet: die eine wäre längs der Linie seiner Absicht [das ‚begriffliche' Prinzip], was in den Prinzipien der dichterischen Bildhaftigkeit ausläuft; die andere wäre längs der Linie der Methode zur Verwirklichung der Absicht [das ‚anschauliche' Prinzip], was in der zwingenden Ausdruckskraft ausläuft, die etwa Sharaku mit seiner Arbeitsweise erreicht.[5] Und genau wie sich die beiden ausladenden Kurven der Hyperbel, sagt man, in der Unendlichkeit schließen [obwohl noch keiner eine

die chinesische Kunst ihren höchsten Stand erreicht hatte, jene chinesische Kunst, aus der die japanischen graphischen Künste entsprangen: «... hatte der naturgegebene Maßstab immer dem bildgegebenen Maßstab zu weichen ... Größe je nach Entfernung gehorchte niemals den Gesetzen der geometrischen Perspektive, sondern den Erfordernissen der Zeichnung. Vordergrunderscheinungen konnten herabgemindert werden, um Stauung der Motive und Überbetonung zu vermeiden, und weit entfernte Gegenstände, die eigentlich zu winzig wären, um im Bild noch zur Geltung zu kommen, konnten vergrößert werden, um einen Kontrapunkt zum Mittelplan oder zum Vordergrund abzugeben.»

* Ideenkunst – In der russischen Kunstwissenschaft ist der Fachausdruck ‚parallel-hierarchische Perspektive'. [D. Ü.]

5] Es blieb James Joyce vorbehalten, in der Literatur das anschauliche Prinzip der japanischen Hieroglyphe auszubauen. Jedes Wort aus Kurths Sharaku-Analyse kann ohne weiteres auf Joyce angewendet werden.

derart entlegene Region besucht hat!], so schließt sich das Prinzip des Hieroglyphischen, das sich unendlich in zwei Linien aufspaltete [je nach der Funktion der Sinn-Bilder] unerwarteterweise in einer weiteren, der vierten Sphäre – dem Theater. Sie, die so lange auseinanderstrebten, zeigen noch einmal – in den Ursprüngen des Dramas – einen *parallelen* Verlauf, einen sonderbaren Dualismus.

Der *Sinn* [das Begriffliche] der Handlung wird durch das Rezitativ des *Jōruri*, einer Stimme hinter der Bühne, die *Darstellung* [das Anschauliche] der Handlung wird durch stumme Marionetten auf der Bühne realisiert. Zusammen mit einer besonderen Gestik zog dieser Archaismus auch in das frühe Kabuki-Theater ein. Bis heute hat es sich als eine Methode unter anderen im klassischen Repertoire erhalten [wobei Teile der Handlung hinter der Bühne erzählt werden, während der Schauspieler sie mimt].

Aber nicht das ist der springende Punkt. Worauf es hier ankommt ist, daß die ideographische [Montage-]Methode auf das Faszinierendste der Schauspielkunst unterlegt wurde.

Ehe wir dies jedoch näher erörtern, gestatten wir uns den Luxus eines Abstechers – zur Sache der Aufnahme, um mit all den Diskussionen über deren Natur aufzuräumen, ein für allemal.

Eine Aufnahme. Ein Blättchen Zelluloid. Ein winziger rechtwinkliger Bildausschnitt, auf dem sich in irgend einer Anordnung ein Stück Geschehen befindet.

«Verleimt bilden diese Aufnahmen Montage. Sofern es nach einem zugehörigen Rhythmus gemacht wurde, *versteht sich!*»

Dies ist es so ungefähr, was die ur-uralte Schule des Filmemachens lehrte, die da sang:

«Schräubelein nach Schräubelein
Ziegelchen nach Ziegelstein ...»[6]

6] Schräubchen nach Schräubchen
Ziegelchen nach Ziegelchen ...
Die Melodie hörte man zuerst in Meyerholds revolutionärer Inszenierung von Ostrowskys klassischer Komödie ‚Der Wald', auf der Ziehharmonika gespielt. Später wurden die Worte dazu gedichtet. Schließlich wurde ein

Kuleschow zum Beispiel schreibt sogar mit einem Ziegel:
«Wenn du eine Ideenfolge hast, ein Partikelchen der Story, ein Glied innerhalb der dramatischen Kette, dann muß jene Idee nachgeformt und mit den Aufnahme-Chiffren aufgeschichtet werden als wären es Ziegel.»

«Die Aufnahme ist ein Bauteil der Montage. Montage ist eine Reihung solcher Bauteile.» Das ist eine höchst schädliche Behelfs-Analyse.

Das Verständnis des Vorgehens im Großen – [die Verknüpfung, die Aufnahme-Montage] – das wird hier nur aus äußeren Merkmalen seines Ablaufs hergeleitet [ein Bauteil auf das andere geleimt]. Auf solche Weise könnte man auch zu der wohlbekannten Schlußfolgerung gelangen, nach der Straßenbahnwagen dazu da sind, daß man sie quer über die Straßen legt. Eine durchaus logische Ableitung, solange man sich auf die äußeren Merkmale ihrer Funktion während der Straßenkämpfe vom Februar 1917 bei uns in Rußland beschränkt. Aber die materialistische Geschichtsauffassung sieht das anders.

Das Schlimmste daran ist, daß eine derartige Denkweise tatsächlich wie ein sperriger Straßenbahnwagen quer über der Fahrbahn der formalen Möglichkeiten liegt. Eine solche Denkweise schließt die dialektische Entwicklung aus und verurteilt einen zum bloßen evolutionären ‚Vervollständigen', weil sie keinen Angriffspunkt bietet, von dem aus man der dialektischen Substanz des Geschehens beikommen könnte.

Auf die Dauer führt solches Evolutionieren entweder durch Überfeinerung zur Dekadenz oder mangels Blutzufuhr zum einfachen Vertrocknen.

So seltsam es scheinen mag, ein sangesfreudiger Kronzeuge für diese beiden trüben Aussichten ist Kuleschows jüngster Film ‚*Der lustige Kanarienvogel*' [1929].

Die Aufnahme ist keineswegs *Bauteil* der Montage.

ganzer Film danach geschaffen: ‚Ziegelsteinchen' [Geschichte einer Ziegeleiarbeiterin; nach der Revolution wird die Ziegelei, in der sie gearbeitet hat, demontiert]. Die Hauptrollen spielten Vera Popowa und der Schauspieler Bakschejew. [D. Ü.]

Die Aufnahme ist eine Montage-*Zelle*.

Genau wie die Zellen mit ihrer Teilung eine Erscheinung anderer Ordnung bilden, den Organismus oder den Embryo, so entsteht jenseits des dialektischen Sprunges der Aufnahmen – die Montage.

Wodurch wird dann die Montage und im Endergebnis ihre Zelle – die Aufnahme – gekennzeichnet?

Durch Aufeinanderprallen. Durch das Einanderüberschneiden zweier widersprüchlicher Teilstücke. Durch Überschneiden. Durch Aufeinanderprallen.

Vor mir liegt ein zerknitterter vergilbter Bogen Papier. Darauf steht ein rätselhafter Vermerk:

«Vergliederung – P» und «Aufeinanderprall – E».

Das ist der heftige Niederschlag eines Feuerwechsels über das Thema Montage zwischen P [Pudowkin] und E [mir].

Es wurde eine Gewohnheit daraus. In regelmäßigen Zeitabständen besucht er mich spät nachts, und hinter verschlossenen Türen zanken wir uns um grundsätzliche Dinge. Als einer, der Kuleschows Schule absolviert hat, verteidigt er lauthals die Montage als eine *Vergliederung* von Teilstücken. In eine Kette. Wieder ‚Ziegel', zu Reihen geschichtet, um eine Idee *auszulegen*.

Ich stellte ihm meinen Standpunkt von der Montage als eines *Aufeinanderprallens* entgegen. Die Ansicht, daß aus dem Aufeinanderprall zweier gegebener Faktoren ein Begriff *erstehe*.

Von meinem Standpunkt aus ist Vergliederung lediglich *einer* der möglichen Fälle.

Rufen wir uns vor Augen, welche unendlich vielen Möglichkeiten für den Zusammenstoß von Kugeln die Physik kennt. Je nachdem, ob die Kugeln elastisch, unelastisch oder sonst in ihrer Elastizität abgestuft sind. Unter allen diesen Möglichkeiten gibt es eine, bei welcher die Wucht so gering ist, daß der Aufeinanderprall zu einer ausgeglichenen Bewegung der beiden in gleicher Richtung abgeschwächt wird.

Dieses ist dann die eine Möglichkeit, die der Ansicht Pudowkins gemäß wäre.

Vor kurzem hatten wir wieder ein Gespräch. Heute stimmt er

meiner Ansicht zu. Allerdings orientierte er sich inzwischen über die Vorlesungsreihe, die ich seinerzeit am Staatlichen Filminstitut hielt ...

Also, Montage ist Überschneidung.

Wie Überschneidung die Grundlage aller Kunst ist [eine ‚imagistische' Umsetzung des dialektischen Vorgangs]. Das Einzelbild erscheint als *Zelle* der Montage. Deshalb muß es ebenfalls unter dem Gesichtspunkt der *Überschneidung* betrachtet werden. Überschneidung innerhalb der Aufnahme ist potentielle Montage, denn sie sprengt mit zunehmender Intensität den vierseitigen Käfig des Einzelbildes, wobei die Überschneidungen zu Montageimpulsen *zwischen* den Montagestücken gezündet werden ... Wie das Schlagwort ‚Alle Hindernisse werden zunichte vor den Russen' sich in ‚*Krieg und Frieden*' in die Vielzahl der Zwischenfälle entlädt.

Wenn Montage mit irgend etwas verglichen werden kann, dann wäre eine Serie von Montagestücken, von Aufnahmen, mit den Verbrennungsperioden eines Explosionsmotors vergleichbar, der das Automobil oder den Traktor antreibt: denn auch die Montage-Dynamik gibt die Impulse, die den ganzen Film vorantreiben.

Überschneidung innerhalb des Bildausschnitts. Diese kann ihrem Wesen nach sehr variiert sein: sogar als Überschneidung innerhalb – der Fabel. Wie in jener ‚vorgeschichtlichen' Periode des Films [obgleich es noch in der Gegenwart manche Beispiele davon gibt], als man ganze Szenen in einer einzigen ungeschnittenen Folge zu photographieren pflegte. Was jedoch außerhalb der Gerichtsbarkeit der streng filmischen Form steht. Dies sind die ‚filmgerechten' Überschneidungen innerhalb des Bildausschnitts:

Überschneidungen graphischer Art
    [*der Linien – ob statisch oder dynamisch*]
der Maßstäbe
der Rauminhalte
der Massen
    [*Rauminhalte, von verschiedener Helligkeit gesättigt*]
der Bildtiefen.

Und die folgenden Überschneidungen, die zu ihrer Aufladung nur eines weiteren Impulses bedürfen, um in antagonistische Paare von Stücken aufzufliegen:
Großaufnahmen und Gesamtaufnahmen
Stücke von graphisch unterschiedlicher Ausrichtung. Stücke, die in Rauminhalte aufgegliedert sind, mit Stücken, die in Flächen aufgegliedert sind.
Stücke von Dunkelheit mit Stücken von Helligkeit.
Und schließlich gibt es so unerwartete Überschneidungen wie:
Überschneidungen von einem Gegenstand und seiner räumlichen Ausdehnung – und Überschneidungen von einem Geschehen und seiner Dauer.
Das mag sich seltsam anhören, aber beide sind uns ganz geläufig. Die ersteren werden erreicht durch ein optisch verzeichnendes Objektiv und die zweiten durch den Zeitraffer oder durch die Zeitlupe.
Die Rückführung aller filmischen Faktoren und Eigentümlichkeiten auf die eine dialektische Formel der Überschneidung ist keine leere rhetorische Kurzweil.
Wir suchen heute ein vereinheitlichtes System für die Ausdrucksmöglichkeiten des Films, das für alle seine Faktoren gültig sein soll. Wenn man diese in Reihen mit gemeinsamen Nennern sammelt, so wird man der Lösung der Aufgabe im großen näherkommen.
Die Erfahrung mit den einzelnen Filmfaktoren ergibt keine absolut anwendbaren Meßwerte.
Während wir uns in der Montage ganz gut auskennen, tappen wir in der Theorie des Bildes noch herum zwischen dem rein Akademischen, ein paar vagen Vermutungen und jener Art von grellem Radikalismus, bei dem man aus der Haut fahren möchte.
Nimmt man den Bildausschnitt als Sonder- oder gleichsam als Molekularfall der Montage, so wird die Montagepraktik unmittelbar auf die Theorie der Aufnahme anwendbar.
Und das Gleiche gilt für die Theorie der Beleuchtung. Wenn man diese als Aufprallen eines Lichtstroms auf ein Hindernis empfinden kann, wie die Wucht, mit der ein Wasserstrahl

aus dem Feuerwehrschlauch auf einen konkreten Gegenstand trifft, oder mit der ein Windstoß die Gestalt eines Menschen durchschüttelt, so muß das zu einer ganz anderen Anwendung des Lichtes führen, als wenn man mit verschiedenen Zusammenstellungen von ‚Filtern' und ‚Richtungslampen' spielt.

Bislang haben wir ein einziges der wesentlichen Überschneidungsprinzipien herausgearbeitet: *das Prinzip des optischen Kontrapunktes.*

Und seien wir eingedenk, daß wir bald einem weiteren, nicht so einfachen Problem der Kontrapunktik gegenüberstehen werden: *der Überschneidung von Akustischem und Optischem im Tonfilm.*

Kehren wir uns nun einer der faszinierendsten unter den optischen Überschneidungen zu: der Überschneidung von aufgenommenem Bildausschnitt und Gegenstand!

Das Sichtfeld der Kamera als Verkörperung der Überschneidung von zuordnender Logik seitens des Regisseurs und von passiver Logik seitens des Objekts, die hier zusammenstoßen, stellt die Dialektik des Aufnahmewinkels dar.

In solchen Dingen sind wir noch so impressionistisch und so unausgerichtet, daß es zum Verzweifeln ist. Und doch könnte man auch hier das Prinzip von seiner Technik her in voller Bildschärfe fassen. Das harte Viereck, das eintaucht in die Zufälle der natürlichen Unschärfe ...

Und schon sind wir wieder in Japan! Denn dort wendet man die filmeigene Methode im Zeichenunterricht an.

Nach welcher Methode geht man bei uns im Zeichenunterricht vor? Du nimmst irgendein weißes Blatt Papier, das vier Ecken aufweist. Dann füllst du es – meist ohne die Ecken auch nur zu benutzen [die von der langen Plackerei ohnehin schmierig sein werden] – mit irgendeiner dösenden Karyatide, irgendeinem hochgestochenen korinthischen Kapitell oder einem Gips-Dante [nicht dem Zauberer im Moskauer Eremitage-Theater, sondern dem anderen – Alighieri, dem Komödienautor].

Die Japaner gehen die Sache völlig anders an. Hier der Zweig eines Kirschbaums. Und der Schüler schneidet aus diesem

Ganzen mit einem Quadrat, einem Kreis und einem Rechteck kompositionelle Einheiten heraus:

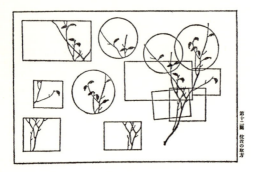

Er schafft einen Bildausschnitt!

Diese beiden Arten des Zeichenunterrichts mögen die beiden Grundtendenzen, die im heutigen Film um den Vorrang kämpfen, kennzeichnen. Die eine – die abgewirtschaftete Methode, ein Geschehen in künstlicher Raumverteilung dem Objektiv frontal auszusetzen. Angefangen mit der ‚Regie'führung einer ungeschnittenen Bildfolge bis zur Aufziegelung eines babylonischen Turms vor dem Objektiv.

Die andere – ein ‚Herausklauben' durch die Kamera selbst: Gliederung mittels der Kamera. Das Heraushacken von einem Block Wirklichkeit mit der Axt des Objektivs.

Zum gegenwärtigen Zeitpunkt jedoch, da die Aufmerksamkeit, im intellektuellen Film, endlich anfängt von der Materie des Films als solcher zu den ‚Schlüssen und Folgerungen' und damit zu den ‚Schlagworten', die auf der Materie basieren, abzuwandern, verlieren die beiden Richtungen die Konturen ihrer Unterschiede und mögen sich ganz still und leise zu einer Synthese vermanschen.

Einige Seiten weiter vorn kam uns, wie eine Galosche in der Straßenbahn, die Frage des Theaters abhanden. Wollen wir zur Frage der Montageverfahren im japanischen Theater zurückkehren, besonders im Hinblick auf das Darstellen.

Das erste, was uns hier ins Auge springt, ist natürlich die rein filmische Methode des ‚Darstellens ohne Übergänge'. Der japanische Schauspieler wendet neben mimischen Übergängen, die er bis auf eine äußerste Verfeinerung gebracht hat, auch die genau entgegengesetzte Methode an. In einem bestimmten Moment seines Spiels hält er inne, der schwarz verkappte *Kurogo*[7] verbirgt ihn dienstfertig vor den Zuschauern. Und seht! – er ist umgeschminkt neu erstanden. Und mit einer neuen Haartracht. Nun wird eine andere Phase [eine andere Abstufung] seines emotionellen Zustands charakterisiert.

So muß etwa der Schauspieler Sadanji in dem Kabuki-Stück *Narukami* von der Trunkenheit zum Wahnsinn überwechseln. Diesen Übergang löst ein mechanischer ‚Schnitt'. Und eine Abwandlung in dem Arsenal von Schminkfarben auf seinem Gesicht, wodurch nun jene Striche betont werden, die dazu dienen, gegenüber seiner vorherigen Aufmachung eine gesteigerte Intensität zum Ausdruck zu bringen.

Dieses Vorgehen ist dem Film geradezu eingeboren. Die durch die europäischen Schauspieltraditionen forcierten Einlagen von ‚emotionalen Übergängen' sind ein weiterer Faktor, der den Film bei uns auf der Stelle treten läßt. Wohingegen die Methode des ‚Schneidens' im Darstellen die Heranziehung völlig neuer Verfahren ermöglicht. Wenn an die Stelle *eines* wechselnden Gesichts eine ganze Stufenleiter von Gesichtstypen unterschiedlicher Gestimmtheit gesetzt wird, so kommt ein viel prägnanterer Ausdruck zustande, als es das Spiel auf der Gesichtsfläche irgend eines Berufsschauspielers ergibt, die zu empfänglich und zu leer an Widerhalt ist.

In unserem neuen Film ‚*Die Generallinie*' [‚Das Alte und das Neue'] habe ich die Intervalle zwischen den scharf gegensinnigen Phasen des Gesichtsausdrucks ausgemerzt. So wurde eine größere Schärfe in dem ‚Spiel der Zweifel' rund um die neue Milchzentrifuge erreicht. Wird die Milch dick werden

---

7] ‚*Kurogo*' – der ‚schwarze Mann' hat im Kabuki die Funktion eines Souffleurs und Gehilfen des Schauspielers. Er hilft ihm auf der Bühne sich umzukleiden oder umzuschminken. Er gilt als unsichtbar und trägt ein schwarzes Gewand und eine Kapuze überm Gesicht. [D. Ü.]

oder nicht? Betrug? Wohlstand? Hier wird der psychologische Vorgang des vermengten Glaubens und Zweifelns in seine beiden Extreme, den Zustand der Freude [Zuversicht] und der Trübsal [Enttäuschung] aufgebrochen. Zudem wird dies noch scharf herausgehoben durch Lichteffekte, Beleuchtungen, die in keiner Weise mit den tatsächlichen Lichtbedingungen übereinstimmen.

Ein weiteres markantes Kennzeichen des Kabuki-Theaters ist das Prinzip des ‚entmischten' Spielens. Socho, der in den weiblichen Hauptrollen mit dem Kabuki-Theater in Moskau gastierte, gab bei der Darstellung der sterbenden Tochter in ‚*Yashaō* [‚*Der Maskenmacher*'] seine Rolle als völlig voneinander losgelöste Vorstellungen seiner Kunst: Spiel nur mit dem rechten Arm. Spiel mit einem Bein. Spiel nur mit Hals und Kopf. [Der gesamte Vorgang der Todesagonie war zu Solovorstellungen jedes einzelnen Gliedes entmischt, wobei jedes seinen eigenen Part spielte: die Rolle des Beines, die Rolle der Arme, die Rolle des Kopfes.] Ein Auseinanderbrechen in Aufnahmen. Mit dem allmählichen Kürzerwerden der einzelnen Abschnitte, je näher sie dem tragischen Ende kamen.

Befreit vom Zwang eines primitiven Naturalismus, wird der Schauspieler durch diese Methode instandgesetzt, den Zuschauer mit Rhythmen zu packen, die einen Zustand, der auf einem folgerichtigen und detaillierten Fleisch-und-Blut-Naturalismus aufbaut, nicht nur annehmbar, sondern ausgesprochen reizvoll machen.

Da wir ja im Prinzip zwischen den Fragen der Bildaussage und der Montage keinen Unterschied mehr machen, dürfen wir hier ein drittes Beispiel anführen:

Das japanische Theater wendet die Zeitdehnung in einem Maße an, das unserer Bühne fremd ist. Die berühmte Szene des Hara-kiri in ‚*Chushingura*' beruht auf einer nie dagewesenen Verlangsamung aller Bewegungen – und geht damit weit über alles hinaus, was wir jemals in dieser Hinsicht erlebt haben. Während wir im vorigen Beispiel eine Entmischung der Übergänge zwischen den Bewegungen sahen, haben wir hier die Entmischung des Bewegungsvorgangs selbst, also die Zeitdehnung. Ich habe nur von einem Fall gehört, in dem man dies Verfahren folgerichtig anwendete und nach einem kompositionell durchdachten Plan ausnutzte. Gewöhnlich wird das Verfahren zum Zweck der reinen Illustration benutzt, wie beim ‚unterseeischen Königreich' im ‚*Dieb von Bagdad*', oder um Traumhaftes zu gestalten wie in ‚*Swenyhora*'.[8] Noch häufiger nimmt man es zu formalistischen Atrappen und unmotivierten Kameraposen wie in Vertows ‚*Mann mit der Kinokamera*'. Ein löbliches Muster mag man in Jean Epsteins ‚*La chute de la Maison Usher*' finden – wenigstens den Pressestimmen nach. In diesem Film sollen normal dargestellte Emotionen, die im Zeitlupenverfahren gefilmt wurden, einen ungewöhnlichen emotionellen Nachdruck bekommen haben. Ruft man sich vor Augen, daß der Wirkungsgrad der schauspielerischen Leistung aufs Publikum davon abhängt, daß jeder Zuschauer sich mit ihr zu identifizieren vermag, so lassen sich beide Beispiele [das Kabuki-Spiel und der Epstein-Film] ohne weiteres auf ein und dieselbe Kausaldeutung beziehen. Die Intensität des Erlebnisses steigert sich in dem Maße, in dem der didaktische Vorgang der Identifizierung mit der Entmischung der Darstellung ungehemmter fortschreitet.

Selbst die Instruktion zur Handhabung des Gewehrs kann einer Gruppe noch grüner Rekruten als eine Roboter-Mentalität eingedrillt werden, wenn der Ausbilder das Verfahren der ‚Entmischung' anwendet.

Der interessanteste Ausläufer des japanischen Theaters wäre selbstverständlich der Anschluß zum Tonfilm, der von den Japanern seinen Grundstock beziehen könnte und müßte – die Rückführung visueller und akustischer Sinneswahrnehmungen auf einen gemeinsamen physiologischen Nenner.

Nur so ist es möglich gewesen, die Durchdringung der verschiedenen Zweige der japanischen Kultur mit einem ganz filmeigenen Moment – also dem eigentlichen Nerv, Montage – fürs erste nachzuweisen.

Und nur der japanische Film verfällt dem gleichen Irrtum wie

8] ‚Swenyhora', ‚Der klingende Berg', ein skurriler Film des großen ukrainischen Regisseurs Alexander Dowshenko. [D. Ü.]

das ‚links abweichlerische' Kabuki. Statt zu forschen, wie die Theorie und die Technik ihrer beachtlichen Darstellungskunst aus den überkommenen feudalen Formen ihrer Fabeln zu gewinnen wären, verlegen die fortschrittlichsten Regisseure des japanischen Theaters sich mit aller Energie auf die Aneignung der schwammigen Gestaltlosigkeit des hiesigen ‚inneren' Naturalismus. Die Ergebnisse sind zum Weinen und Händeringen. Dementsprechend ahmt Japan in seinen Filmen die abstoßendsten Muster der amerikanischen und europäischen Beiträge zum internationalen kommerziellen Filmwettrennen nach.

Seine eigenen kulturellen Gegebenheiten zu erfassen und auf den Film anzuwenden, das ist Japans Aufgabe! Kollegen von Japan, wollt ihr dies tatsächlich uns überlassen?

DIE VIERTE DIMENSION [1929]

Genau vor einem Jahr, am 19. August 1928, ehe wir mit der Montage des Films ‚*Die Generallinie*' [‚Das Alte und das Neue'] begannen, schrieb ich zu dem Gastspiel des Kabuki-Theaters in Moskau:
«Das Kabuki-Spiel bringt uns dahin, in einem einzigen ungeteilten Vollzug wahrzunehmen, was ‚Theater als Aktivierung' ist. Der Japaner sieht die einzelnen Faktoren der Aufführung nicht als etwas, das unter den verschiedenen Kategorien der Einwirkung auf die verschiedenen Sinnesorgane für sich bleiben muß, sondern als die geschlossene Einheit: *Theater*. Indem er die verschiedenen Sinnesorgane anspricht, steigert er ihre Gesamtheit ... zu einer großartigen *totalen* Aktivierung des Menschenhirns überhaupt, ohne sich darum zu kümmern, welchem der unterschiedlichen Pfade er wohl gerade folgt.» ...
Meine Charakterisierung des Kabuki-Theaters erwies sich als zukunftsträchtig. Auf ebendieser Methode basiert die Montage des Films ‚*Die Generallinie*'.
Die schulgerechte Montage ist Montage *auf der Dominante*. Das wäre die Verknüpfung von Bildern nach Merkmalen, die in ihnen dominieren. Montage nach dem Tempo. Montage nach der Leittendenz innerhalb des Einzelbildes. Montage nach Länge und Dauer [Kontinuierlichkeit] der Aufnahmen. Es wäre: einschichtige Montage.
Die dominanten Merkmale von zwei gekoppelten Aufnahmen treten in diese oder jene überschneidende Beziehung, woraus sich als Wirkung dieser oder jener Ausdruck ergibt [ich spreche hier von der reinen *Montage-Wirkung* der Aufnahme] ...
Im Hinblick auf die Dominante selbst kann keine Rede davon sein, daß sie als etwas Freistehendes, Absolutes und unwandelbar Stabiles existiere. Es gibt technische Mittel, um die photographische Aufnahme so zu gestalten, daß ihre Dominante mehr oder minder herausgearbeitet, keinesfalls aber absolut wird.
Die Eigenheiten der Dominante sind wandelbar und zutiefst

relativ. Das Herausschälen ihrer Eigenheiten beruht auf eben der Aufnahmekoppelung, die selbst auf der Dominante beruht! Ein Zirkelschluß? Eine Gleichung mit zwei Unbekannten? Ein Hund, der seinen eigenen Schwanz fangen will? Nein, dies ist schlechthin die exakte Bezeichnung für eine Filmgesetzlichkeit. Eine Tatsache.

Auch wenn wir eine *Folge* von Montagestücken haben:

Weißhaariger Greis

Weißhaarige Greisin

Apfelschimmel

Dach mit Schnee

so sind wir noch lange nicht sicher, ob diese Bildfolge auf das dominante Merkmal ‚hohes Alter‘ oder ‚weiß‘ hinausläuft.

Eine derartige Reihung von Aufnahmen könnte noch geraume Zeit weiterlaufen, bis wir schließlich die Leitaufnahme entdecken, welche die *ganze* Bildfolge sogleich auf die eine oder die andere ‚Richtung‘ ‚tauft‘. Ebendeshalb ist es ratsam, die zuordnende Aufnahme möglichst in den Anfang der Bildfolge zu setzen [im Falle der ‚schulgerechten‘ Konstruktion]. Zuweilen kommt man beim Hinführen zum gemeinsamen Nenner nicht ohne Untertitel aus.

Solche Überlegungen schließen eine nicht-dialektische Beantwortung der Frage nach der *Einzelbedeutung* eines Bildes an sich schon völlig aus. Das Einzelbild im Film kann nie ein festgelegter Buchstabe des *Alphabetes* sein, sondern muß immer mehrdeutig, Bestandteil eines *Ideogramms* bleiben.[1] Und es kann nur innerhalb der Zusammenstellung gelesen werden, genau wie das Ideogramm seine jeweils speziell geltende *Ausprägung*, *Aussage* und sogar *Aussprache* [die mitunter diametral entgegengesetzt sein können] erst erlangt, wenn es mit einem eigens vermerkten Lese- oder winzigen Bedeutungsweiser

---

1] Das ideographische Prinzip der ‚*Generallinie*‘ wurde von den feinfühligsten der Zuschauer sofort erkannt und anerkannt. Viktor Schklowsky in seiner Essaysammlung ‚Tägliche Arbeit‘ [Leningrad 1930]: «Die Sachen sind nicht einfach aufgenommen, sie sind keine Photographien und keine Symbole, sie sind Zeichen, die beim Zuschauer Sinn-Reihen hervorrufen.» [D. Ü.]

neben dem Grundzeichen verbunden ist – einem Anhaltspunkt für die genaue Ablesung.

Im Gegensatz zur schulgerechten Montage nach *ausgeprägten Dominanten*, ja ganz andersartig, wurde ‚*Die Generallinie*' herausgebracht: an die Stelle einer ‚Aristokratie' von individuellen Dominanten setzten wir hier ein System ‚demokratischer' Gleichheit der Rechte für alle Reiz-Auslöser oder Anreize, indem wir sie als Gesamtheit, als Komplex angingen.

Die Sache ist die, daß die Dominante [bei allen nun vertrauten Vorbehalten hinsichtlich ihrer Relativität] wohl der stärkste, aber keineswegs der alleinige Anreiz in der Aufnahme ist. So gesellen sich zum Sex Appeal eines schönen amerikanischen Stars vielerlei Anreize: solche der Oberflächenstruktur – der Stoff ihres Kleides; Belichtung – das ausgeglichene und nachhaltige Ausleuchten ihrer Körperformen; solche der Rasse und Nationalität [positiv für ein amerikanisches Publikum: ‚echt amerikanisches Mädel', oder negativ: ‚kolonialistische Ausbeuterin' für ein afrikanisches oder ein chinesisches Publikum]; solche der gesellschaftlichen Stellung usw. [alle eisern verklammert im reflexphysiologischen Vollzug, der seiner Natur nach eine Einheit ist]. Mit einem Wort, der *zentrale* Reizauslöser [sagen wir einmal, er sei sexueller Natur wie in diesem Fall] wird immer von einem *ganzen Komplex* sekundärer Anreize, beziehungsweise dem physiologischen Vorgang einer starken Reizleitung übers Nervensystem begleitet.

Durchaus den gleichen Vorgang haben wir im Akustischen und besonders in der Instrumentalmusik.

Hier entstehen gleichzeitig mit der Schwingung eines dominanten Grundtons eine ganze Reihe ähnlicher Schwingungen, die man *Obertöne, Oberschwingungen*, nennt. Ihr Aufeinanderprallen, ihr Auftreffen auf die Schwingungsknoten des Grundtons und so fort, bettet ihn in eine Vielzahl sekundärer Schwingungen. Werden in der Akustik diese Nebenschwingungen zu bloßen ‚Störungsfaktoren', so nehmen in der Musik, in der Komposition, die experimentellen Tonsetzer unseres Jahrhunderts, wie Debussy und Skrjabin, die gleichen Schwingungen als sinnvolles Mittel, um Affekte zu erzeugen.

Wir haben das gleiche Phänomen im Optischen. Alle Arten von Abbildungsfehlern, Verzerrungen und anderen Abweichungen, denen man gemeinhin mit einer Linsenfolge beikommt, können auch in die Komposition einbezogen werden und ergeben dann eine ganze Anzahl von entschieden strukturellen Wirkungen [unter Verwendung der Objektivöffnungen von 28 bis 310].

In Kombinationen, die *derlei Nebenschwingungen* – und das heißt recht eigentlich, die *das gefilmte Material selbst* – verwerten, können wir ganz analog zur Musik den visuellen Obertonkomplex des Bildes sinnvoll einsetzen.

Nach dieser Methode ist die Montage des Films ‚*Die Generallinie*' gebaut. Sie fußt nicht auf *einzelnen* Dominanten, sondern nimmt sich über alle Einzelreize hinweg die totale Reizauslösung zur Richtlinie. Und das ist der ursprüngliche Montagekomplex der Aufnahme, der aus Zusammenprall und Zusammenschluß der ihr eigenen Einzelreize entsteht.

Diese Reize sind ‚von außenher' gesehen heterogen, aber die Natur ihres reflexphysiologischen Vollzugs verklammert sie eisern zur Einheit. ‚Physiologisch' auch da, wo das Ansprechen auf sie ‚seelisch' ist, denn das ist nichts anderes als der physiologische Vorgang einer *verstärkten Reizleitung übers Nervensystem*.

Somit steht hinter dem, wodurch das Bild allgemein gekennzeichnet ist, die physiologische Steigerung seiner Schwingungen zu einem *Ganzen*, zu einer komplexen Einheit, in der sich alle Anreize auswirken. Dies ist die besondere, sich aus seiner Totalität ergebende Art, *das Bild ‚wahrzunehmen'*.

So wird die Aufnahme innerhalb der Montage vergleichbar mit dem einzelnen Auftritt im Kabuki-Spiel. Die Eigentümlichkeit der Aufnahme kann bereits als ihre einsgewordene Auswirkung auf die Großhirnrinde aufgefaßt werden, ungeachtet der Stränge, auf denen die Anreize von der bloßen Häufung zur Verbindung geleitet worden sind. Damit kann man in jeder Kombination, auch wenn sie den Charakter der Überschneidung trägt, *Reiz-Totalitäten* aneinanderfügen und dadurch der Montagelösung völlig neue Perspektiven auftun.

Wie wir an den Energien gesehen haben, welche schon die Genese dieser Methode erzeugt, muß sie mit ausgesprochen *physiologischen* Eigenschaften verbunden sein. So wie in der Musik, die ihre Kompositionen zwiefach aufbaut – unter Ausnutzung der Obertöne. Also nicht die *klassischen Elemente* bei Beethoven, sondern die *physiologischen Eigenschaften* der Tonsetzung der Debussy und Skrjabin.

Daß die Wirkungsweise des Films ‚*Die Generallinie*' ausgesprochen physiologischer Art ist, wurde von vielen Kinobesuchern bemerkt. Das erklärt sich daraus, daß ‚*Die Generallinie*' *als erster Film nach dem Prinzip der visuellen Oberschwingungen montiert* worden ist. Diese Montagemethode läßt sich sehr fesselnd nachweisen. Wird man in der Filmkunst der Zukunft mit ihren glänzenden klassischen Ausblicken ganz sicher die Montage gemäß der Oberschwingung verbunden mit der Montage gemäß der Dominante verwenden, so wird sich die neue Methode selbstverständlich zunächst als eine im Prinzip überspitzte Form behaupten. Die Montage nach der Oberschwingung mußte in ihren Anfängen eine Linie des starken *Gegensatzes* zur Montage nach der Dominante einschlagen.

Zwar gibt es – auch in der ‚*Generallinie*' – viele Stellen, wo ‚Synthesen' von tonaler und obertonaler Montage schon zu finden sind. Etwa sind dort der Höhepunkt der Bittprozession [um Hilfe gegen die Dürre] und die Bildfolge vom Grashüpfer und der Mähmaschine *visuell* nach den *Klang*assoziationen montiert, und zwar ausdrucksmäßig aus ihrer schon vorgegebenen raum-körperlichen Ähnlichkeit entwickelt.

Von der Methode her besonders anziehend sind natürlich die völlig *a-dominanten* Konstruktionen. In ihnen bekommt die Dominante die Gestalt einer *reinen Problemstellung*. Zum Beispiel ist der Anfang der Bittprozession nach ‚Graden der Hitzesättigung' der Einzelbilder, oder der Anfang der Bildfolge von den staatlichen Landwirtschaftsbetrieben nach der Leitlinie ‚Fleischfresserei' montiert. Gegebenheiten, die außerhalb der Disziplin der Filmkunst liegen, schaffen höchst unerwartete physiologische Momente bei Dingen, die sich logischerweise absolut neutral zueinander verhalten sollten.

Es gibt in diesem Film Montagenähte, die jeglicher schulgerechten, kanonischen Montage nach der Dominante geradezu spotten. Am leichtesten ist das zu erkennen, wenn man den Film auf dem Schneidetisch anschaut. Nur so kann man die gänzlich ‚unmöglichen' Schnitte erkennen, von denen es in der ‚*Generallinie*' nur so wimmelt. So wird auch die besondere Einfachheit seines metrischen Baues, seiner Zeitmaße deutlich.
In manchen Bildfolgen sind ganze Abschnitte aus genau gleich langen oder aus kurzen Streifen, die in ihrer Wiederholung absolut primitiv sind, zusammengesetzt. Das gesamte verzwickte Schema der rhythmischen und *sensuellen* Nuancierung der Montagestücke richtet sich fast ausschließlich nach der Leitlinie des Arbeitens mit den ‚psycho-physiologischen' Schwingungen eines jeden Einzelbildes.
Am Schneidetisch also stellte ich fest, wie genau die Eigengesetzlichkeit der besonderen Montage des Films ‚*Die Generallinie*' den Spielraum absteckt. Es war, als der Film zusammengezogen und gekürzt werden sollte. Die ‚schöpferische Ekstase', die zum Sammeln und Ordnen des Stoffes gehört – die ‚schöpferische Ekstase' von ‚Wahrnehmen und Spüren' der Aufnahmen – all dies war schon vorbei. Zum Kürzen und Schneiden braucht man keine Eingebungen, sondern Kenntnis und Fertigkeit im Handwerklichen.
Und da, als ich die Bildreihe der Bittprozession musterte, vermochte ich die Zusammenstellung ihrer Einzelteile keiner der regulären Kategorien einzuordnen, die einem gestatten, sich nur auf seine Erfahrung zu verlassen. Wie die Bilder so, ihrer Bewegung beraubt, auf dem Tische lagen, blieben die Gründe für ihre Auswahl vollkommen unbegreiflich. Die Kriterien für ihren Zusammenbau stehen anscheinend außerhalb der üblichen formalen filmkünstlerischen Kriterien.
Und hier wäre eine weitere sonderbare Parallelität zwischen dem visuellen und dem musikalischen Oberton zu beobachten. Er ist im statischen Bild ebensowenig wie in der Musikpartitur nachzuweisen. Beide tauchen nur in der Dynamik des musikalischen oder des filmischen *Prozesses* als echte Größen auf. Oberton-Überschneidungen, vorgesehen, aber nicht in der Par-

titur vermerkt, können ohne den dialektischen Prozeß nicht zustandekommen – der Film muß durch den Projektionsapparat laufen, die Partitur muß vom Sinfonieorchester aufgeführt werden.

Der visuelle Oberton erweist sich als tatsächlicher Bestandteil, als tatsächliche Zelle – einer vierten Dimension!

Im dreidimensionalen Raum, in der räumlichen Terminologie nicht zu fassen, und nur aufkommend und existent, wenn die vierte Dimension, die Zeit, sich den drei anderen Dimensionen anschließt.

Die vierte Dimension?! Einstein? Mystik? Oder ein Witz? Es ist an der Zeit, mit dem Erschauern vor diesem neuen Wissen um eine vierte Dimension Schluß zu machen. Einstein selbst versichert uns:

«Ein mystischer Schauer ergreift den Nichtmathematiker, wenn er von ‚vierdimensional' hört, ein Gefühl, das dem vom Theatergespenst erzeugten nicht unähnlich ist. Und doch ist keine Aussage banaler als die, daß unsere gewohnte Welt ein vierdimensionales zeiträumliches Kontinuum ist.»

[Albert Einstein: Über die spezielle und allgemeine Relativitätstheorie. 16. Aufl. F. Vieweg Sohn, Braunschweig 1953. S. 33.]

Da wir ein so ausgezeichnetes Instrument der Wahrnehmung besitzen wie das Kino, ein Instrument, das uns – sogar auf seiner noch primitiven Stufe – gestattet, mit unseren Sinnen die Dynamik der Dinge auszumachen, dürften wir bald lernen, uns in diesem vierdimensionalen Raum-Zeit-Kontinuum praktisch auszukennen und uns darin ebenso wohlzufühlen wie in unseren höchsteigenen Hausschlappen. Und dann werden wir bald die Frage nach einer fünften Dimension stellen!

Die Montage nach dem Oberton entpuppte sich als neue Kategorie unter den anderen bisher bekannten Montagemethoden. Die Bedeutung dieser Methode für die Praxis zeigt sich sogleich als unabsehbar. Und eben deshalb erscheint dieser Aufsatz in einer Ausgabe, die dem Tonfilm gewidmet ist.[2]

2] Diese Ausgabe der Zeitung *Kino* vom 27. August 1929 war hauptsächlich Berichten und Reden der in demselben Monate gehaltenen Gesamt-Unions-Konferenz für den Tonfilm gewidmet.

In dem eingangs zitierten Aufsatz, der auf die ‚unerwartete Verbindungsstelle' – eine Ähnlichkeit zwischen Kabuki-Spiel und Tonfilm – hinwies, schrieb ich über die kontrapunktische Methode der Koppelung von visuellen und akustischen Vorstellungen:
«Um diese Methode in den Griff zu bekommen, muß man einen neuen Sinn in sich entwickeln: die Fähigkeit, visuelle und akustische Wahrnehmungen auf einen ‚gemeinsamen Nenner' zurückzuführen.» Und doch *können* wir *akustische* und *visuelle* Wahrnehmungen gar nicht auf einen gemeinsamen Nenner zurückfüren. Es sind Größen, die verschiedenen Ordnungen angehören. Nichtsdestoweniger sind der visuelle Oberton und der akustische Oberton Größen eines *ungeteilt erfaßten* Bestandes. Denn, wenn das Bild eine *visuelle Wahrnehmung* und der Ton eine *akustische Wahrnehmung* darstellen, so *bilden visuelle sowie akustische Obertöne eine Totalität als physiologische Sinneswahrnehmung*. Und folglich sind sie außerhalb der optischen und der akustischen Kategorien, die zu ihrer Auslösung hinführen, *von ein und derselben Art*.
In bezug auf die musikalische Oberschwingung [den Überlagerungston], ist es nicht ganz zutreffend zu sagen: «Ich höre.» Ebensowenig in bezug auf die visuelle Oberschwingung: «Ich sehe.»
Für beide müssen wir eine neue, zusammenfassende Formulierung in unseren Wortschatz aufnehmen: «Ich nehme wahr.»
Theorie und Methodik des Obertons sind unter anderem durch Debussy und Skrjabin ausgebildet und verbreitet worden. ‚*Die Generallinie*' bringt eine Konzeption des *visuellen Obertons* dazu. Und aus der kontrapunktischen Überschneidung von visuellem und akustischem *Oberton* wird die Bauweise des sowjetischen Tonfilms hervorgehen.

ANHANG

I. NŌ-SPIELE IN DEN CANTOS
II. ANMERKUNGEN ZU DEN NŌ-SPIELEN
III. LITERATUR ZUM NŌ
IV. LITERATUR ZUM CHINESISCHEN SCHRIFTZEICHEN
V. VERZEICHNIS DER BILDER

I. NŌ-SPIELE IN DEN CANTOS

KUMASAKA

... «ein bessrer Fechter als ich war», sprach Kumasaka, ein Schatten ...
                    [Canto LXXIV, Pisaner Gesänge, S. 41]
... in der Ermittlung gewisser Werte
...
Griechische Büberei verglichen mit Hagoromo
    Kumasaka versus Roheit
    kaum Troas entronnen
fielen die Tröpfe über Ismarus her, die Stadt der Kikonen ...
                    [Canto LXXIX, Pisaner Gesänge, S. 123]

HAGOROMO

... und die Nymphe aus Hagoromo suchte mich auf,
   wie ein Lichthof von Engeln,
einmal waren Wolken getürmt auf dem T'aischan ...
                    [Canto LXXIV, Pisaner Gesänge, S. 17]
.. in der Ermittlung gewisser Werte
...
Griechische Büberei verglichen mit Hagoromo ...
                    [Canto LXXIX, Pisaner Gesänge, S. 123]
«Bei uns gibt es kein Falsch»
   sprach die Mondnymphe   immacolata
Gib meinen Mantel zurück, *hagoromo.*
Hätt ich die Wolken des Himmels
   wie Nautilusse an den Strand geschwemmt
in ihrem Massensterben
   wie Winden landeinwärts getrieben
und das Meer hat sich kupfern verfärbt,
   smaragdgrün in der Räumte
...
Zu Ephesus jammerten sie die Silberschmiede
   da offenbarte sie den Paraklet
aufrecht in der Beuge
   des Mondes ...
                    [Canto LXXX, Pisaner Gesänge, S. 153]

KAGEKIYO

... sagt der Hauptmann
  Dai Nippon Banzai von den Philippinen
Erinnerung an Kagekiyo: «Wie steif der Schaft deines Nackens»
  und sie gingen, ein jeder seines Weges
«ein bessrer Fechter als ich war», sprach Kumasaka, ein Schatten ...
                [Canto LXXIV, Pisaner Gesänge, S. 41]

AOI NO UE

... und Aois *hannya*   treibt Unfug in den Zeltbahnen
   k-lakk ... thuuuuuuu
      macht Regen
         uuuh ...
                [Canto LXXVII, Pisaner Gesänge, S. 83]

TAKASAGO

Die Kiefer von Takasago
  wächst mit der Kiefer von Isé!
                                          [Canto IV]
«Wind vom Meer zum Gebirg hin» –
...
Spricht der alte Mann, der die Nadeln fegt:
  «Fluch sei dir, Midas, Midas, verlassen von Pan!»
Und nun in dem Tal,
Tal unterm Tagesrand:
  «Wächst mit der Kiefer von Isé;
«Wie der Nil schwillt mit Inopos.
  «Wie der Nil fällt mit Inopos.»
...
Der alte Mann zog dort fürbaß,
und trieb sein Maultier mit dem Asphodill an.

                                          [Canto XXI]

II. ANMERKUNGEN ZU DEN NŌ-SPIELEN

SOTOBA KOMACHI, s. S. 46.

«*Eine Blume am Herzen*»: ‚Herz-Blume', kokoro no hana, ein Synonym für Poesie. [D. Ü.]
«*Sprache des fremden Hofes*»: Damit ist China gemeint. E. P.
«*Fukakusa*»: Der Name des Heimatortes von Shi no Shōshō, der Kommandant in Fukakusa war, bedeutet ‚tiefes Gras'. [D. Ü.]

KAYOI KOMACHI, s. S. 49.

«*Ein Zweig mit Tachibana*»: eine Art Mandarinen. [D. Ü.]
«*Solang es vom tiefen Gras her raunt*»: Anspielung auf Shi no Shōshō. Fukakusa, der Name seines Heimatortes, bedeutet ‚tiefes Gras'. Ono no Komachi meint wohl, daß Shi no Shōshō ständig ihren Namen vor sich hin sagt. [D. Ü.]
«*Wie schrecklich ist sein Gesicht*»: Shi no Shōshō bringt alles andere als ein demütiges und zerknirschtes Herz zur Bekehrung mit. E. P.
Verwandlung der Szene: Alle diese Charakterisierungen [lumpiger Mantel, ausgefranster Hut, durchgetragener Rock] beziehen sich sowohl darauf, daß Shi no Shōshō verkleidet kommt, als darauf, daß er sich gegenwärtig in den Fetzen einer Art Astralleib befindet. Dann überglänzt gleichsam ein Licht seinen Geist, wie er wahrscheinlich auch ein reiches Gewand unter seiner ärmlichen Verkleidung getragen hat. E. P.

SUMA GENJI, s. S. 57.

Prinz Genji: Prinz Genji, mit dem Beinamen Hikaru, ‚der Strahlende', ist der Held des ‚Genji monogatari', des berühmten Romans aus dem japanischen Mittelalter. Im 12. Kapitel dieses sehr umfangreichen Romans, dessen Verfasserin die Hofdame Murasaki Shikibu [978–1030] ist, wird berichtet, wie Prinz Genji, der von Amt zu Amt aufstieg, nach einem Liebesabenteuer mit einer Hofdame, die auch die Gunst des Kaisers genoß, freiwillig nach Suma in die Verbannung geht. Nach drei Jahren der Verbannung kehrt Prinz Genji in die Hauptstadt zurück. – Das Nō-Spiel SUMA GENJI knüpft an diese Romanepisode an. Genji hat den Küstenstrich von Suma, den Ort seiner Verbannung, offenbar liebgewonnen und kehrt nun als Geist zur Zeit der Kirschblüte hierher zurück. Wie in vielen Nō-Spielen erscheint der Geist des Verstorbenen erst in einer armseligen Verkleidung, ehe er sich in seiner wahren Gestalt zu erkennen gibt. [D. Ü.]

«Dort steht der Baum, die junge Kirsche»: Es sei daran erinnert, daß die Requisiten und die Szenerie nicht gegenständlich, sondern nur symbolisch da sind, der Holzfäller sagt also schlechthin: «Tut so, als wäre das der Baum und das der Berg.» E. P.

«Jeden Augenblick kann diese Knospe aufbrechen»: Dies hat einen Doppelsinn. Die Knospe wird wirklich aufgehen: es ist ein Tag der Wiederkunft oder etwas ähnliches. Aber auch Genji wird in seiner natürlichen Glorie erscheinen [‚der Strahlende‘], was das Publikum sehr wohl weiß. Nur der Priester weiß es nicht. E. P.

«Wird der Stoff meiner Ärmel bald brüchig sein»: d. h. seine gegenwärtige Erscheinung in Gestalt eines alten Mannes wird sich auflösen. E. P.

«Die Wahrsager entrollten vor mir meinen Ruhm»: Der ‚Wahrsager‘ ist buchstäblich der ‚Physiognom von Korea‘. E. P.

«Ich ward Chujo in der Provinz Hahakigi»: Chujo, Naidaijin usw. sind verschiedene Rangstufen der gehobenen Laufbahn. E. P.

«Dann legte sich Fujiwara no Okinori nieder ...»: Die handelnden Personen sprechen oft ihre eigenen Bühnenanweisungen oder erklären die Bedeutung der Handlungen, die sie darstellen, wie hier der Priester im letzten Satz der ersten Szene. E. P.

«Er stieg herab wie Brahma, Indra und die Vier Könige»: Die Vier Könige, das sind die vier Himmelsrichtungen auf dem Kompaß. Devas [Geister] und Menschen kommen in der Rangordnung unmittelbar nach den Göttern. E. P.

«Er, der Geist dieser Stätte»: Genauer: «Er verwandelte sich in den Ort.» E. P.

SHŌJŌ, s. S. 88.

Yosu: d. i. Yang-tse. E. P.

Shōjō tritt auf. Der Shite trägt hier eine Maske, Shōjō genannt, mit roter Perücke. Der erste Tanz ist beschwingt und anmutig, er geht dann in einen midare über, der den Tanz eines berauschten Orang-Utans darstellt. Manchmal tanzen zwei bis sieben Schauspieler, alle als Oran-Utangs, mit dem Shite, der am Ende berauscht liegen bleibt. [D. Ü.]

«Auf dem Fluß wird gefeiert»: Chinesisches Volksfest auf Barken und Flößen mit bunten Lampions. [D. Ü.]

«*Sake, bestreut mit Bambusblättern*»: Bambus gehört in China und Japan zu den ‚Vier Edlen' und gilt als Verkörperung des edlen, geradlinigen Menschen. Da er auch im Winter seine Blätter behält, ist er zugleich Wahrzeichen des Bleibenden. [D. Ü.]

TAMURA, s. S. 91.

Kannon: Abkürzung von Kanseon Bosatsu [Kannon Boddhisattva], «die die Klagen der Welt vernimmt», eine Manifestation Buddhas, die besonders die Eigenschaft des Erbarmens verkörpert. Sie wird oft weiblich vorgestellt, kann aber auch in männlicher Erscheinungsform [z. B. als alter Mann] auftreten. Unsere Übersetzung mit ‚Göttin' transponiert sie also zugleich in das religiöse Empfinden des Abendlandes. [D. Ü.]

Kiyomizu-dera-Tempel, auch Seisuiji-Tempel. [Die verschiedenen Namen erklären sich aus den verschiedenen Möglichkeiten, die chinesischen Schriftzeichen auszusprechen, mit denen der Name des Tempels geschrieben wird. Die eine ist die japanische, die andere die chinesische Aussprache.] Der Name Kiyomizu-dera bedeutet ‚klares Wasser', der Tempel ist nach einer in der Nähe gelegenen Quelle so benannt. Hier erschien einst die Gestalt der Kannon. Tamura soll 798 n. Chr. diesen Tempel zu Ehren der Kannon errichtet haben. Ein Altar in diesem Tempel war der ‚Jishu Gongen' geweiht, dem genius loci. Der Text der deutschen Übersetzung hat diese für den unbefangenen Zuhörer schwierigen Zusammenhänge, die schon Ezra Pound verkürzt hat, vereinfacht und gibt die japanischen Ausdrücke und Namen nach Möglichkeit in sinngemäßer Übersetzung wieder, um nicht durch eine Hypertrophie fremder Namen und Bezeichnungen zu verwirren. [D. Ü.]

«*Die Kirschbäume blühen*»: ‚Sakura' im Text Pounds, der diesen Absatz in knapperer Zusammenfassung gibt. [D. Ü.]

«*Ich bin ein alter Eremit*»: Eigentlich: «man nennt mich Gioye Koji.» Der japanische Name, der im weiteren Zusammenhang des Stückes keine Rolle mehr spielt, wurde weggelassen. [D. Ü.]

«*Tempel des Geierfels*»: japan. Washino-o. [D. Ü.]

«*Über dem Otowa, dem Berg der tönenden Flügel*»: Otowa bedeutet ‚tönende Flügel'. E. P.

«*Ein Augenblick dieser Frühlingsnacht*»: Zwei Zeilen aus einem Gedicht des chinesischen Dichters Su Tung po [1036–1101]. Hier klafft nun eine Lücke im Text. Es sollte ein Chorgesang über Kirschbäume im Mondlicht folgen. E. P.

«*Tamura erscheint in seiner wahren Gestalt*»: Der Geist Tamura maros trägt in der zweiten Szene die Maske ‚Heida‘, die einen General charakterisiert. In ihr führt er einen kurzen Tanz mit abgehackten Bewegungen auf, der dem Zuschauer ein Schlachtgeschehen suggeriert. [D. Ü.]

«*Der Feldherr des Tennō Heizei*»: Heizei regierte 806–809. [D. Ü.]

«*Der verräterische Minister Chikata*»: der Sage nach entfremdete der Rebell Chikata die Bevölkerung der Provinz von Ise dem Tennō. Vier Dämonen sollen in seinem Dienst gestanden sein. [D. Ü.]

«*Walmutter Kannons Licht*»: Eigentlich ‚Senju Kannon‘. Senju heißt sowohl Fee, Elfe, Nymphe, weiße Frau, als auch Schlachtfeld, Walstatt. Eines der unzähligen Wortspiele des Nō, die deutsch nur andeutungsweise wiedergegeben werden können. [D. Ü.]

«*Eingewoben in unsere Schlachtfahne*»: Tamura maro stand unterm besondern Schutz der Kannon. Ihr Bildnis, das sie tausendhändig, in jeder Hand einen Pfeil darstellte, war in sein Banner eingewebt. E. P.

TSUNEMASA, s. S. 97.

Tsunemasa [aus dem Hause Taira] fiel 1184 in einer Schlacht nahe der Küste von Suma. Das Nō-Spiel TSUNEMASA gehört zur Kategorie der ‚shura-monos‘. [D. Ü.]

«*Die Laute der Grünen Hügel*»: wörtlich die ‚Seizan-Laute‘, ‚Laute Grünblauer Hügel‘. [D. Ü.]

«*Eh soll das Wasser versiegen im Garten*»: Zitat aus einem Gedicht, das Tsunemasa dem Tennō gab, eh er in die Schlacht zog. [D. Ü.]

«*Rascher prasseln die Töne, Regen kündigt sich an*»: Bestimmte Weisen waren bestimmten Jahreszeiten zugeordnet. Tsunemasa führt hier die Musiker unversehens in einen härteren, schnelleren Rhythmus über. [D. Ü.]

«*Vom Klang einer Flöte sind die Wolken ...*»: Zitat aus einem chinesischen Gedicht. Der Phönix ist als Kaisersymbol von China übernommen. [D. Ü.]

«*Nun brennt er in dieser Lohe*»: Der unerlöste Tsunemasa ist verdammt, im Höllenfeuer immerfort die Dämonen zu bekämpfen, da er in der Schlacht gefallen ist. [D. Ü.]

NISHIKIGI, s. S. 128.

Hosonuno: Man preßte im Distrikt Shinobu [Provinz Michinoku] gefärbtes Shinobugras auf weißes Tuch und gewann dadurch besonders reiche

Muster. Das Wortspiel zwischen den verwirrenden Mustern der mit Shinobugras bedruckten Stoffe und der Verwirrung des liebenden [shinobu] Herzens ist ein beliebter Bestandteil japanischer Gedichte. [Vgl. die ‚Liebesgeschichten des japanischen Kavaliers Narihira aus dem Ise-Monogatari‘, deutsch von O. Benl. Narihira wird auch in NISHIKIGI erwähnt.] Hermann Bohner merkt aber an, daß Hosonuno nach Manyōshu aus Vogelfedern gewobenes Tuch sei. Da das Material nicht ausreicht, ist die Breite schmal, die Länge gering, und man kann es als Obergewand nicht tragen. Es deckt nur den Rücken, und man zieht es unter anderem Gewand an. [D. Ü.]

«Die untergegangene Sonne läßt ein paar Schatten zurück»: Wortspiel mit ‚Nishikigi‘: ‚Nishi‘ heißt auch Westen, ‚Nishibi‘, die sich dem Westen zuneigende Sonne. [D. Ü.]

«Unsere Herzen wurden umwölkt vom fallenden Schnee»: Der Schneewirbel, das Schneetreiben, die Schneemühle, sind als Sinnbilder des Fortlebens der Geister nach dem Tode aufzufassen, die noch keine Ruhe im Nirwana gefunden haben. Zugleich wird hier das allmähliche Auflösen der inneren Existenz der Geister angedeutet. Sie sind in einem Zustand, in dem zwischen Wahn und Wirklichkeit nicht mehr unterschieden werden kann. [D. Ü.]

«Aus dem buntbemalten Holz unserer Liebe»: vgl. bei uns die Sage vom Tannhäuser [D. Ü.]

«Das Frührot kommt»: jap. ‚Ariaki‘; hier wie an mehreren anderen Stellen wurde auf die Wiedergabe der japanischen Worte verzichtet. [D. Ü.]

KINUTA, s. S. 142.

Das Kinuta ist das Walkholz oder die Walktrommel. Walken ist ein Verarbeitungsprozeß, der mit Tuch oder tuchartigen Stoffen vorgenommen wird und den Zweck hat, eine Verfilzung der Wollhärchen im Gewebe zu erzeugen. Das rohe Wollgewebe heißt Loden. Ist das Tuch durch Walken [d. h. Schlagen, Stoßen und Kneten] verfilzt, so wird es durch Rauhen mit einer Decke feiner Härchen versehen, die durch Scheren gleich gemacht werden. – Da das Bild des Walkens das ganze Spiel KINUTA beherrscht, also das ‚Image‘ dieses Stückes ist, wird es sich bei der Realisierung auf der Bühne empfehlen, dem Stück durchgehend einen dumpfen wummernden Ton zu unterlegen, der, je nachdem, lauter oder leiser mitklingt und zugleich das Pochen eines Herzens, als auch das Walken eines Stoffes suggerieren soll. [D. Ü.]

«*... Trübsal ist im Nest der Enten*»: Eigentlich der ‚Mandarinenenten'. Diese galten in China und Japan als Sinnbild der ehelichen Treue und spielten bei Hochzeiten eine große Rolle. Vgl. unsere Bezeichnung ‚Brautenten'. [D. Ü.]
«*Armes Vergißmeinnicht*»: wörtlich ‚Gras der Erinnerung'. [D. Ü.]
«*Die Liebe eines Gottes zu einer Göttin*»: Ein Lieblingsmotiv der japanischen Literatur ist der aus China übernommene Mythos von der Liebe der ‚Weberin' [des Sterns Wega] und des von ihr durch die Milchstraße getriebenen ‚Hirten' [Alpha], sowie der für die Liebenden von Elstern mit ihren Schwänzen über den ‚Himmelsfluß' geschlagenen Brücke. [D. Ü.]
«*Die Ärmel der Götter*»: der Ärmel, bes. der tränennasse Ärmel, ist im allgemeinen ein Symbol des Kummers. Die Stelle hier spielt darauf an, daß der nach außen gekehrte Ärmel ein Zauber zur Beeinflussung von Träumen ist. [D. Ü.]
«*Ins Land des wechsellosen Monds*»: Der Geist der Frau, vom Azusa-Bogen herbeigerufen, kehrt nicht gern in die Welt zurück. Er erscheint klagend und grollend, denn das Erlittene läßt sie auch im Jenseits noch keine Ruhe finden. [D. Ü.]
«*Erlischt die Liebe und auch der Haß*»: Vom streng buddhistischen Standpunkt aus, wie er gerade in KINUTA zum Ausdruck kommt, sind sowohl Liebe wie Haß der Frau in gleicher Weise falsches Trachten, eitles Verlangen. Sie soll von allen Dingen dieser Welt lassen, sich nicht ‚verfilzen', ihr Herz an nichts und niemand hängen. [D. Ü.]
«*Ihr Geist wird eingehn in Buddha*»: Das Kinuta-Klopfen war doch, auch wenn der Mann es nicht vernahm – wie das Holzfischklopfen bei Gebet- und Sutralesungen oder wie das Anschlagen der Glocke – eine metaphysische Verbindung zu Buddha hin. So findet das Schlagen der Walktrommel seinen Sinn in ihrer endlichen Erlösung. [D. Ü.]

HAGOROMO, S. S. 153.

«*Hagoromo*» bedeutet ‚Federmantel' oder ‚Fittichgewand'. Das einem Himmelsgeist entwundene Federgewand – in der germanischen Sage ein Schwanengewand – ist ein uraltes Menschheitsmotiv. [D. Ü.]
Tennin: generell alle guten Naturgeister. Im Spiel HAGOROMO trägt der Tennin eine Frauenmaske und tritt als Sylphe [Luftgeist] oder Mondnymphe auf. Pound setzt die ‚Nymphe aus Hagoromo', die als solche auch mehrfach in den Pisan Cantos erscheint, u. a. der Artemis und Dantes Trivia gleich. [D. Ü.]
Matsubara: Ein Teil der Bucht von Mio [Provinz Suruga]. Der japanische

Name, der hier stets in deutscher Übersetzung gegeben wird, bedeutet Föhrenhalde oder Kiefernstrich. [Die Ausdrücke ‚Föhre' und ‚Kiefer' werden stets gleichbedeutend nebeneinander verwendet.] Die Föhrenhalde von Mio ist in ganz Japan wegen ihrer Schönheit berühmt. Unter den Föhren befindet sich dort ein Schrein; einer der Bäume wird ‚kinukaku-no-matsu' genannt, ‚die Föhre, an der das Kleid hing'. Außerdem steht hier an der Küste ein Denkmal, das Mme Hénère Guiglaris gewidmet ist, einer französischen Tänzerin, die 1952 auf der Bühne starb, als sie gerade den Nō-Tanz aus HAGOROMO in Paris aufführte. [D.Ü.]

«*Über die tausend Hügel türmt sich die Wolkenwand*»: Zitat aus einem chinesischen Gedicht, dem Sammelwerk Shih Jen Yü Hsieh entnommen, das sich in Japan großer Beliebtheit erfreute. [D. Ü.]

«*Am Strand von Mio lege ich jetzt an*»: Hier stellt der Schauspieler die Phasen ‚anlegen' und ‚aus dem Boot steigen' dar. [D. Ü.]

«*Alle Gebrechen einer sterbenden Sylphe*»: Die Kette der Gebrechen, oder die fünf Übel, die den Tennin befallen, sind: Die Blumen seiner Krone [Tamakadzura] welken; der Federmantel Hagoromo wird fleckig; der Körper bricht in Schweiß aus; die Augenlider zucken; er ist seines Platzes im Himmel müde. E. P.

«*Die Nächte, zwischen denen die Nymphe steht*»: Da die Mondnymphe in HAGOROMO inmitten der Mondbahn steht, ist sie die Nymphe der 15. Nacht des Vollmonds. [D. Ü.]

«*Die Nymphen, die für die Nächte stehn*»: jap. ‚Amaotome'; vgl. dazu Dante, ‚Paradies', XXIII. 25:

Gleichwie bei heitern Vollmondnächten Trivia,
Umgeben von den ewgen Nymphen lächelt,
Damit des Himmels Tief allseits geschmückt ist. E. P.

[Zitiert nach der Dante-Übersetzung von Philalethes.] [D. Ü.]

«*So wie der Tanzschritt hier, ist mein Leib aufgeteilt*»: Das Aufteilen des Leibes ist ein Ausdruck, der für buddhistische Gottheiten verwandt wird, die einen Teil ihres göttlichen Wesens abspalten, um ihn in sichtbarer Gestalt zu inkarnieren. [D. Ü.]

«*Die Frucht vom Baum, der im Mond wächst*»: jap. ‚Katsura', eine Art Schlingpflanze. E. P.

«*Die Götter gehen ein und aus in unsern Tempeln*»: ‚gei' und ‚gu' ‚Drinnen' und ‚Draußen' sind zwei Teile des Tempelbezirks. E. P.

«*Der Federsaum der Sterne trägt sie kaum ab*»: Nach der Sage wird die Erde so lange halten, bis der Federsaum vom Kleid einer Sylphe das Gestein, welches er von Zeit zu Zeit sacht streift, abgetragen hat. Eine alte Gebetsformel verwendet dieses Bild für die Lebensdauer des Mikado. [D. Ü.]

AOI NO UE, s. S. 176.

Bashō-Blätter: Bashō-Bananen-Staude, Pisang
«Die Flamme der Eifersucht ...»: Aus dem Sūtrālankārā Shāstra. [D. Ü.]
Kohijiri von Yokawa: Kohijiri ist der Held einer späteren Episode des Genji-monogatari. [D. Ü.]
En no Gyōja: begründete den Orden der Yambushi-Priester, die in der Einsamkeit der Berge zurückgezogen lebten. [D. Ü.]
Hinauf in die heiligen Berge: der Berg Ōmine bei Yoshino; seine Besteigung war für die Yamabushi ein ritueller Akt. [D. Ü.]
Namaku Samanda Basarada: bekannt als der kleinere Zauberspruch des Fudō. Der sogenannte ‚mittlere' wird später vom Chor gesprochen. Beide bestehen aus korrumpiertem Sanskrit, das mit bedeutungslosen Silben, die magisch klingen, durchsetzt ist. [D. Ü.]
«Wer immer diese meine Namen hört»: Aus dem Sutra, die in Japan unter dem Namen Hannya Kyō bekannt ist. Ihr wurde bannende Kraft gegen Hannyas zugeschrieben. [D. Ü.]

KAKITSUBATA, s. S. 184.

Kakitsubata: Iris albopurpurea, eine wildwachsende Iris-Art, die zumeist auf dem Iris-Moor [Ried, Marsch] vorkommt. Wörtlich die Schwertilge [Schwertlilie]. Ihr entspricht bei uns – hinsichtlich der mit ihr verbundenen Assoziationen und Gefühlswerte – die Zeitlose [Herbstzeitlose], die zur selben Familie der Iridaceen gehört. Die Erscheinung der Zeitlose in diesem Nō-Spiel, die Seele der Iris, hat Narihira in dem Gedanken seines Kakitsubata-Gedichts geschaffen – als er im Anblick des Iris-Moors an seine ferne Geliebte erinnert wurde und Anblick und Erinnerung zu einem Vers verband. [D. Ü.]
Kohi: bedeutet sowohl Kaiserin, Königin, als auch ‚mündliche Tradition'. [D. Ü.]
Kavalier Narihira: Der japanische Kavalier Ariwara no Narihira, Sohn eines kaiserlichen Prinzen, lebte von 825–880. Er diente am Hofe des Kaisers als Vorsteher des Rechten Marstallamtes und wurde als Dichter ebenso berühmt wie als Liebling der Frauen. Im Nō-Spiel KAKITSUBATA verkörpert Narihira die Kunst der Dichtung und Musik; er ist zur Inkarnation der Bodhisattwa-Kraft des Dichtens, Singens und Tanzens geworden. Dadurch kann er alles Lebendige, auch Blume, Baum und Gras, zum Heil führen. [D. Ü.]

Vom Hofe verbannt: Zur Zeit Narihiras verdrängte das Haus der Fujiwara nach und nach die andren Hofadligen und gewann schließlich – im Shōgunat – die ganze Macht am Hofe. Fujiwara no Yoshifusa beherrschte zuerst durch seine Schwester, dann durch seine Töchter die vier Kaiser, unter denen Narihira lebte. Narihiras Verbannung hängt mit seiner Leidenschaft für Fujiwara no Takako [oder Takeko] zusammen, die dem Kaiser Seiwa zur Frau gegeben wurde und als Kaiserin Nijō hieß. Narihira hörte nicht auf, Takako zu umwerben; er verfiel der Strafe des Haarabschneidens und wurde eine Zeitlang aus der Hauptstadt verbannt. [D. Ü.]

«Im Buch Ise monogatari»: Das Ise monogatari [‚Die Ise-Erzählungen'] ist die klassische Dichtung des alten Japan. Verfasser ist wahrscheinlich Narihira selbst, der in nahezu jeder der 125 kleinen Episoden als ‚Kavalier am Hofe des Kaisers' erscheint. Alle diese Episoden bestehen im Kern aus einem oder mehreren fünfzeiligen Gedichten, deren Anlaß und Folgen in Prosa erzählt werden. Viele der Episoden berichten von Narihiras Sehnsucht nach Takako und enthalten Gedichte, die er für sie und an sie schrieb. [D. Ü.]

«Die Liebe meiner Herrin ...»: Dies ist das berühmte Akrostichon, das er improvisierte, als er in der Provinz Mikawa an den Ort Acht-Brücken [acht ist die heilige Zahl des Schintō, z. B. der Wolken, Inseln, Wege etc. ‚Achtbrück' deswegen nicht wörtlich zu nehmen] kam. Die Anfangssilben der fünf Zeilen dieses Gedichtes ergeben, aneinandergereiht, den Blumennamen Kakitsubata:

*Ka*ra-goromo

Ki-tsutsu nare-ni-shi

*Tsu*ma shi areba

*Ba*ru-baru Ki-noro

*Ta*bi wo shi zo omou

Das Gedicht ist an die Kaiserin gerichtet, sein Inhalt ein verschachteltes Rätsel. Waley beschreibt, wie Narihiras Gefährten so tief von diesem Gedicht betroffen waren, daß sie in ihren trockenen Reis weinten, bis er ganz aufgeweicht war. [D. Ü.]

«Alles Wasser strömt hin zum Meer»: Dies ist das Gegenstück zu Narihiras Gedicht. Es ist offenbar von der Kaiserin an den Verbannten gerichtet: Wie alles Wasser endlich ins Meer mündet, so weiß sie, daß der Mann, dem sie verbunden ist, im ‚Blutkreislauf' der Liebe auch ihr verbunden ist – so daß sein Herz über alle noch so verästelten Wasseradern zu ihr zurückströmen muß; auch wenn er andere Frauen lieben wird, gilt das immer nur ihr. Das Moor mit seinem Gewirr von sich verästelnden

Rinnsalen ist so ein Sinnbild der Liebe der beiden. So organisch sind sie verbunden, daß ihnen die Trennung gar keine Trennung bedeutet. Das ‚Netzwerk'-‚Geäder' ist also das zentrale Image und wird auch später im ‚Geäder' der Blütenkelche sichtbar. Zu diesem Image Pounds vergleiche man den Gedanken Rilkes: ‚Die Mandelbäume in Blüte: alles, was wir hier leisten können, ist, sich ohne Rest erkennen in der irdischen Erscheinung.» [D. Ü.]

«Worte und Weisen seiner Lieder»: Im Nō-Spiel KAKITSUBATA klingen viele der berühmten Gedichte Narihiras aus dem Ise-monogatari an, die die Zuhörer in die ‚gute, alte' Heian-Zeit versetzten. Der Geist der Zeitlose, zunächst der Geist des Ortes, an dem Narihira einmal in Gedanken an die ferne Geliebte versunken verweilte, dann der gegenständliche Ausdruck des Zusammenspiels von beider Liebe, zitiert Lied auf Lied des fahrenden Sängers Narihira. [D. Ü.]

Gnade des Taus: Der Tau ist Sinnbild der Vergänglichkeit. [D. Ü.]

Der Manneshut: Mit sechzehn Jahren erhielten die jungen Adligen am Hof in einer Zeremonie eine Kopfbedeckung, den Manneshut, aufgesetzt. Sie galten dann als volljährig und durften sich als Männer kleiden. [D. Ü.]

Kasuga bei Nara: Kasuga ist berühmt durch seinen Schinto-Schrein, an dem auch Kanami, Seamis Vater, diente. Nara war bis 784 die Residenz des Tennō. Sie wurde dann nach Nagaoka und 794 nach Heiankyō, das heutige Kyōto, verlegt. [D. Ü.]

Der Blumen-Gedanke: Anspielung auf die berühmte Legende, nach der Buddha einmal, als er einer Menschenmenge predigte, eine weiße Blüte pflückte und sie zwischen den Fingern drehte. Seine Zuhörer sahen keinen Sinn in dieser Handlung, aber der Jünger Kāshyapa verstand sie und lächelte. In diesem kurzen Moment war die Erkenntnis der transzendentalen Weisheit aus dem Geist Buddhas in den Geist seines Jüngers übergesprungen. So wurde Kāshyapa der Stammvater der Zen-Patriarchen, die glauben, daß man die Wahrheit weder durch das gesprochene, noch durch das geschriebene Wort vermitteln kann, daß sie vielmehr im Herzen eines jeden versteckt liegt und durch ein magisches Überspringen, wie das Überspringen von Buddhas Blumen-Gedanken, offenbar wird. Auf diesem Prinzip ist die Kunst des Nō errichtet, und Seami nennt seine geheime Überlieferung, das Kadenshō, denn auch ‚Das Buch vom Weiterreichen der Blüte'; das Prinzip des Yūgen [des Schönen und Lyrischen] sagt er, werde symbolisiert von einem ‚Vogel, der eine weiße Blume im Schnabel trägt'. In KAKITSUBATA dürfen wir u. a. eine Auseinandersetzung zwischen dem buddhistischen Denken und dem Denken der Zen-Anhänger sehen, die der indirekten Form der

Mitteilung huldigten, so sagt die Zeitlose: «*Dieser Tanz war vorzeiten unsere Andacht, Buddha nahm ihn an als Gebet.*» Die erlösende Kraft Narihiras, des Don Juans und Dichters, ist aus diesem Zen-Denken zu verstehen. [D. Ü.]

CHŌRYŌ, s. S. 194.

«*Ich bin Chōryō, Untertan des Kaisers von China*»: eigentlich des ‚Koso von Kan'. Chinesisch. Koso von Kan = Kao Tsu, erster Kaiser der Han-Dynastie. Chōryō = Chang Liang [gest. 187 v. Chr.]. Kahi = Hsia-p'ei, im Norden von Kiangsu. Kōsekkō = Huang Shih Kung, Herzog des Gelben Steins. E. P.

«*Er schwimmt, er taucht, er treibt dahin* ...»: All das sollte man sich tänzerisch ausgeführt vorstellen. E. P.

GENJŌ, s. S. 200.

Shishimaru: der Name bedeutet ‚Kleiner Leu'. [D. Ü.]
Heilige Engi-Zeit: 902–922, die erste ‚goldene Zeit' der japan. Literatur. [D. Ü.]
Biwa: Laute. [D. Ü.]
Dajōdaijin: Kanzler. Moronaga stammte aus dem herrschenden Geschlecht der Fujiwara und hatte ein wechselvolles Leben, wurde mehrfach verbannt und begnadigt. Die Laute Genjō war der geheime Trost des vielgeprüften Mannes. [D. Ü.]
Mirokoshi: China. [D. Ü.]
«*Die untergegangene Sonne*»: Der Glanz [Spiegel] der Sonne auf dem Meer ist die wandernde Seele v. Okuminushi [dem Sonnengott]. [D. Ü.]
Die Föhren von Sumiyoshi: die berühmten Föhren aus dem Nō-Spiel TAKASAGO. [D. Ü.]
Herr über den Regen: An dieser Stelle erklingt die ‚Regengebet-Biwamusik'; Musik, die den Ritus begleitet, der den langersehnten Regen herbeirufen soll. [D. Ü.]
Prinz Semimaru: der Held des Nō-Spiels SEMIMARU. Semimaru, ein kaiserlicher Prinz, war eine tragische Erscheinung. Er erblindete in frühester Jugend und wurde deshalb am Hofe nicht geduldet, sondern in ein fernes Waldkloster verbannt. Das Lautenspiel war ihm letzte innere Zuflucht. [D. Ü.]

Genji in der Verbannung: Siehe das Nō-Spiel SUMA GENJI. Das Nō-Spiel GENJŌ ist besonders reich an Anspielungen auf Gestalten und Ereignisse der japanischen Geschichte und Literatur. Diese Assoziationen weckten in dem gebildeten, belesenen Publikum, an das sich das Nō-Drama wandte, eine Fülle von Empfindungen. Es genügte die Nennung des Namens eines berühmten Ortes, einer berühmten Persönlichkeit – und sogleich wurde der Zuschauer an all die Stimmungen erinnert, die mit diesen Namen verknüpft sind. [D. Ü.]

Die alte Frau nimmt die Harfe zur Hand: eigentlich ‚das Koto', ein harfenähnliches Instrument. [D. Ü.]

«Barari, karari ...»: ‚barari': streuen, stricheln; ‚karari': sammeln, füllen. [D. Ü.]

«Etenraku»: eine berühmte Melodie, die ‚Weise der Himmelshöhen'. [D. Ü.]

Kaiser Murakami und Nashitsubo: Das Heike-monogatari [Die Erzählungen von den Heike] berichtet, daß dem Kaiser Murakami [oder nach einer anderen Version der edlen Nyōgo – Hofdame – Nashitsubo] die dritte der drei berühmten Lauten in einer Mondnacht überbracht wurde, als Murakami die Laute Genjō spielte – wahrscheinlich von Nashitsubo auf dem Koto begleitet. So sind es drei Persönlichkeiten, die in erster Linie mit der Biwa Genjō assoziiert werden: Murakami, Nashitsubo und Moronaga. [D. Ü.]

Zweite Szene: Die zweite Szene, die das Libretto zum großen Schlußtanz des Shite [Murakami], dem Höhepunkt des Nō-Spiels, gibt, mag auf den ersten Blick etwas unorganisch angefügt erscheinen. Spielte die erste Szene auf die Überlieferung an, daß Murakami und Nashitsubo einst gemeinsam die letzte fehlende Laute aus China empfangen hätten – was ihr gemeinsames Auftreten als altes Salzsieder-Ehepaar erklärt –, so wird hier nun ohne Übergang auf die andre Überlieferung Bezug genommen, die vermeldet, der Drachengott habe die Laute Shishimaru geraubt und zurückbehalten – um sie erst jetzt herauszugeben. Der Kaiser Murakami trägt in der zweiten Szene die Maske ‚Chūjō' [die ‚Maske des edlen Kriegers'], die auch Prinz Genji in SUMA GENJI trägt. Der Tsure-Schauspieler, der in der ersten Szene die Gestalt der alten Frau gab, spielt nun den Drachengott. Zwischen der Hofdame Nashitsubo und der Erscheinung des Drachengottes besteht aber sonst keinerlei Zusammenhang.

Der Drachengott regt sich im Rhythmus: Der Tsure-Schauspieler folgt dem Shite in den Tanzbewegungen – das Meer tanzt den Löwen-Reigen, die Wellen schlagen den Takt dazu.

Murakami hat dem Moronaga demonstriert, wie die ganze Natur – Wind, Regen, Meer usw. – ein Schallkörper ist, aus dem Musik dringt für den, dessen Ohren aufgetan wurden. Dieses rhythmische Tönen der Natur ist der ‚tiefste Grund seiner Kunst', den Moronaga erst in China lernen zu können meinte. Man beachte die ironische Note: daß Moronaga ‚Der Herr des Regens' in seinem Lautenspiel vom Regen unterbrochen wird! [D. Ü.]

Die Jahreszahlen sowie die Schreibung der japanischen Namen des Pound/Fenollosa-Manuskriptes wurden neu durchgesehen und ergänzt, da der ursprüngliche Text aus der Frühzeit der Erforschung dieses Gebietes stammt und eine Pionierarbeit darstellt.

III. LITERATUR ZUM NŌ

Hermann Bohner: Nō. Die einzelnen Nō. Tōkyō u. Wiesbaden 1956
- Gestalten und Quellen des Nō. Tōkyō u. Wiesbaden 1955.

Toyoichirō Nogami: Zeami and his Theories on Noh, Tōkyō 1955.

Zemmaro Toki: Japanese Nō Plays, Tōkyō 1954.

Arthur Waley: The Nō Plays of Japan, New York.

The Special Noh Committee: Japanese Classics Translation Committee: The Noh Drama, Tōkyō 1954.

Oscar Benl: Die geheime Überlieferung des Nō. Aufgezeichnet von Meister Seami, Frankfurt a. M. 1961.

Oscar Benl: Liebesgeschichten des japanischen Kavaliers Narihira. Aus dem Ise-Monogatari, München 1957.

Oscar Benl: Seami Motokiyo und der Geist des Nō-Schauspiels. Geheime kunstkritische Schriften aus dem 15. Jahrhundert, Mainz-Wiesbaden 1952.

Peter Weber-Schäfer: Vierundzwanzig Nō-Spiele, Frankfurt a. M. 1961.
- Ono no Komachi. Gestalt und Legende im Nō-Spiel, Wiesbaden 1960.

Wilhelm Gundert: Der Schintoismus im japanischen Nō-Drama, Tōkyō 1925.

Dietrich Seckel: Einführung in die Kunst Ostasiens, 34 Interpretationen, München 1960.

Rosa Hempel: Zenga. Malerei des Zen-Buddhismus, München 1960.

Kakuzo Okakura: Das Buch vom Tee, Wiesbaden 1950.

Karl Florenz: Geschichte der japanischen Literatur, 1906.

Paul Adler: Sachwörterbuch zur japanischen Literatur, Frankfurt am Main 1925.

P. G. O'Neill: Early Nō Drama, London 1958.

René Sieffert: Zeami, La tradition secrète du Nō, Paris 1960.

Noel Péri: Etudes sur le drame lyrique japonais, Bulletin de l'Ecole Française d'Extreme-Orient 1909-1913.

IV. LITERATUR ZUM CHINESISCHEN SCHRIFTZEICHEN

Einführung in die Geschichte und in die Stile der chinesischen Schriftsprache:
Dietrich Seckel: Einführung in die Kunst Ostasiens, 24 Interpretationen, München 1960, Nr. 11, 21, 22.
Bernard Karlgren: The Chinese Language, An Essay on its Nature and History, New York 1949.

Zum Problem der Struktur der chinesischen Schriftsprache:
Herbert Franke: Oriens Extremus, Jhg. 2 [Dez. 1955], Heft 2.
Hans Jensen: Die Schrift in Vergangenheit und Gegenwart, Berlin 1958.

Das chinesische Schriftzeichen und seine Paläographie:
Chiang Yi: Chinese Calligraphy, London 1938.
Herlee Glessner Creel [Ed.]: Literary Chinese by the inductive method, Bde. 1–3, Chicago 1948–1952.
Gustav Haloun: Chinese Script, World Review, Sept. 1942, S. 42 ff.
Bernhard Karlgren: Sound and Symbol in Chinese, Oxford 1946.
Bernhard Karlgren: Grammata Serica Recensa, Stockholm 1957.
Takata Tadasuke: Ko-chū-hen, Tōkyō 1925.
Léon Wieger: Caractères chinois, Hien-hien 1916.

Interpretationen der Symbolik chinesischer Ideogramme:
Carl Hentze: Tod, Auferstehung, Weltordnung, Zürich 1955.
Hermann Köster: Symbolik des chinesischen Universismus, Stuttgart 1958.

Allgemeines
Bruno Snell: Die Entdeckung des Geistes, Hamburg 1946, [Kapitel VII und VIII].

V. VERZEICHNIS DER BILDER

Schutzumschlag:
    Zeichnung aus einem Nō-Regiebuch [zu S.67]
Seite 17 Fenollosas Grab in Japan [zu S.11]
    18 Szenenfoto aus SUMA GENJI [zu S.57]
    35 Die Deigan-Maske [zu S.142, 175, 176]
    36 Szenenfoto aus AOI NO UE, die Maske Hannya [zu S.175, 176]
    53 Szenenfoto aus TAMURA [zu S.91]
    54 Szenenfoto aus NISHIKIGI [zu S.128]
    71 Die Maske Kagekiyo [zu S.161]
    72 Szenenfoto aus KAKITSUBATA [zu S.184]

Die Szenenfotos stammen von Herrn Tsunetaro Hinoki, Tōkyō

SAMMLUNG NIPPON

KAGERO NIKKI
Tagebuch einer japanischen Edelfrau um 980
Mit 10 Lichtdruckwiedergaben
Sammlung Nippon, Band 1
310 Seiten   Leinen DM/FR. 17.80

KONJAKU
Altjapanische Geschichten der Heian-Zeit
Mit 10 Wiedergaben von Bilderrollen
Sammlung Nippon, Band 2
250 Seiten   Leinen   DM/FR. 17.80

IBARA SAIKAKU
Koshokumono. Japanische Kurtisanen-Geschichten
Mit 16 Tafeln
Sammlung Nippon, Band 3
224 Seiten   Leinen   DM/FR. 17.80

Die Reihe wird fortgesetzt

IM VERLAG DER ARCHE ZÜRICH

VON EZRA POUND

DICHTUNG UND PROSA
160 Seiten   Leinen   DM/FR. 9.80

PISANER GESÄNGE
250 Seiten   Leinen   DM/FR. 14.80

MOTZ EL SON. DIDAKTISCHE SCHRIFTEN
148 Seiten   Leinen   DM/FR. 9.80

ZEITGENOSSEN
166 Seiten   Leinen   DM/FR. 9.80

DIE MASKEN / PERSONAE
Gesammelte Gedichte
400 Seiten   Leinen   DM/FR. 24.80

PATRIA MIA
104 Seiten   Leinen   DM/FR. 7.80

FISCH UND SCHATTEN
64 Seiten   Gebunden   DM/FR. 3.80

DIE FRAUEN VON TRACHIS
64 Seiten   Gebunden   DM/FR. 3.80

Weitere Werke in Vorbereitung

Über Ezra Pound:
JOHN ESPEY:
EZRA POUNDS «MAUBERLEY»
EIN VERSUCH IN DER TONSETZUNG
184 Seiten   Leinen   DM/FR. 14.80

IM VERLAG DER ARCHE ZÜRICH

VON SERGE EISENSTEIN

VOM THEATER ZUM FILM
128 Seiten   Leinen DM/FR. 9.80

GESAMMELTE AUFSÄTZE
420 Seiten   Leinen   DM/FR. 19.80
Sammlung Cinéma, Band 2

PANZERKREUZER POTEMKIN
Filmszenarium
72 Seiten   Gebunden   DM/FR. 3.80

ERINNERUNGEN
Mit Zeichnungen des Autors
ca. 240 Seiten   Leinen   DM/FR. 14.80

Weitere Werke in Vorbereitung

IM VERLAG DER ARCHE ZÜRICH